KB040662

아동학대에 관한 뒤늦은 기록

별이 된 아이들 263명, 그 이름을 부르다

아동 학대에 관한 뒤늦은 기록

ⓒ류이근·임인택·임지선·최현준·하어영, 2016

초판 1쇄	2016년 5월 5일
2판 1쇄	2017년 8월 14일
3판 1쇄	2019년 2월 10일
3판 5쇄	2022년 11월 1일

지은이 류이근·임인택·임지선·최현준·하어영
펴낸이 김성실
교정교열 김태현
책임편집 박성훈
표지디자인 석운디자인
본문디자인 이주영
제작처 한영문화사

펴낸곳 시대의창   등록 제10-1756호(1999. 5. 11)
주소 03985 서울시 마포구 연희로 19-1
전화 (02)335-6215   팩스 (02)325-5607
전자우편 sidaebooks@daum.net
페이스북 www.facebook.com/sidaebooks
트위터 @sidaebooks

ISBN 978-89-5940-689-0 (03330)
잘못된 책은 구입한 곳에서 바꾸어드립니다.

이 도서의 국립중앙도서관 출판시도서목록(CIP)은
서지정보유통지원시스템 홈페이지(http://seoji.nl.go.kr)와
국가자료공동목록시스템(http://www.nl.go.kr/kolisnet)에서 이용하실 수 있습니다.
(CIP제어번호: CIP2019001673)

아동학대에 관한 뒤늦은 ____ 기록

별이 된 아이들 263명, 그 이름을 부르다

류이근 · 임인택 · 임지선 · 최현준 · 하어영 지음

시대의창

일러두기

* 이 책에 나오는 피해 아동들 이름은 대부분 가명이다.

序

신쇄를 준비하는 2017년 7월, 개목줄을 찬 채 침대에 묶여 질식사했다는 세 살 아이와 이 때문에 구속된 젊은 부모의 소식을 듣게 된다. 지옥이 지옥인 이유는 이미 겪은 고통 때문이 아니라 그 고통이 경감 없이 새것처럼 도래하리란 공포 때문이다.

책을 마무리하던 2016년 3월, 경기 평택에서 일곱 살 사내아이가 숨진 채 발견되었다. 부모가 아이를 때리고 밥을 굶기고 맨살에 락스를 뿌리고 찬물을 끼얹고 욕실에 스무 시간 가뒀다. 아이는 버티지 못하고 죽었다. 오줌을 가리지 못한다는 게 학대의 발단이었다. 부모는 열흘간 죽은 아이를 베란다에 뒀다 며칠 뒤 야산에 묻었다.

아이의 이름은 신원영申原榮. 근원, 벌판을 뜻하는 原, 꽃 피다를 뜻하는 榮. 인디언식으로 이름 짓자면 아이는 '꽃 피는 첫 번째 들판'이겠다. 부모는 새 생명에 귀한 우주의 섭리를 담았다. 그리고 짓밟았다.

"아파요. 배고파요. 추워요. 엄마, 아빠, 아파요!"아마도 원영이가 이렇게 말했을 즈음《한겨레신문》탐사기획팀은 2015년 5월 내보낸

연쇄 보도 〈부끄러운 기록, 아동 학대〉로 여성가족부가 주는 '양성평등미디어상'을 받았고, 원영이가 맥을 놓았을 즈음에는 '한국기자상'을, 끝내 차가운 야산에 묻혔을 때 '인권보도대상'을 받았다. 이 무슨 얄궂은 어른들의 소극인가.

이것은 미완의 책이다. 글을 마감하려 할 때마다 또 다른 우주가 파괴된다. 봄여름이 그러하고 가을겨울이 그러하며, 2016년이 그러했고 2017년도 그러하다. 그 지옥을 빚은 자 누구인가. 꽃 피는 첫 들녘 모든 어른들이 서 퍼붓는 비를 맞고, 사라진 우주를 하나하나 "잊지 않을게" 호명하기까지 아동 학대 문제는 완결되지 않을 것이다.

이 책은 그 들판의 초입이다.

검은 문 안의 아이들을 위해

검은 문 앞을 서성이다 다시 꽃 피는 계절을 맞았다. 파란 하늘 아래 하얗고 노란 꽃들이 눈부신데 검은 문 안에는 낮에도 어둠이 가득하다. 그 문을 밀고 나와 힘없이 걸어가는 아이의 작은 어깨를 바라본다. 끝내 죽어서야 그 문을 나선 아이들을 떠올린다. 2015년 아동 학대 사망 사건을 전수 조사하는 취재에 들어가면서 시작된 서성임은 지금도 이어지고 있다.

　우리의 기획은, 어른에게 맞거나 방치되다가 죽은 아이가 몇 명이나 되는지 제대로 세어보고 아이들의 이름을 불러주자고 시작한 것이었다. 아동 학대 사건 전체가 아닌, 사망자만을 대상으로 한 작업이니 분명 기록이 있으리라 믿었다. 하지만 아동보호전문기관에 신고된 사건만을 중심으로 만들어진 국가 통계는 믿을 만한 것이 못되었다. 대부분 부모에 의해 저질러지는 아동 학대 살인은 쉽게 은폐되고 기록조차 남기지 않았다.

　길거리에서 아이가 어른에게 호되게 혼나거나 맞고 있어도 "남의 가정사"라며 신고를 꺼리는 사회 분위기 속에서 어느 누구도 신고 건수가 아동 학대 사건의 전부라 믿지는 않을 터다. 그런데도 왜 정부는 대부분이 민간 위탁인 전국 50여 개 아동보호전문기관이 내놓는 신고 건수를 그대로 공식 통계라 발표할까? 그 수치를 왜 학계부터 언론까지 그대로 인용할까? 학대낭하다 죽는 아이들에 대한 어른들의 관심은 부실한 통계 수치, 딱 그 수준에 머물고 있었다. 아동 학대 대책 마련 국회 토론회에 인사하러 나온 여당 대표조차 "우리 때는 맞고도 잘 컸는데…"라는 인식을 드러내는 것이 아직까지 한국의 수준이다.

2008~2014년 사이 보건복지부가 발표한 사망 아동은 84명이었다. 사건 내용을 보니 학대와 사망의 인과성이 없는 10명도 포함되어 있었다. 우리는 다시 셌다. 정부와 국회, 중앙아동보호전문기관, 법원, 법무부 등에서 입수한 아동 학대 사례 개요, 판결문, 공소장, 사건 기록, 언론 보도를 분석했다. 그리하여 확인한 죽음만 2008년부터 2014년까지 263명이었다. 아동 학대 범주에 신생아(영아) 살해 59명, 동반이라는 이름으로 왜곡된 '살해 후 자살' 92명(추정)도 추가했다.

그중 112명의 죽음을 심층 분석했다. 43명이 돌도 안 된 아기였고, 76명은 여섯 살이 되지 못했다. "소풍 가고 싶어요" "마이쭈 먹고 싶어요"라고 말했다고 맞아 죽는가 하면 "아빠와 같이 있지 않게 해주세요"라고 어른들에게 알렸음에도 학대에서 벗어나지 못하고 죽은 경우도 있었다. 가해자인 어른들은 대부분 아이 탓을 했다. 자꾸 울고, 오줌을 가리지 못하고, 거짓말을 했기 때문에 그리됐다 했다. 목소리 높여 그리 말하는 부모 뒤에서 죽은 아이의 형제자매는 불안 속에 침묵했다.

《한겨레신문》 탐사기획팀 소속 다섯 명의 기자가 달라붙어 알려지지 않았던 아동 학대 사건의 진실을 좇고, 가해자를 인터뷰하고, 피해 아동과 형제자매의 죽음을 겪은 '살아남은 아이'들을 만났다. 최전선에서 일하는 사회복지사들과 동행하며 학대 사실을 알면서도 가해자인 부모의 거부로 문 앞에서 발길을 돌려야 하는 현실에 절망도 했다. 그러면서 동시에 아동 학대 문제 해결을 위해 노력해온 사회복지학 교수, 의사, 심리상담가 등 전문가들과 함께 구체적인 대안을 마련해 제시하고자 힘썼다.

파편에 불과한데도 아이들의 마지막 기록을 읽고 조사하는 일은 힘겨웠다. 죽음에 이르는 과정을 읽는 것만으로도 끔찍한데 그 일을 직접 겪은 아이의 고통이 어떠했을까에 생각이 미치면 괴로워 잠을 이루지 못했다. 하지만 괴롭다고 읽지 않고 관심 갖지 않는다면 검은 문 안의 아이들, 아직 죽지 않은 아이들을 구할 길이 없다. 어른의 의무로서, 우리는 아이들의 고통에 귀 기울여야 한다. 외면하지 말고 꼼꼼히 읽어주길 바란다.

또 이 모든 죽음의 끝에서 우리 사회 안의 '폭력성'이란 본질을 직시해주길 바란다. 식민 지배와 전쟁을 겪은 지 수십 년밖에 지나지 않은 이 사회에서 폭력은 너무도 뻔뻔하게 모든 곳에 똬리를 틀고 있다. 자기 자식을 죽인 가해자들을 만날 때면 그들이 어린 시절 경험한 폭력의 이야기를 들어야 했다. 지금은 어떠한가. 가라앉는 배에서도 "가만히 있으라"고 말하며 자신들은 탈출하는 어른들의 강압을 아이들은 고스란히 목격하고 있다. 폭력의 사슬을 끊지 않는다면 검은 문 안의 아이들을 구할 수 없다.

폭력의 대물림을 끊기 위해서는 끊임없이 성찰해야 한다. 나는 지금 나보다 약한 아이에게 왜 목소리를 높이는가. 왜 1등을, 100점을, 명문대를 강요하고 있는가. 어른인 내가 아이에게 하고 있는 모든 강압과 폭력은 내가 어릴 적 싫어하던 어른들의 모습은 아닌가. 아이를 하나의 고귀한 생명이자 인격체로 존중하고 있는가. 아이로부터 시작된 성찰이 세상의 만물, 작은 생명체부터 소수자에게까지 뻗어나간다면 좋은 일이다.

막막한 취재를 하면서 수많은 이들에게 도움을 받았다. 보이지 않는 곳에서 아이들과 함께 울며 오래도록 아동 학대 문제 해결을 위해 헌신해오신 중앙아동보호전문기관의 장화정 관장, 홍창표 홍보팀장, 김정미 굿네이버스 아동권리사업본부장, 김희경 세이브더칠드런 아동권리옹호부장에게 깊은 존경의 마음을 보낸다. 정익중 이화여대 사회복지학 교수, 곽영호 서울대 의대 교수, 황준원 강원대 의대 교수, 안동현 한양대 의대 교수 등의 전문가 집단은 앞으로 갈 길에도 큰 역할을 해주시리라 믿는다. 김용익·남인순·진선미·도종환·양승조·이춘석 의원실의 협력에도 깊이 감사한다. 이름을 밝힐 수 없는 분들께도 마음으로 고마움을 전한다.

취재가 끝난 뒤에도 또 많은 아이들이 검은 문 안에서 죽어갔다. 2015년 12월, 열한 살에 16킬로그램, 허기에 지친 앙상한 아이는 마지막 남은 힘으로 검은 문을 열고 나와 슈퍼에서 과자를 뒤지다 발견됐다. 한겨울 맨발이었다. 초등학교에 갈 나이지만 집 안에 갇혀 지낸 지 오래였다. 아이가 검은 문 밖으로 도망칠 때까지 아무도 그 문을 열어보지 않았다. 그제야 놀란 어른들이 초등학교 장기 결석자, 미취학자를 찾아 나섰고 곳곳에서 아이들의 주검이 발견됐다. 그들의 피를 딛고 아동 학대 정책은 조금씩 세워지고 있다.

검은 문을 열어 방 안에 웅크린 채 구조를 기다리는 아이에게 손을 뻗어야 한다. 어른들의 관심과 행동으로 세상은 조금씩 달라질 것이다. 그 믿음만이 한 아이, 한 아이의 우주를 지킬 수 있다. 못난 어른들이 지키지 못하고 떠나보낸, 학대받다 죽은 263명 아이들의 명복을 빈다.

지은이를 대표하여, 임지선 씀

차례

263명의 아이들,
그리고 세상의 모든 아이들에게
이 책을 바칩니다.

01

지훈이 살인 사건, 그 뒤 4년

현옥 씨 이야기

문이 열렸다. 빨간 벽돌로 지은 오래된 다세대 주택, 반지하 방만 드나드는 철제 쪽문. 아이가 나왔다. 큼직한 책가방에 작은 등이 다 가려졌다. 콜록콜록 기침을 하며 학교에 간다. 죽은 지훈이의 형이다. 사건이 난 지 4년, 이제 초등학생이다. 지석아, 부르고 싶은 마음을 누르며 뒷모습을 지켜봤다.

다시 문이 열렸다. 이번에는 노란 어린이집 가방을 멘 여동생이다. 머리를 예쁘게 묶었다. 엄마와 함께다. 엄마는 빨리 걸으라며 아이를 밀었다. 고개 숙인 아이는 소리를 내지 않았다. 누군지 알 수 있었다. 만 세 살 지훈이를 죽인 범인으로 엄마, 아빠가 검거됐던 4년 전, 임신 5개월이던 엄마 배 속에 있던 아이다. 이제 그 아이가 네 살, 지훈이 또래가 됐다.

좁은 골목길 건너편에 서서 그들을 봤다. 다가가 말을 걸어야 하지만 엄두가 나지 않았다. 그 골목을 서성이던 며칠 동안 머릿속에 맴돈 문장이라고는 '엄두가 나지 않는다'뿐이었다. 아동 학대 사망 사건의 가해자, 그러니까 살인범을 불쑥 찾아가 왜 살인을 했느냐고, 자기 자식을 죽인 뒤 어떻게 살고 있느냐고 물어야 했다. 기자라며 죽은 아이 이름을 꺼내자마자 멱살 잡힐 가능성이 컸다.

게다가 지훈이 엄마, 현옥 씨는 4년 전 지훈이 살인 사건을 보도했던 《한겨레신문》 기자를 기억하고 있었다. 더 정확히 말하자면 모두가 잊은 사건을 한 달여 뒤 굳이 다시 꺼내 보도했던 《한겨레신문》 기자를 원망하고 있었다. 그 기사 때문에 부부에게 비난 여론이 몰려 재판에서 불리했다고 생각한다. 바로 그 《한겨레신문》 기자가 4년 뒤 또다시 찾아왔으니 진저리를 칠 게 뻔했다.

입술이 달라붙는데도 용기를 낸 단 하나의 이유는, 거기에 아이들이 있었기 때문이었다. 만 세 살의 어린 나이에 부모에게 맞아 죽은 지훈이의 형과 동생들, 이제 겨우 네 살에서 아홉 살인 지석이와 지현이와 지민이가 지금도 가해자와 함께 살아가고 있었다. 낮에도 햇볕이 들지 않는 저 문 안에서 어떤 일이 벌어지고 있는지, 아이들의 안부를 확인하고 가해자의 현재 상태를 알아봐야 한다는 책임감에 사로잡혔다.

골목 끝에서 현옥 씨가 걸어온다. 두툼한 회색 카디건의 앞 단추를 열어두어 몸집이 더 커보인다. 지켜본 바로는 며칠째 같은 옷이다. 앞머리가 하나도 남지 않도록 꽁꽁 올려 묶은 머리는 인상을 더 매섭게 만들었다. 화장기 없는 얼굴은 불긋불긋하다. 입꼬리는 처져 있다. 그가 점점 다가온다. 도망치든 말을 걸든, 결정을 내려야 하는 순간이다.

모든 인연은 한 장의 보도자료에서 시작되었다. 2011년 2월 서울의 한 경찰서가 만 세 살짜리 아들을 죽인 뒤 시체를 동네 공터에 버린 부모를 검거했다며 보도자료를 냈다. 당시 《한겨레신문》 사회부 경찰 출입 기자였던 나는 별생각 없이 보도자료를 받아들었다. 이 사건과 이토록 오래 인연을 이어가게 될 줄, 그때는 상상도 못 했다. 보도자료를 인용한 기사가 쏟아졌지만 오히려 《한겨레신문》은 별다른 보도를 하지 않았다.

사건을 제대로 다룬 것은 지훈이 부모가 검거되고 한 달이 지난 3월이 되어서였다. 부모에게 맞아 죽은 아이가, 한겨울에 길에 버려져 시체마저 꽁꽁 얼어버렸던 아이가 아직도 병원 영안실 냉동고에 방치되어 있다는 소식을 들었다. 아이를 때려죽인 부모는 그렇다 쳐도 이 사회 어른들이 참으로 무참하구나 싶어 기사를 썼다.

기사를 쓰며 그제야 사건 내용을 다시 훑었다. 서울의 한 주택 밀집 지역의 짓다 만 건물 쓰레기더미에서 흰색 유아용 이불, 파란색 비닐봉지, 분홍색 줄무늬 수건, 흰색 이불 포장 비닐봉지에 겹겹이 싸인 만 세 살짜리 아이, 지훈이의 시체가 발견됐다. 발견 당일 기온은 영하 12도, 시체는 시커멓게 얼어 있었다. 머리엔 핏자국이 선명했다.

범인은 아이의 부모였다. 비닐을 칭칭 감고 있던 황토색 테이프에서 나온 지문이 범인을 지목했다. 지훈이 엄마의 지문이었다. 경찰은 아빠가 지훈이를 때려죽였고 엄마는 시체 유기만 도왔다고 발표했다. 경찰은 새벽 3시께 자다 깨서 우는 지훈이를 아빠가 마구 때려 숨지게 한 뒤 집 안에 방치하다가 죽은 지 18일이 지난 날 새벽에 버렸다고 설명했다.

2008년부터 2014년까지 7년 동안 발생한 아동 학대 사망 사건 중 111건을 분석해보니 가해자 열 명 중 여덟이 친부모였다. 가해자의 평균 나이는 34세, 피해자 평균 나이는 4.6세였다. 가해자 직업은 무직, 주부, 자영업, 일용직 순이었다. 지훈이 아빠는 서른두 살의 일용직 노동자였고, 지훈이는 만 세 살이었으니 아동 학대 사망 사건의 전형성을 띤 사건이기도 했다.

지훈이에겐 한 살 위 형이 있었고 생후 8개월 된 여동생이 있었다. 사건 발생 당시 스물아홉 살이었던 엄마는 넷째를 임신 중이었다. 부부는 방 두 개짜리 반지하 집의 작은방에 죽은 아이를 8일 동안 방치했고 냄새가 나자 다시 이불과 비닐로 싸 세탁기 위에 열흘 동안 방치했다. 지훈이의 형, 아마도 동생의 갑작스런 실종을 눈치 챘을 지석이에게 부모는 "작은방에 절대 들어가지 말라"고 지시했다.

경찰은 아빠를 살인과 사체 유기 등의 혐의로 구속했지만, 엄마는 남은 두 아이의 양육과 출산을 위해 불구속 입건했다. 그 뒤 병원에서 현옥 씨에게 아들의 주검을 찾아가라고 여러 차례 연락했지만 아무도 나타나지 않았다. 경찰은 "죽은 아이 엄마에게 장례비를 지원했는데 장례를 치르지 않고 있다"고 했다. 결국 경찰이 나서서 장례를 준비했다. 숨진 지 3개월, 발견된 지 40여 일이 지나서야 지훈이는 한 줌의 재가 됐다.

기사가 나간 뒤 한 변호사에게서 연락이 왔다. 기사를 읽었다며, 자신이 지훈이 아빠의 국선 변호인이라고 했다. 남은 아이들도 있고 태어날 아이도 있는 데다 부부의 사정도 딱해 변호사는 이들이 형량을 적게 받을 수 있도록 노력하고 있다고 했다. 그런데 재판 중에 엄마가 지훈이 장례도 치러주지 않았다는 기사가 나 불리하게 돌아갈까 봐 걱정이라 했다.

그는 출산 준비를 위해 대구의 시댁에 내려가 있는 지훈이 엄마에게 휴대전화가 없어 연락이 좀 힘든 것뿐이라고 했다. 엄마에게 장례비를 지원했는데도 장례를 치르지 않는다는 것은 오해일 것이라 했다. 하지만 그 이상 확인되는 사실은 없었다. 지훈이 엄마는 끝끝내 직접 장례를 치르지 않았다. 변호사는 부부에게 불리한 기사를 원망했지만, 할 수 없었다. 혹시 몰라 변호사의 이름과 전화번호를 적어 두었다.

하지만 재판은 부부에게 불리하지만은 않았다. 벌이가 없어 가중됐던 경제적 스트레스, 양육해야 할 세 아이와 출산이 임박한 엄마의 상황 등이 감안됐다. 아이의 아빠는 상해치사와 사체 유기죄로 징역 5년을 선고받았다. 검찰은 엄마의 기소는 유예했다. 남은 아이를 돌보고 출산을 해야 한다는 이유에서였다. 죽은 지훈이의 형, 젖먹이 여동생, 배 속의 아이까지 엄마가 있어야만 생계를 유지할 수 있다는 것이 기소 권한을 가진 검찰의 판단이었다.

남은 아이들이 있어 아빠의 형량도 줄었다. "부양할 너무나도 어린 두 아이에게 아빠가 절실히 필요하다는 점, 중형을 선고하면 피고인의 가정에 가혹한 결과가 발생하는 점 등을 헤아려 관대한 처분을 해달라"는 것이 변호인이 법원에 낸 의견이었다. 법원도 판결문에서 "피고인 이외에는 가족을 부양할 사람이 없는 점"을 참작해 형을 정했다고 밝혔다.

아빠는 감옥에 갔다. 엄마는 아이들 곁에 남았다. 그리고 4년이 흘렀다.

"현옥 씨 맞으시죠?"

"누구세요? 저를 어떻게 아세요? 혹시…"

《한겨레신문》 기자예요. 예전에 지훈이 사건 때 기사 썼던…. 어떻게 지내고 계신가 해서요."

"집 주소를 어떻게 안 거예요? 대체 누가 알려줬어요?"

철제 쪽문 바로 앞에서 간신히 현옥 씨에게 말을 붙였다. 아이 셋 모두 학교와 어린이집에 보낸 뒤 혼자 남은 그는 잠시 집 앞 슈퍼에 들렀다 돌아가려던 참이었다. 갑자기 자신의 이름을 부르며 다가선 낯선 이의 출현에 눈을 동그랗게 뜨고 한두 걸음 물러난 그는 가장 먼저 어떻게 알고 왔느냐고 물었다.

현옥 씨를, 지석이와 지현이와 지민이를 찾는 일은 쉽지 않았다. 4년 전 대부분 언론이 보도했던 사건이니만큼 적어도 두 곳, 학대아동을 보호하는 업무를 하는 '아동보호전문기관'과 부모를 검거하고 아이의 장례를 치르는 데 나섰던 경찰은 기억하고 있으리라 생각했다. 하지만 두 기관에 연락해본 뒤 확인한 것은, 모두가 현옥 씨와 아이들을 잊고 지낸 지 오래라는 사실이었다.

기억이 없으니 서류에 남은 기록이라도 뒤져야 했다. 아동보호전문기관이 2011년 지훈이의 사건일지에 가장 먼저 적어놓은 사실은 "언론 보도를 통해 사건을 인지하고 신고 접수했다"는 내용이었다. 지훈이가 살던 동네 이웃들은, 지훈이가 죽은 뒤 찾아간 기자들에게 "그 집에서 맨날 아이 울음소리가 났다"고 했지만 그 누구도 학대를 의심해 신고하지는 않았다. 아이가 부모에게 맞아 죽기까지 아동 학대 신고는 한 번도 들어온 적 없었다.

아동보호전문기관이 아이가 죽은 뒤 사건을 알게 돼 신고 접수를 하는 일은 어찌 보면 무의미하다. 아이가 학대당하지 않도록 보호해야 하는 기관 입장에서는 보호 내상인 아이가 이미 죽었기 때문에 사례를 접수해도 더 이상 할 수 있는 일이 없다. 가해자가 구속된 경우가 많다 보니 뒤늦게 사건 내용을 알고자 뛰어다녀도 얻게 되는 소득은 거의 없다.

지훈이의 아동보호전문기관 기록만 봐도 "지훈이 사건 관련 기사를 쓴 기자와 통화했으나 경찰서에서 제공한 보도자료에 의존하여 쓴 기사라 전체 상황을 모른다며 담당 형사와 연락하라고 함" "경찰에 연락하니 지훈이 엄마가 극도로 불안한 상태이며 지훈이 할머니가 아이들을 보호하기로 했으니 아동보호전문기관의 개입을 보류했으면 좋겠다고 함"이라 적혀 있다.

하지만 '살아남은 아이'들이 있다면 이야기가 달라진다. 한 아이가 죽음으로써 비로소 강도 높은 양육 환경 조사를 통해 다른 아이들이 어떻게 하면 학대받지 않고 살아갈 수 있는지 살필 기회가 생기는 셈이다. 그렇기 때문에 이미 아이가 사망했다 하더라도 아동보호전문기관에서는 이를 신고 사례로 접수하고 해당 가정을 조사한 뒤 남은 아이들을 지속적으로 관리할 필요가 있다.

아쉽게도 지훈이 사건 당시 아동보호전문기관은 나머지 형제자매에 대한 양육 환경 조사를 제대로 하지 못했다. 여러 제약이 있었다. 주범으로 지목된 아빠는 구속 중이었고 기소 유예된 엄마는 출산을 앞두고 있었다. 대구에 있는 시댁, 주범인 아빠의 가족들이 지훈이 엄마와 함께 지훈이의 형제들을 돌보기로 했다. 이 과정에서 시댁 식구들이 아이들을 보호할 만한 사람들인지를 판단한 것은 아동보호전문기관이 아닌 경찰이었다.

결국 '범인을 잡는 것'이 목표인 경찰과 '남은 아이를 보호하는 것'이 목표인 아동보호전문기관이 역할을 제대로 분담하지 못한 채 아동보호전문기관이 경찰의 판단에만 의지하는 방식으로 초동 대처가 이루어졌다. 현옥 씨가 아이들을 데리고 대구의 시댁으로 가자 상담원은 이 사례를 대구 지역의 아동보호전문기관으로 이관하며 "다른 아이들에 대한 학대 재발 가능성이 있다"는 사실을 전달했다.

현옥 씨가 아이들을 데리고 간 시댁은 대구에서 기초생활수급자가 가장 많은 가난한 동네에 있었다. 사례를 이관받은 아동보호전문기관 상담원은 남은 아이들의 안전을 확인하기 위해 가정 방문을 했다. 현옥 씨는 상담원에게 "언론이나 사람들 시선을 피해 이곳으로 왔다"고 말했다. 오후 5시가 지나 어린이집에서 돌아온 지석이와 지현이는 별다른 외상이 없었다.

"아이들의 나이가 어려서 상담이 어려움. 외상·행동 특이사항 없음." 아동보호전문기관 상담원이 처음이자 마지막으로 아이들을 관찰하고 적은 기록이다. 이후 상담원은 지석이의 심리 검사를 지원하려 했으나 현옥 씨와 연락이 닿지 않았다. 간신히 연락이 닿았던 날 현옥 씨는 "외부 기관의 지원은 감사하지만 밖으로 모습을 드러내는 것이 두렵다"고 했다.

이후에도 상담원이 전화를 해도 현옥 씨는 좀처럼 받지 않았다. 그러다가 현옥 씨가 먼저 상담원을 찾았다. 곧 출산하게 될 아이를 양육 시설에 몇 개월만 맡기고 싶으니 도와달라는 요청이었다. 갓난아이를 시설에 맡긴 뒤 자신은 남은 두 아이를 데리고 어떻게든 돈을 벌 예정이라고 했다. 그렇게 지민이는 태어나자마자 아동보호센터로 보내졌다.

마지막 기록은 2011년 8월이었다. 상담원은 현옥 씨의 시어머니와 통화해 현옥 씨와 아이들이 서울로 갔다는 사실을 알게 됐다. 서울에 있는 현옥 씨의 친정엄마와 함께 지내고 있는데, 시댁도 친정도 경제적 어려움이 극심하다고 호소했다. 일시적으로 서울로 간 아동학대 가해자와 남은 아이들. 상담원은 사건을 서울로 다시 이관하지 않았고 얼마 뒤 퇴사했다. 그 후 4년, 지석이의 서류는 붕 뜬 채 모두에게서 잊혀갔다.

경찰서에 들렀다 나오는 길은 허망했다. 일단 당시 사건을 담당했던 경찰들이 모두 인사이동을 해 그마저 추적해야 했다. 간신히 당시 팀장을 만났지만 그는 피의자 이름도 가물가물하다 했다. 디지털 파일로 갖고 있는 기록은 없으며 서류철에 보관한 기록은 창고에 처박혀 찾기 힘들다 했다. 아이들이 걱정되니 경찰에서 알아봐줄 수 없느냐 물어도 경찰이 할 수 있는 일이 없다고 했다.

그때 기억난 것이 4년 전 기록해두었던 변호사 이름이었다. 전화번호는 소용이 없었다. 이름 석 자로 변호사를 찾아 헤맸다. 마침내 서울 강남의 한 커피숍에서 변호사를 만났다. 알고 보니 지훈이 아버지를 국선 변호하던 당시 그는 사법연수원생이었다. 국선 변호에도 열정을 바치며 기자에게 전화까지 했던 그에게 기대를 걸어볼 참이었다.

아이들의 안전을 확인하고 싶다는 말에 변호사의 표정이 흔들렸다. 그는 안간힘을 써서 4년 전 지석이를 만났던 순간을 떠올렸다. "장난도 치고 해서 이 아이도 학대당했을 수 있다는 생각을 못 해봤다"며 깊은 생각에 잠겼다. 당시 오로지 부모의 형량을 줄이기 위해 노력했던 그가 아이들 입장에서 이야기하는 기자를 만나니 혼란스러운 듯했다.

그는 사무실로 가서 당시 자료를 뒤지기 시작했다. 자료와 함께 그의 기억이 되살아났다. 지훈이 아버지는 술만 먹으면 때려 부수는 아버지 밑에서 자랐다고 했다. 평생을 가난하게 살았고 사건 당시에는 아이들 분유 값도 대기 어려울 정도로 극심한 경제적 어려움을 겪고 있었다고 했다. 한 번도 아이를 때린 적이 없었는데 그날 밤, 아이를 때려죽이게 됐다고 했다.

변호사의 도움을 받아 지훈이 아버지의 교도소 면회를 추진해보려 했으나 좌절됐다. 첫 만남에서 감정의 동요를 보였던 변호사는 면회를 돕겠다고 했지만 시간이 지나자 더 이상 개입하지 않겠다고 입장을 정리했다. 그래서 변호사를 통해 아버지에게 전할 편지를 써두고 변호사를 설득하기 위해 연락하는 일에 시간을 보내야 했다.

죽은 지훈이의 남매들, 살아남아 가해자와 여전히 함께 살고 있는 아이들이 어떻게 지내는지 알아보고자 아동보호전문기관, 경찰, 변호사, 구청과 주민센터, 아동보호 관련 NGO를 찾아다니며 설득하는 일이 끝없이 반복됐다. 아동보호전문기관은 지석이, 지현이, 지민이와 관련해서는 기록상 이미 종결된 사안이어서 새로운 학대 의심 신고 없이는 기관이 나서거나 다른 지역 기관으로 이관할 수 없다고 했다. 비슷한 이유로 모든 어른들이 권한 밖의 일이라 했다.

비로소 선명하게 깨달았다. 학대당하고 있을지도 모를 아이들, 학대로 사망한 아이의 형제자매를 찾아내는 데 우리는 아무런 시스템을 갖고 있지 않다. 오로지 누군가의 선의, 자신이 피해를 보게 될지라도 아이들에게 도움이 된다면 자기 권한을 넘어서더라도 나서는 이의 헌신을 발판 삼아야만 이 취재를 마칠 수 있었다. 아이들을 찾기 위해서는 그런 어른을 먼저 찾아야 했다.

두 달여의 추적 끝에 간신히 동네 이름을 알게 됐다. 현옥 씨는 지훈이의 시체가 발견됐던 동네에서 그리 멀지 않은 동네에 살고 있었다. 경제적 어려움을 겪고 있을 터라 주민센터를 통해 기초생활수급자인 그의 이름을 확인했다. 기초생활수급자를 관리하는 사회복지사가 그의 집에 방문해 상담을 하기도 했다는 사실도 알게 됐다.

"집은 깔끔한 편이었어요. 아이들은 직접 보질 못했는데…." 사회복지사는 현옥 씨에게서 특별한 이상을 느끼지 못했다고 했다. 그는 현옥 씨가 지훈이 사건의 공범이라는 사실을 모르고 있었다. 서울에도 기초생활수급자가 많고 주택 밀집 지역에 있는 주민센터에서 사회복지사는 숨이 끊어져가는 독거노인부터 알코올중독자까지 관리해야 했다. 자기 아이가 어릴 때 입던 옷과 장난감을 현옥 씨에게 가져다주고 전화통화라도 여러 번 한 것은 모두 그의 헌신적인 노력 덕분이었다.

직접 사회복지사를 만나 현옥 씨와 아이들의 상태에 대한 정보를 얻고자 했으나 실패했다. 사회복지사와 미리 약속하고 주민센터를 방문하니 사회복지사가 아닌 팀장이 의심 가득한 눈빛으로 응대했다. 기초생활수급자를 관리하는 공무원에게 개인정보 보호 의무가 얼마나 중요한지에 관해 긴 설명을 했다. 아무런 소득 없이 주민센터를 나서는데 그때까지 한마디도 못 했던 사회복지사가 배웅을 나와 손을 잡더니 눈에 힘을 주며 속삭였다.

"집에 한번 가보세요. 꼭. 저도 너무 걱정돼요."

결국 직접 집으로 찾아가 문을 두드리는 수밖에 없었다. 몇 달을 추적해 찾아낸 지석이가 사는 집으로 가는 길에 내가 추적해주지 못하는 아이들을 생각했다. 이 기획을 준비하며 모은 수백 건의 국내 아동 학대 살인 사건에는 곳곳에 살아남은 형제자매들이 있었다. 몇 년 전에 일어난 사건이라 하더라도 당시 피해 아동들의 나이를 헤아려보면 아직 열아홉 살이 안 된 아이들이 수도 없다. 그들을 살피는 시선이 사라진 뒤, 끊어진 기록 이후로 아이들은 어떻게 살아가고 있을까.

우리 사회는 그 아이들에게 관심이 없고, 그 아이들을 돌봐줄 시스템이 없다. 그러니 그 아이들에게 선택권은 없다. 부모가 학대 가해자라 할지라도 그 곁에 붙어 살아남을 수밖에 없다. 우리는 지석이를 찾아냈지만 호명도 되지 못한 수많은 '살아남은 형제자매'들이 지금도 그렇게 숨겨진 채 살아가고 있을 것이다.

"숨어 살려고 노력했는데 도대체 어떻게 찾으셨나 해서요."

예상과 달리 현옥 씨는 날을 세우지 않았다. 처음에만 놀라서 조금 목소리를 높여 어떻게 찾아왔느냐고 물었을 뿐이었다. 아동보호전문기관에서, 경찰에서, 구청에서 한 조각씩 모은 정보를 바탕으로 동네를 탐문해 찾아왔다고 이야기했다. 그러자 현옥 씨는 체념한 듯 "애아빠 출소할 때도 되고 해서 기자가 찾아올 것 같았다"고 했다.

그러곤 "집에 들어갔다 다시 나올게요. 안에 엄마가 계셔서요. 금방 나올 테니 기다리세요"라며 쪽문을 열고 들어갔다. 곧바로 나온 현옥 씨는 반대쪽 골목을 바라보며 말했다. "저쪽에 가서 이야기해요." 고만고만한 다세대 주택이 모여 있는 동네에는 골목마다 차가 세워져 있었다. 주차된 차 뒤쪽 공간에 자리를 잡고 서서 이야기를 시작했다.

그의 주소를 수소문하는 과정에서 그와 그의 대구 시댁에 기자한테 연락이 왔다는 언질이 간 모양이었다. 대구에서는 그의 시어머니가 한 기관에 "왜 기자에게 쓸데없는 이야길 하느냐"며 한바탕 소란을 피웠다. "사건 직후에 그래서 도망갔어요. 어떻게 알았는지 사건이 보도되고(그는 경찰이 보도자료를 낸 것을 모르고 있었다) 기자들이 집 앞에 찾아왔어요. 아동보호전문기관 상담원은 나한테서 애들을 뺏어가려는 것만 같고. 그래서 어쩔 수 없이 시댁에 가 있다가 다시 친정 엄마한테 와서 한 2년은 아무 데도 안 가고 숨어 살았어요. 인제 아예 애들 개명까지 해서 완전히 숨고 싶었는데…." 당시 기사에 대한 원망도 빼놓지 않았다. 아이의 장례 지원 비용을 써버린 것은 자신이 아닌 시어머니라고 했다.

현옥 씨는 두 시간 동안 이야기했다. 길에 서서 담배 한 갑을 다 태웠다. 마치 만나기로 약속이라도 했던 듯, 자신의 이야기를 듣고 자신의 편이 되어줄 누군가를 기다렸다는 듯 죽은 아이의 이름까지 호명하며 길고 긴 이야기를 했다. 현옥 씨의 우울은 생각보다 깊었고 그가 살아온 나날은 지훈이가 겪은 시간처럼 이해하기 어렵고 견디기 힘들었다.

사건이 발생한 지 4년여, 이사를 거듭했던 그는 아이들과 함께 볕이 더 들지 않는 지하 방에 살고 있었다. 보증금 400만 원에 월세 25만 원, 방 두 개짜리 집이다. 빠르게 변하는 세상은 그만 비껴가는 듯했다. 그에겐 휴대전화도 없었고, 회색 티셔츠는 7년째 거의 매일 입어 보푸라기가 난 상태였다. 세 달 전 또 출산을 한 까닭에 80킬로그램이 넘는, 부은 듯 살이 찐 몸 상태까지 그대로였다.

동네도 그대로였다. 지훈이가 죽었던 집, 시체까지 챙겨서 급하게 이사 갔던 집, 현재 살고 있는 집 모두 빨간 벽돌로 지은 오래된 다세대 주택이다. 오래된 주택 밀집 지역은 집 모양도, 철제 쪽문의 위치도, 볕이 들지 않는 반지하 방도, 좁은 골목길도 모두 비슷했다. 어떤 아이들에게는 입구부터 컴컴한 이 반지하 세계가 우주의 전부다.

현옥 씨는 영화 장면을 설명하듯 살인 사건이 일어나던 밤의 이야기를 담담하게 털어놨다. 이야기의 초점은 당시 자신이 지훈이와 남편 때문에 얼마나 스트레스를 받아왔는지에 대한 것이었다. 이 같은 초점은 사건 당일에 대한 설명부터 현재에 대한 설명까지 일관되게 이어졌다. 그는 양육하기 까다로운 유별난 아이, 무능력하고 무기력한 남편을 비난하며 자신의 행동을 변호했다.

"마이쭈 먹고 싶어요."

사건 당일, 새벽 3시에 잠이 깬 지훈이는 방문을 걸어차며 울었다고 했다. "마이쭈(과일 맛 캐러멜) 먹고 싶다고 울더라고요, 그날도. 얼마나 식탐이 심한지. 새벽에 깨서 왜 마이쭈를 찾냐고요." 낮에도 볕이 들지 않아 어른도 혼자 있노라면 한기가 느껴지는 방 두 개짜리반지하 집. 세 살 아이는 혼자 작은방에서 자고 있었다. 지훈이의 형과 여동생은 부모와 함께 텔레비전이 있는 안방에서 잠을 잤다. "떼가 심하고 식탐과 공격성이 강해서" 늘 지훈이만 따로 재웠다고 현옥 씨는 말했다.

아이의 울음소리가 잦아들지 않자 현옥 씨는 남편에게 말했다. "어떻게 좀 해봐." 밤마다 들리는 아이 울음소리와 밀린 월세 때문에집주인이 이사를 나가라고 한 참이었다. 현옥 씨는 모두 지훈이의 문제라고 했다. 현옥 씨는 자신의 남편에 대해 "남편이 일할 의지가 없어 너무 답답한 스타일인데 내가 아무리 열 받게 해도 폭력을 안 썼어요. 딱 그 점 하나 때문에 같이 살았죠"라고 말했다. 한데 현옥 씨는 이날 남편 혼자 작은방으로 건너갔고 남편이 아이의 머리와 가슴에 주먹질을 했다고 했다. 그 새벽, 아이는 사망했다.

현옥 씨는 경찰 조사와 법정에서 "당시 감기약을 먹고 깊이 자고 있어서 아무 소리도 듣지 못했다"고 했다. 하지만 2015년에 만난 현옥 씨는 당시 상황을 생생하게 기억하고 있었다. 평소에도 혼자 자야 할 정도로 구박당하던 아이, 밤에도 냉장고를 뒤지던 식탐 많은 아이, 한번 울면 그치지 않아 엄하게 혼내던 아이. 아이가 "마이쭈 먹고 싶어요"라고 말한 것을 현옥 씨는 기억했다.

당시는 이런저런 스트레스가 최고조에 달했던 때이기도 했다. 현옥 씨는 경찰 조사에서 "공사 현장 등에 나가 일하던 남편이 11월 중순부터 날이 추워져 일거리가 없었고, 당시 살던 보증금 300만 원, 월세 45만 원짜리 집에서 월세를 계속 못 내 보증금마저 다 까먹은 상태여서 이사도 가야 했다"며 "사건 전날 남편과 아이들 양육비, 이사 비용 때문에 싸우고 잠자리에 들었다"고 말했다.

현옥 씨는 남편과 20대 초반에 만나 동거를 시작했다. 어린 시절 폭력적인 아버지에게 시달린 것도, 중학교를 중퇴한 것도, 이후 기댈 곳 없는 세상에서 험하게 살아온 것도 두 사람은 비슷했다. 남편은 시아버지가 며느리를 때리고 욕해도 가만히 있을 정도로 무기력한 사람이었지만 현옥 씨는 "그래도 나를 때리지는 않으니까, 그거 하나로 같이 살았다"고 했다.

남편은 어린 시절부터 술주정뱅이 아버지에게 심하게 맞고 자랐다고 한다. 매우 가난했던 남편의 부모는 사실혼 관계에서 아들 셋을 낳았다. 네 살 때 아버지의 외도로 어머니가 가출을 하기도 했고 할머니에게 맡겨지기도 하는 등 우여곡절 끝에 여섯 살 때부터 부모와 함께 살게 됐지만 아버지는 술만 마시면 어머니와 세 아들을 때렸다고 한다. 가난한 동네에서 어느 누구도 아버지에 맞서지 못한 채 무기력한 생활을 했다.

중학교 3학년 때 학교를 중퇴한 남편은 이후 자동차 부품 공장, 가구 공장 등에서 일했다. 그러다 스무 살 때 무작정 서울에 와서 단란주점 웨이터로 일했다. 스물두 살 때는 친구와 차 문을 따고 물건을 훔치려다 걸려 특수절도 미수로 집행유예 판결을 받기도 했다. 현재까지도 남편의 부모는 대구에 살고 있고 아버지는 폭력적이다.

현옥 씨는 자신의 30년 인생도 "편할 날이 없었다"고 했다. 그는 매 맞던 어린 시절, 가출했던 열다섯 살 때, 그리고 아이 사망 사건 직후의 이야기를 털어놨다. "아버지가 일주일에 5일은 두들겨 팼어요. 하루는 엄마가 길거리에서 맞다가 갈비뼈가 부러진 채로 쓰러져 있었는데 경찰을 불렀더니 '부부 문제니 잘 해결하라'며 가버리더라고요. 도움받을 곳이 없었어요." '가정 일은 가정 안에서 해결하라'는 생각이 15년 전에는 더 강했다. 엄마가 잠시 징역을 살게 되는 일이 발생했고 아버지와 둘이 살게 된 그는 열다섯에 가출했다.

그때부터 현옥 씨는 술집, 다방 등에서 일하며 살아남았다. "강북의 카페거리 유명한 데 아시죠? 그 어린 나이에 거길 갔죠. 갈 데가 없었으니까요. 술집에서 일하다가 미성년자라서 경찰 단속에 걸린 적도 두 번 있어요. '가족 인계 조치'가 끝이더라고요. 간신히 친척집에 연락이 닿아 풀려났지요. 그런데 그 친척은 정말 저한테 관심이 없었거든요. 밤에 그냥 나오는데 붙잡지도 않더라고요. 내가 미성년자고, 그런 곳에서 돈도 제대로 못 받고 일했는데 아무도 도와주지 않았어요."

당시에 술을 토하려다 생긴 버릇이 이제 폭식증으로 남았다고 했다. 청소년기부터 이어져온 병인데 아무런 치료도 받지 못한 채 오래 방치한 것이다. 그는 특히 아이들의 식탐에 대해 예민했는데 정작 그 자신이 냉장고를 열어놓고 끝도 없이 먹는 폭식증에 시달리고 있었다. 그러면서 아이들의 식욕을 통제하려는 욕구가 컸고, 아이들이 많이 먹는 모습을 견디지 못했다.

남편은 말이 없는 사람이었다. 아내 말고는 누군가와 이야기를 나누는 법이 없었다. 친구도 없었다. 일하고자 하는 의지도 없었다. 하루 종일 피시방에 가서 게임을 했다. 먼 친척에게 부탁해서 일자리를 구해줬다가 "네 남편은 일하러 와서도 멍하니 서 있기만 하더라"는 원망을 듣기도 했다. 일하러 갔다 온다고 나가서 연락이 없으면 현옥 씨는 아이를 업고 동네 피시방에 가서 남편을 찾아오곤 했다.

'학대당한 경험'과 '고립'은 아동 학대 가해자의 주요 특성 중 하나다. 중앙아동보호전문기관이 2013년 한 해 동안 확인된 아동 학대 가해자 2만 1,788명을 분석한 결과 4,883명(22.4퍼센트)이 '사회경제적 스트레스 및 고립'을 겪고 있었다. 393명은 어린 시절 자신도 누군가에게 학대당한 사실을 털어놓았다. 폭력적인 부모와 집 안에 고립되어 살아가는 일은 아이들에게 출구를 알 수 없는 지옥과 다름없다.

지훈이가 죽던 날을 이야기하며 현옥 씨는 남편을 원망했다. "애가 죽던 날이 12월이었잖아요. 그날 돌도 안 된 막내 분유 값이 없어서 친정엄마한테 전화해서 분유 값 좀 꿔달라고 하고, 월세도 밀린 상태에서 당장 이사도 가야 하는데 보증금은 다 까먹어서 돈도 없고, 나는 임신 중인데도 남편은 애들 놔두고 맨날 일한다고 거짓말하고 서는 피시방에나 가 있고…."

남편이 감옥에 간 뒤 상황은 더 나빠지기만 했다. 가난한 살림, 돌봐야 할 아이들, 태어날 아이. 남편만 감옥에 갔을 뿐 달리진 건 아무것도 없었기 때문이었다. 극도의 스트레스 속에서 타인에 대한 불신만 키우며 그는 점점 더 고립되어갔다. 아동보호전문기관의 도움도 거절했다. "상담원이 자꾸 나를 문제 있는 사람 취급하며 다른 아이들과도 떼어놓으려 했기 때문"이라 했다.

현옥 씨가 유일하게 양육에 대한 고민을 나눌 수 있는 사람은 친정엄마뿐이었다. 하지만 그 역시 남편에게 오랜 시간 맞아온 데다 딸이 맞는 모습을 보고도 어쩌지 못했던 적이 있는 가정폭력의 피해자였다. 게다가 새로 결혼한 남편이 현옥 씨와 만나는 것을 꺼려 눈치를 보는 상황이었다. 자존감이 낮은 그는 남편이 징역을 살고 있는 도중에도 다른 사람의 아이를 반복해서 낳고 있는 딸의 상황에 대해 적절한 조언을 해주지 못하고 있었다. 폭력의 한가운데서 두 여성은 웅크린 채 그저 살아남았다.

현옥 씨는 남편에 대한 원망을 늘어놨지만 지훈이를 때린 부분에 대해서는 별다른 원망을 하지 않았다. 그는 지훈이의 문제 행동에 대해 이야기하면서 "지석이는 그러지 않았다"고 했다. "훈육을 위해 전 혼낼 때는 아주 호되게 혼내서 기를 아예 꺾어놓는 편이에요. 때리지 않고 애 키우는 부모 있나요? 그렇게 호되게 혼내도 말을 안 듣는 애가 지훈이였어요." 평소 '호되게' 혼내는 건 자기 몫이라고 했다. 아이의 죽음과 관련해 벌을 받게 된 남편이 "불쌍하다"고도 했다.

취재 중 가장 당황스러웠던 점은 다른 어느 곳보다 구청에서 현옥 씨에 대해 무척 잘 알고 있다는 사실이었다. 현옥 씨가 2년 전 넷째를 낳아 한 병원에 입원시킨 뒤 찾아가지 않아 구청과 아동보호전문기관 등으로 구성된 '솔루션 위원회'가 열렸다고 했다. 당시 현옥 씨는 "다른 아이들은 잘 키우고 있는데 이 갓난아기는 애들 아빠가 아닌 다른 남자의 아이기 때문에 빨리 보육시설로 보내고 싶다"고 했다고 한다.

당시 솔루션 위원회에 참석했던 한 전문가는 위원들이 현옥 씨가 지훈이 살인 사건 관련자인 것도 알았다고 했다. 아예 아동보호전문기관이 개입해 갓난아이 사례를 처리할 생각도 했으나 현재 학대 상황은 아니라는 판단에서 단순히 시설 입소 처리만 했다고 한다. 지훈이 사건에서 살인을 한 건 아빠고 지금 엄마는 못 키우겠으니 맡겨달라는 것뿐이니까 그 갓난아이 한 명에 대해서만 개입했다는 설명이었다.

심지어 현옥 씨가 살고 있는 지역의 아동보호전문기관은 이 일에 개입해 갓난아이의 위탁을 결정했음에도 현옥 씨 아이들의 기록을 이어나가지는 않았다. 그래서 다른 지역의 아동보호전문기관은 물론이고 중앙아동보호전문기관도 지석이의 새로 태어난 동생이 병원에 방치되다 보육시설로 보내진 사실을 전혀 파악하지 못했다. 지석이, 지현이, 지민이의 상황을 관찰할 수 있었던 또 하나의 기회가 이렇게 또 날아가 버렸다.

그가 가해자 치료 프로그램을 통해 어린 시절 부모에게 학대받은 자신의 상처를 돌보고, 아이와 애착 관계를 형성하는 법, 갈수록 고집스러워지는 서너 살 아이를 돌보는 법 등을 배웠다면 어땠을까. 하지만 그런 일은 일어나지 않았고 이후 그는 아이를 또 낳았다. 아이 낳기가 힘들지 않느냐고 물으니 "예뻐요"라는 답이 돌아왔다.

현옥 씨는 아홉 살, 다섯 살, 네 살, 3개월 된 아이들과 함께 살고 있는 반지하 집에서 자신은 행복하다고 했다. 가장 큰 아이인 지석이는 고분고분하고 동생들을 잘 돌본다고 했다. 자신이 밤새 부업이라도 하는 날에는 자다 일어나 옆에 와서 어깨를 주무른다고 했다. 그런데 단 한 아이, 네 살 지민이 때문에 괴롭다고 했다.

"지훈이도 이랬어요. 정말 힘든 아이었죠. 지민이가 지훈이 비슷해요." 현옥 씨는 대뜸 죽은 아이 이야기를 꺼냈다. 사건 당시 배 속에 있던 넷째, 이제는 네 살이 된 지민이에 대해 말하기 시작하자 그의 목소리가 커졌다. "정말 얘를 보지 않고는 어느 정도로 영악한 술 상상도 못 할 거예요. 엊그제는 소주 세 병 먹고 그냥 지민이만 데리고 죽을까 싶어 연탄까지 한 장 사놨어요."

아이에 대한 스트레스는 극에 달해 있었다. "보통 애가 아니에요. 거짓말에, 도벽에, 머리 회전은 어찌나 빠른지. 벌을 세우고 때려도 절대 잘못했다는 소리를 안 해요. 걔 떼쓰고 우는 소리 때문에 쫓겨나서 얼마 전에도 이사를 한 거예요. 걔가 죽든지 내가 죽든지, 도저히 감당이 안 돼요."

지민이와 지훈이는 계속 겹친다. "지훈이도 이랬어요. 떼를 심하게 부리고 식탐이 심하고 공격성이 강했죠. 그래서 따로 잤어요. 죽던 날도 새벽에 깨서 마이쭈 달라고 하길래 그냥 자라고 하니까 울고불고 문을 발로 차고 난리도 아니었죠. 그래서 때린 게 그렇게 됐어요." 다른 사람도 아니고 아이들의 엄마가 자신들의 학대로 죽은 아이와 현재 양육하고 있는 아이를 "똑같다"며 비교해 말하고 있었다. 밤마다 집 밖으로 들리는 울음소리, 식탐, 공격성, 거짓말, 엄마에게 받는 미움의 정도까지 둘은 비슷했다.

지훈이는 "힘든 아이"였기에 현옥 씨는 아이를 토요일 밤까지 맡아주는 어린이집에 보냈다. 지민이도 현재 밤 11시까지 돌봐주는 어린이집을 다니고 있었다. 지훈이도 어린 동생의 얼굴을 할퀴는 등 난폭하고 떼를 잘 쓴다는 이유로 작은방에 혼자 자도록 했다. 형벌과 같은 시간이었을 것이다. 지민이도 마찬가지였다. 어린 동생의 얼굴을 할퀴는 등 난폭하고 떼를 잘 쓴다는 이유로 작은방에 혼자 자도록 했다.

어린이집에서 긴 하루를 보내고 밤늦게 집에 와서 다음 날 아침까지, 짧은 시간인데도 늘 새벽이면 사달이 났다. 지민이도 지훈이처럼 새벽에 냉장고 주변을 맴돈다. "식탐이 꼭 시아버지를 닮았어요. 그래서 더 화가 나요." 현옥 씨가 말했다. 부부는 4년 전 경찰 조사에서도 지훈이가 새벽에 깨서 울면 자주 때렸다는 사실을 인정했다.

이번에도 마찬가지였다. 현옥 씨는 지민이를 심하게 벌주고 때린다는 사실을 숨기지 않았다. "거짓말을 말도 못하게 해요. 도벽도 심하고요. 혼자 어디서 과자를 훔쳐 먹고는 안 들키려고 봉지를 쓰레기통에 안 버리고 가방에 숨겨놔요. 몇 시간이고 벌을 세워두면 선 채로 오줌을 싸요. 나 보라는 거죠. 팬티를 빨게 하고 또 벌을 세우면 또 서서 오줌을 싸요."

도무지 친엄마의 말이라고는 믿기지 않는 이야기도 했다. "어린이집에 늘 이야기해요. 애를 때려달라고. 말 안 들으면 때려달라고요. 맨날 선생님들이 기함해서 전화하곤 해요. 애가 선생님 가방을 뒤지질 않나 말 안 들어서 벌로 혼자만 간식 안 주니까 몰래 부엌에 가서 포도를 훔쳐 먹고 씨를 다 뱉어놨다더라고요. 반항심이 말도 못해요. 선생님이 혼을 내면 도저히 애 울음소리라고 할 수 없는 소리를 내면서 운대요. 그럴 땐 달래시지가 않으니까 저한테 전화를 하는 거예요. 전화로라도 제 목소리 들려주면 뚝 그쳐요."

지민이를 데리고 가 얼마 전 정신과 상담을 받아보기도 했다고 한다. "의사가 욕구불만, 애정결핍이라는 뻔한 소리를 하더라고요. 그리고 애한테 위계라는 개념이 전혀 없다고요. 엄마고 뭐고 그런 게 없다는 거죠." 그는 이제 자신도 정신과 상담을 받아보고 싶다는 생각이 들 정도지만 상담비가 비싸 엄두도 못 내는 상황이라고 말했다.

현옥 씨는 4년 전 자신의 선택을 후회하고 있었다. 남편이 구속된 뒤 만삭이었던 그는 아이들을 데리고 시댁으로 갔다. 갈 곳이 없어서였다. 시아버지는 아기를 업은 며느리에게 뜨거운 라면 냄비를 집어던질 정도로 폭력적인 사람이었다. 그곳에서 지민이는 태어나자마자 아동복지시설로 보내졌다. 6개월 뒤 아이를 도로 데리고 왔는데 현옥 씨는 "그때 아이를 데려오지 말았어야 했다"고 말했다.

현옥 씨는 취재진에게 지민이를 시설에 맡길 방법을 알아봐달라고 했다. 경제적인 어려움도 호소했다. 그를 만나고 돌아와 각종 재단, 비영리기구, 아동호보 관련 기관, 구청, 주민센터 등에 연락해 지민이를 현옥 씨로부터 분리할 수 있는 방법을 찾았다. 한 시간이라도 빨리 떼어놔야 한다는 생각에 마음이 급했다. 냉장고 옆에서 벌서며 오줌을 싸버린 뒤 매 맞는 지민이의 모습이 떠올랐다.

단돈 100만 원이라도 긴급 지원할 수 있는 방법도 같이 찾아보았다. 경제적 스트레스를 줄여주면 아이들을 조금이라도 덜 학대할까 싶어서였다. 하지만 묻지도 따지지도 않고 100만 원쯤을 줄 곳은 없었다. 게다가 현옥 씨가 한 달에 6만 원밖에 지원받지 못하고 있긴 했지만 기초생활수급자였기 때문에 여러 지원 대상에서 제외됐다. 그런 까닭에 현옥 씨는 돈이 필요할 때마다 금리가 비싼 대부업체를 이용하고 있었다. 그것은 또 현옥 씨에게 늪이 됐다.

현옥 씨를 만나고 온 뒤 며칠이 지났다. 사달이 났다. 현옥 씨가 흥분한 목소리로 전화했다. "며칠 전 지민이가 밤 11시 30분에 어린이집에서 돌아와서 자라고 이불 깔아주고 다른 방에 가서 자고 있는데 새벽에 애가 방에 들어와서 화장품 다 끄집어내고 냉장고 문 열어 김치를 다 퍼먹고…." 현옥 씨는 매우 흥분한 상태였다. 자신은 더 이상 지민이를 견딜 수 없다고 했다.

현옥 씨는 그날부터 며칠 동안 지민이를 어린이집에 보내지 않고 벌을 주었다고 했다. 그의 평소 지론처럼 '호되게' 벌을 주었을 테다. 그 모습을 본 친정어머니가 "이러다간 네가 애한테 허튼짓할 거 같다"며 지민이를 잠시 맡겠다고 했다 한다. 더 이상 시간이 없었다. 지민이는, 그 새벽의 지훈이처럼, 매우 위험한 상황에 처해 있었다.

일단 지민이의 시설 입소를 알아보는 것과 동시에 아동보호전문기관에 연락해서 도움을 청해보자고 현옥 씨를 설득했다. 아동보호전문기관도 적극적으로 나서주었다. '아동 학대 범죄의 처벌 등에 관한 특례법'이 시행된 뒤로 학대 신고가 접수되면 가해자는 무조건 경찰 조사를 받아야 했다. 지금 경찰 조사를 받아야 한다는 사실을 안다면 현옥 씨는 연락을 끊고 아이들을 데리고 영영 숨어버릴지도 모른다. 우선 지원을 중심으로 상담을 진행하기로 약속하고 상담원과 현옥 씨를 연결했다.

한차례 폭풍이 더 지나갔다. 아동보호전문기관 상담원이 아이들의 학교와 어린이집 교사를 상대로 주변 조사에 나선 다음 날, 현옥 씨가 또 흥분해 전화했다. "지민이 어린이집 원장한테 전화가 왔더라고요. 자기들이 그동안 지민이를 밤 11시까지 맡아주고 얼마나 도움을 많이 줬는데 이제 와서 아동보호전문기관의 조사를 받게 하느냐고 따지더라고요. 아동보호전문기관이 어떻게 이럴 수 있나요?" 특례법상 아동 학대 신고 의무자인 어린이집 원장과 교사들이 자신들에게 지민이 학대와 관련한 불똥이 튈까 봐 염려해 곧바로 현옥 씨에게 전화를 한 것이었다.

아동보호전문기관을 신뢰하고 기관의 도움을 받아야 한다고 설득하는 과정이 다시 필요했다. 지석이 생각을 해보라고, 혹시 동생의 죽음을 알고 있을 수도 있으니 심리 상담을 받도록 해야 한다는 말에 현옥 씨는 조용해졌다. "그때 몰랐더라도 커가면서 느끼지 않았을까 싶네요. 동생이 있었는데 어디 갔지 하고…. 하지만 한 번도 묻지 않더라고요. 이제는 자기 동생은 지현이, 지민이, 그리고 갓난아기뿐이라고 말하던데요."

결국 지석이가, 현옥 씨가 가장 든든하게 생각하며 의지하기까지 했던 아이가 가장 많이 아프다는 사실이 드러났다. 정신과 치료가 시작됐고 의사는 지석이의 마음속에 너무 큰 불안이 쌓여 우울증 등 여러 증상이 나타나고 있다고 했다. 현옥 씨는 "이제 곧 아이 아빠가 출소해 아이를 찾아올 텐데 아이가 더 불안해할까 봐 걱정"이라고 했다.

지민이는 아동보호시설로 보내기로 했다. 태어나자마자 보내졌을 때처럼 일시 보호가 아니었다. 지민이는 다시 현옥 씨를 만나 같이 살게 될 일은 없을 터였다. 현옥 씨는 지민이를 미워하고 있었고 지민이를 위해서도 시설이 안전했다. 아무것도 모르는 지민이는 엄마와 함께 차에 올라탔다.

지민이를 보내던 날. 차 안에서 창문을 닫고 있자면 봄 햇살에 땀이 나는 날씨였다. 아이는 동네에서 처음 봤을 때처럼 예쁘게 머리를 묶고 있었다. 뒷좌석에 앉은 아이는 차를 타고 가는 한 시간 내내 자세를 흩트리지 않았다. 말을 걸면 아이는 엄마 눈치를 봤다. 현옥 씨는 "얘가 다른 사람만 있으면 이렇게 착한 척을 한다"고 했다.

현옥 씨는 아이가 듣고 있는데도 아이의 험담을 계속했다. "얘가 얼마나 거짓말을 하고 물건을 훔치고 식탐이 말도 못하는 줄 알아요? 제가 징밀 얘가 조금만 괜찮은 싱태였어도 이런 선택은 인 해요." 오늘 시설까지 가는 동안만이라도 아이와 좋은 시간 보내자고, 아이가 들으니까 그런 이야기는 그만하자고 말해버리고 말았다.

네 살 지민이에게 가장 좋아하는 노래를 물으니 〈곰 세 마리〉라며 쑥스러워했다. 아이에게 동요 메들리를 들려주자 곧잘 따라 불렀다. 잘 부른다고 칭찬했더니 그때부터는 잘 모르는 노래도 따라 부르려고 용을 썼다. 아이는 한 시간 내내 한 번도 쉬지 않고 노래를 따라 불렀다. 인정받고 싶고, 사랑받고 싶은 아이의 마음이 진하게 느껴졌다. 그 마음을 채워줄 사람을 아이는 만날 수 있을까.

사랑받고 싶어 하는 약한 존재. 모든 아이가 그러하다. 하지만 아동 학대 가해자들은 아이에게 문제가 있다고 입을 모은다. 김성준 임상심리 전문가는 "학대 피해자와 가해자의 관계는 고문 피해자와 가해자의 관계와 비슷하다"고 말한다. "고문을 받다 보면 피해자는 옷도 못 챙기고 더러워지고 무기력해지는데 그 모습을 보고 고문 가해자는 '이런 쓸모없는 인간쓰레기는 고문하는 게 당연하다'고 생각하게 된다"는 것이다. '사후 정당화'다.

입소할 아동보호시설에 다다르기 전, 잠시 차를 세웠다. 현옥 씨가 담배를 한 대 태우는 사이 지민이를 안고 멀찍이 서서 엄마가 때린 곳 중에 어디가 제일 아팠냐고 물었다. 지민이는 깜짝 놀란 표정을 짓더니 "발바닥이요. 근데 이제 다 나았어요"라고 속삭였다. 봄꽃을 보며 웃던 아이의 표정이 갑자기 어두워졌다. 나중에 현옥 씨가 "요 며칠 아이의 손바닥, 발바닥을 때렸다"고 말했으니 지민이의 이 말은 거짓이 아니었다.

안고 있으면 안고 있는 대로 지민이는 가만히 있었다. "그동안 힘든 일도 있었고, 아까 엄마가 지민이를 나쁘게 이야기했지만 사실 지민이는 세상에서 가장 예쁜 아이야. 무슨 말인지 알겠지?" 아이는 고개를 끄덕였다. 품에 꼭 안겼다. "지금 가는 곳에서는 더 관심받기 위해서 애쓸 필요 없어. 넌 그냥 소중하니까. 알았지?" 아이가 알아듣지 못할 말을 자꾸 했다.

아이는 짐 하나 없이 시설에 입소했다. 바깥의 물건은 필요 없다 했다. 현옥 씨도 아이의 짐을 전혀 챙겨오지 않았다. 시설에 들어서자마자 담당자는 현옥 씨를 향해 "저 아시죠?"라고 인사를 건넸다. 1년 전 맡긴 갓난아이도 이곳으로 왔다고 했다. 그 뒤로 담당자는 아이와 관련해 의논을 하려 해도 현옥 씨와 연락이 잘 닿지 않아 힘들었다고 했다.

인사할 틈도 없이 담당자는 시설 선생님들에게 지민이를 데려가 점심을 먹이도록 했다. 현옥 씨는 담당자와 면담을 해야 했다. 그걸로 끝이었다. 지민이는 선생님들이 이끄는 대로 식당에 갔고, 선생님들에 둘러싸여 점심을 먹었다. 잘 먹었다. 엄마를 찾지 않았다. 그것이 엄마와 아이의 마지막이었다.

아이를 두고 돌아서는 길, 현옥 씨는 울었다. 마지막 인사도 제대로 하지 못하고 건물을 나오고 보니 비로소 아이를 떼어놓았다는 것이 실감난 모양이었다. "나도 사람이라고요. 직접 낳아서 5년이나 키운 앤데 보내는 마음이 왜 슬프지 않겠어요. 하지만 이렇게 하는 것밖에는 방법이 없어요." 잠시 흐느낀 뒤 그는 눈물을 닦고 남은 아이들이 기다리는 집으로 향했다. ∷ **임지선**

02

살아남은 아이들
동생의 기억과 치유

"여섯 살 때 일이었다. 엄마랑 아빠가 누나를 굶기면서 비웃고 놀려서 정말 슬펐다. 그래서 내가 몰래 밥을 주었다. 그래서 엄마한테 엄청 혼났다." 그림 속 아이는 차렷을 한 경직된 자세로 울고 있다. 지나가던 아주머니가 묻는다. "아이야, 왜 우니? 말해보렴. 괜찮아." 아이는 계속 운다. "으아앙. 안 말할 거예요. 아빠하고 엄마가 누나를 굶겨 죽였어요. 누나 보고 싶다."

부모에게 학대당하던 아이가 구조된 지 7년 만에 그렸다는 이 그림은 볼 때마다 눈물이 난다. 아이가 '지옥'에서의 기억을 처음 털어놓으며 떠올린 사람은 다름 아닌 매 맞고 집 밖에서 울고 있던 날 만난 아주머니다. 아마도 낯선 아주머니는 아이에게 우는 까닭을 물어준 처음이자 마지막 어른이었을 것이다. 그림 속 아이는 아주머니에

게 부모의 만행을 고발하지만 당시 실제 아이는 "으아앙" 소리조차
제대로 내지 못했다.

살아남아 계속 살아가야 하는 아이들

부모의 학대로 한 아이가 죽은 뒤에도 살아남아 계속해서 살아가야
하는 아이들이 있다. 죽은 아이의 형제자매다. 최악의 경우에는 누
나, 언니, 오빠, 형, 동생의 죽음을 목격했을 가능성까지 있는 이 '살
아남은 아이' 이야기를 어떻게 취재해 전달할 것인가? 기획 단계에
서부터 기자들은 고민했다.

　'살아남은 아이'를 어떻게 돌볼 것인가에 대해서는 그동안 우리

사회가 진지하게 연구하지 못했다. 일에 치이고 현실적인 법규와 절차에 치이는 아동보호전문기관이나 구청 등은 죽은 아이와 관련한 행정적인 절차가 끝나고 가해자인 부모 등에 대한 법적 절차가 시작되면 사례 관리를 종결해버리곤 했다. 학계의 논문도 없었다. 잠시 친척 집 등에 맡겨졌던 '살아남은 아이'들이 현재 어떤 삶을 살고 있느냐 물으면 자신 있게 대답할 수 있는 어른이 거의 없었다.

기자로서 취재를 잘하고 싶은 마음은 간절했지만 방법이 잘 보이지 않았다. 무턱대고 아직 미성년자인 '살아남은 아이'들에게 접근했다가는 그들을 놀라게 할 수 있어 또 다른 피해만 줄 뿐이었다. 게다가 너무도 많은 아이들이 자신의 형제자매를 죽인 가해자, 부모와 여전히 함께 살고 있었다. 그들은 '살아남은 아이'의 친권자, 보호자란 이름으로 아이를 향한 외부의 시선을 차단했다.

고민을 하던 중 우연히 반가운 이야기를 접했다. "두 명 정도 있어요. 예닐곱 살쯤에 엄청난 학대를 당하던 아이 두 명을 각각 구조해서 이 아이들만큼은 우리가 끝까지 책임지자면서 오래도록 돌봐왔죠. 한 명은 이제 고등학생, 또 다른 아이는 이제 성인이 됐어요." 무작정 찾아가 이번 아동 학대 취재 기획에 대한 설명을 늘어놓으며 '살아남은 아이' 문제에 관한 고민을 털어놓던 내게 김정미 굿네이버스 아동권리사업본부 본부장이 조심스레 말했다. 그는 기자의 눈빛에서 진정성을 느꼈다고 했다.

둘 다 극심한 학대를 받고, 누나의 죽음을 목격한 경우였다. 갓 고등학생이 된 아이는 어릴 적 친아버지의 극심한 학대로 줄에 묶인 채 철창으로 된 개집 안에 갇혀 있기도 했다고 한다. 주변의 신고로 누나와 함께 학대아동 쉼터에서 지내기도 했지만 다시 가정으로 복귀했고 끝내 누나는 맞아 죽었다. '살아남은 아이'는 다시 쉼터로 왔고 끝까지 쉼터에서 맡았다고 한다.

이제 성인이 되었다는 아이는 친아버지와 새어머니의 구타와 방임 속에 죽기 직전의 상태로 여섯 살 때 발견됐다. 아이의 발은 곳곳이 썩어 있었고 등에는 다리미로 지진 자국이 있었다. 집 안에는 "세탁기에 넣고 돌려버릴 거야"라는 친아버지의 협박이 쓰여 있었다. "2주만 더 이 상태로 뒀다면 죽었을" 아이를 구해냈을 때 아이의 누나는 이미 죽어 마당에 묻힌 뒤였다.

두 아이 중 성인이 된 아이의 이야기를 취재해보기로 했다. 무작정 당사자를 찾아가 만나는 방식이 아니라 그를 구조했던 사회복지사부터 10여 년 세월 동안 그 아이를 위해 헌신한 의사, 상담치료사 등을 만나 파괴됐던 아이의 영혼이 복구되기까지 어른들이 어떤 노력을 기울여야 했는지 되짚기로 했다. 그래야만 또 다른 '살아남은 아이'들을 어떻게 돌볼 것인지에 대한 논의의 물꼬를 틀 수 있으리라 생각했다.

인터뷰 방식도 깊이 고민했다. 아무리 성인이 됐다고 해도 오랜 시

간 함구증과 대인기피에 시달렸던 아이 앞에 기자 명함을 들고 찾아
가기는 싫었다. 사실 아이는 1998년 구조 당시 방송 카메라에 알몸까
지 고스란히 노출돼 언론에 의한 2차 피해로 힘든 시간을 보냈다. 이
번에도 김정미 본부장이 나서주었다. 내가 작성한 길고 긴 질문지를
들고 김 본부장이 직접 아이를 만나 기자 대신 물어주기로 했다. 성
인이 된 아이의 동의를 받아 질문과 답변은 녹취했다.

아이는 구조 당시 방송에 노출된 데다 사건 자체가 워낙 끔찍했기
에 많은 이들이 가명을 기억하는 경우였다. 그래서 나는 기사를 쓸
때 아이의 가명조차 언급하지 않기로 다짐했다. 1998년 당시에 너무
많은 정보가 노출되었기 때문에 '그때 그 아이'라는 낙인이 찍혀 누
군가 알아보면 안 될 것 같아서였다. 기사를 쓰는 내내 성인이 된 그
에게는 미안하지만 그를 '아이'라고만 지칭했다. 그를 보호하고 돌
보려고 헌신했던 모든 이들의 마음을 이어받아 그의 삶을 지켜주고
싶었다.

그렇게 '살아남은 아이'의 살아남은 이후의 삶이 재구성되기 시
작했다. "편의점 일이 재밌다"며 웃는 스물셋, 심리 치료를 중단해도
좋다는 판정을 받은 고등학교 시절, "쉼터가 답답했다"는 중학교 시
절, "으아앙, 아빠하고 엄마가 누나를 굶겨 죽였어요. 누나 보고 싶
다"는 말을 처음으로 내뱉은 초등학교 5학년 때, 함구증에 시달리면
폭력 성향을 보였던 초등학교 저학년 시절, 두 번째 위탁 가정을 떠

나 학대아동 쉼터 입구에 시무룩하게 서 있던 아홉 살 무렵, 그리고 석고상처럼 굳은 앙상한 몸으로 집으로 들이닥친 경찰과 사회복지사에게 구조되던 여섯 살. 이 모든 취재 내용을 시간의 역순으로 기록한다.

스물셋, "완전히, 네, 완전히 극복했어요"

"요즘 가장 즐거운 거요? 편의점 일 재밌어요. 단골손님 중에 웃긴 사람 있어서 되게 재밌어요." 말이 더디고, 가끔은 일상적인 단어의 뜻도 잘 몰라 되묻곤 했지만 그는 한 시간여 동안 정성 들여 답했다. 함구증을 오래 앓았고 자신의 느낌이나 욕망을 표현하는 일을 어려워했던 그가 "재밌다"는 말을 먼저 꺼내자 질문했던 김 본부장이 놀랐다. 스물셋의 그는 달라져 있었다.

고등학교 졸업 뒤 쉼터에서 독립해 여러 일을 전전하다 최근 편의점에서 일하고 있다는 그는 "거기(편의점) 알바생한테 제가 먼저 말 걸었다"며 자신이 요즘 "많이 변했다"고 자랑했다. 심한 낯가림 때문에 고등학교 졸업 뒤 취업이 어려웠던 그다. "우리 아들이 언제 이렇게 컸냐. 이렇게 감동을 줘도 돼?" 녹취 속에서 김 본부장의 목소리가 떨렸다. 그가 머쓱한 듯 "왜요"라며 웃었다.

"완전히, 네, 완전히 극복했어요."

'살아남은 아이'가 말했다. 그도 이제 스물셋. 더 이상 아이는 아니다. 화상과 상처로 뒤덮인 앙상한 몸으로 '집'에서 구조됐을 때가 1998년 4월, 여섯 살 때였다. 친아버지와 새어머니의 학대로 제대로 먹지 못한 채 폭력에 시달린 지 6개월이 돼가던 무렵이었다. 한 살 위 누나는 이미 죽어 마당에 파묻혀 있었다. 17년이 흘렀다.

이제는 물어도 될지, 그 세월을 함께 보낸 김 본부장은 오래 망설였다. 묻는 말에 길게 대답하지 않고 낯선 사람 앞에서는 여전히 입을 닫아버리는 성향 때문에 제대로 된 인터뷰가 가능할지조차 확신할 수 없다고 했다. "과거의 상처를 얼마나 극복한 것 같아?" 2015년 4월 20일, 인터뷰는 그렇게 시작됐다.

"편의점 일 재밌다니 다행이다. 수입은 얼마 정도 돼?"

"수입이 뭐예요? 아, 돈? 아직 한 달도 안 돼서 없는데요."

"쉼터에서 독립해서 낯선 사람 만나며 사는 게 힘들진 않고?"

"요새는 싫지 않은데. 요새는 좀 많이 만나는 편이에요."

"고등학교 졸업한 뒤 어떤 일들을 했지?"

"음… 옷가게에서 일하다가 학교 야간 경비도 하고, 알바 같은 거…"

"혹시… 가족은 만나니?"

"가족이요?"

"그러니까… 생물학적인 가족. 아버지도 이제 출소했을 테니까."

"그런 적 없습니다. 네."

"몸이나 마음 아픈 건 없고?"

"건강하죠. 완선히. 어렸을 때는 아팠죠. 안 좋았죠. 옛날엔 아팠지만…"

"옛날엔 어디가 아팠어?"

"뭐… 마음의 상처 이런 거? 하하하."

"와, 너 그런 얘기도 할 줄 알아?"

"네. 아이고, 뭐 당연한 거 아니에요."

"마음이 어떻게 아팠어?"

"그냥 마음에 멍이 들어서. 아 진짜, 이거 어떻게 말을 해요. 몰라요. 기억이 안 나요."

"와, 너 정말 많이 변했다. 이런 말도 하고… 오늘 완전 깜놀인데."

"아 몰라요. (편의점) 일 하고 나서부터는 말이 많아지고 그러던데요. 많이 변했대요."

"아주 좋아 아들! 그럼 이제… 예전에 누나랑 새엄마랑 아빠랑… 상처받았던 거 더 이상 치료 안 받아도 될 것 같아?"

"아, 그거 물어보는 거예요? 음, 지금은 뭐 안 받아도 될 거 같은데?"

"왜 그렇게 생각해?"

"시간이 지나서 다 치유가 된 거 같아요."

"뿌듯하다. 우리 아들이 언제 이렇게 컸냐. 대박!"

"치료가 다 된 거 같아요. 예전에는 그런 말 하면 울고 그랬는데 지금은 안 그래요."

"아들, 나한테 이렇게 감동을 줘도 돼?"

"호호, 왜요~"

"이거(인터뷰) 하길 잘했네, 정말."

"호호."

"살면서 마주치고 싶지 않은 사람 있어?"

"지금도 안 마주치고 있지만 그… 때리는 사람 안 만났으면 좋겠네요."

"사랑하는 사람과 아이를 낳는다면, 어떻게 해주고 싶어?"

"아주 멋진 아빠가 되어야죠. 뭐, 아… 아유 뭐…"

"안 때리고 밥 굶기지 않고?"

"그런 건 안 하는데, 그러니까… 아! 그냥 잘 웃어준다!"

"어른들이 아이들에게 어떻게 해줘야 한다고 생각해?"

"모르는 거 있으면 착 잘 알려주고, 알려주고, 못하면 더 알려주고 그래야죠."

"어른들에게 하고 싶은 말 있어?"

"그냥 뭐 아이들을 많이 사랑해주시고 많이 웃어주시면 될 거 같네요. 그렇게 하면 뭐, 만사 오케이."

"우리 아들은 나중에 애들 잘 키우겠는데?"

"아, 저는 잘하죠."

아이는 한국 사회에 아동 학대란 무엇이고, 얼마나 심각한 문제인지를 알린 첫 사례였다. 남매의 비극을 딛고 2000년 아동복지법이 전면 개정됐다. 한국 사회는 그제야 참혹한 아동 학대가 우리 주변에서 발생하고 있음을 인정했다. 아이는 국내에서 형제자매가 사망할 정도로 심각한 학대를 받은 아이 중에서 평생에 걸친 지원과 관찰이 이루어진 첫 사례이기도 하다.

구조 당시 김 본부장은 성남 아동학대상담센터의 신입 간사였다. 1996년 문을 연 센터는 비영리법인인 굿네이버스가 운영하는, 당시 국내에서 유일하게 아동 학대 상담을 전문으로 하는 기관이었다. 사회복지사인 김 본부장은 당시 만삭의 몸으로 아이를 담당하게 됐다. 그 뒤 17년째 아이를 '아들'이라 부르며 돌보고 있다.

구조된 뒤 아이는 오랜 시간 아무도 믿지 않고, 과거 일에 입을 닫고 지냈다. 하지만 스물셋의 그는 가족 이야기도 회피하지 않았다. "가족 얘기 하면 예전에는 울고 그랬는데 지금은 안 그래요." "옛날에 누나가 꿈에 나오고 할 땐 정말 무서워서 죽을 뻔했는데 요즘엔 푹 잘 자요." "어렸을 때는, 아팠죠. 마음에 멍이 들어서." "원망스러운 사람이요? 지금은 없는데. 어렸을 때는 새아빠가 미웠죠. 아, 친아빠였어요? 전 왜 전혀 기억이 안 나죠?"

"잊어버릴 수 있다는 건 좋은 일이야." 김 본부장이 아이를 쓰다듬으며 말했다. 그때 그 미운 사람이 친아빠였는지 새아빠였는지, 뜨거운 다리미로 등을 지진 사람이 엄마였는지 아빠였는지, 숨지 않고 대면한 뒤 잊어버릴 수 있다면 아이에게 좋은 일이라고 김 본부장은 생각했다. 새엄마의 심각한 학대로 여성 어른과 관계 맺기를 힘겨워하던 아이가 딱 새엄마 나이인 김 본부장과 이렇게 깊은 관계를 맺을 수 있었던 것도, 조금씩 잊어간 덕분이다.

고마운 사람들을 꼽아보자니 목소리가 밝아진다. "여기도 한 분 계시고." 아이는 앞에 앉아 있는 김 본부장을 바라봤다. "쉼터에도 계시고, 센터(아동보호전문기관)에도 계시고. 이모부(첫 번째 위탁 가정), 또 아빠(두 번째 위탁 가정) 등등. 너무 많으니까 이쯤에서 끊어줘야 돼요. 제 이야기를 다 들어준 사람들이죠." 그들이 없었다면 자신의 인생은 '망가진 모습'이었을 거라 했다. "살면서 가장 안전하다고 느낀 순간"을 묻는 말에 그가 "쉼터에 갔을 때"라고 답하자 김 본부장의 눈시울이 뜨거워졌다.

"아이가 쉼터에 처음 오던 날이 생생해요. 두 번째 위탁 가정에서 초등학교를 다니다가 왔죠. 회색 정장을 입고 작은 넥타이도 매고 왔어요. 시무룩하게 현관에 서 있길래 제가 다가가서 안아줬어요." 어제 일처럼, 김 본부장은 아이 옷 색깔까지 기억하고 있었다. 두 번의 가정 위탁도 실패로 돌아가 쉼터에 오게 된 아이를 안으며 김 본부장은 "이 세상에 누군가 널 오래도록 안전하게 지켜줄 수 있는 사람이 있다는 걸 알려주겠다"고 다짐했다. 그리고 그 순간을, 스물셋의 그는 '가장 안전하다고 느낀 순간'으로 꼽았다. 아이는 성인이 될 때까지 쉼터에서 살았다.

"뭉근히 기다리자" 되뇌었던 청소년기

아이의 초·중·고등학교 뒷바라지를 하며 김 본부장은 아이가 성인이 될 날을 대비했다. 전세 자금을 준비하고, 아이에게 요리와 청소를 가르치고, 운전면허를 따게 했다. "아이가 성인이 된 뒤 몇 번 취업을 도와줘도 제대로 적응하지 못하자 조바심을 내는 사람들도 있었어요. 하지만 저는 그때마다 말했죠. 아이가 구조되던 당시의 처참했던 모습을 떠올려보자, 이렇게 살아가 주는 것만으로도 너무 고마운 일이다, 그러니 좀 더 뭉근히 기다려주자고요."

홍창표 중앙아동보호전문기관 홍보협력팀장은 경기도 아동보호전문기관에서 상담원으로 일하던 2005년부터 2010년까지 아이를 돌봤다. 초등학교 6학년인 아이를 만나 중학교에 보내고 고등학교에 보냈다. "뭉근히 기다려주자"는 김 본부장의 뜻에는 공감했지만 홍

팀장은 "아이를 좋은 학교에 보내 제대로 된 기회를 얻을 수 있게 도와주고 싶었다"고 말했다.

"그 시절 하루 종일 아이에게 듣고 싶었던 한마디는 뭘 하고 싶다는 거였어요. 자존감이 워낙 낮아서 그 부분이 가장 안타까웠어요. 자기 의사 표현도 안 하고, 어떤 일에도 동기 부여가 어려웠죠." 홍 팀장은 "이 아이는 학대를 극복한 '대한민국 1호'로 국가가 책임지고 키워야 한다고 생각했어요. 놀이 치료, 음악 치료, 미술 치료 등 가능한 모든 치료를 동원했죠"라고 말했다.

자꾸만 "뭘 하고 싶냐"고 묻는 그에게 아이는 종종 "경찰이 되고 싶다"고 이야기했다. "경찰 되려면 뭘 해야 돼?" 여러 번 물으면 아이는 한 번씩 "태권도도 하고 수영도 해야 돼요"라고 했다. 홍 팀장은 아이를 데리고 태권도장에도 가고 수영장에도 갔다. 축구 선생님이 매주 오기도 했다. 하지만 아이는 흥미를 보이지 않았다.

쉼터 친구들과 어울려 가출을 하거나 쉼터 주변을 배회하는 일도 여러 번이었다. 중·고등학교 시절에도 초등학생과 어울렸고, 어린이용 학습지를 오래 풀었다. 성인이 된 뒤에 아이는 중·고등학교 시절을 되돌아보며 "쉼터 생활이 답답했다"고 했다. 공동생활이다 보니 규율이 엄격한 쉼터에서 지내면서 마음대로 나가 놀지 못해 답답했다는 이야기였다. 쉼터에 들어오지 않고 한참씩 밖에 앉아 있던 일도 있었다고 한다.

중학교 3학년 때까지 정신과 진료를 일주일에 한 번씩 받았다. 충동 조절 때문에 약물도 복용해야 했다. 지능지수가 낮아 학업 수행에도 어려움이 컸다. 어린 시절 학대받은 아이들은 뇌가 정상적으로 발달하지 않는 경우가 다반사다. 아이의 지능지수가 낮은 것은 유전적 요인인지 후천적 이유인지 알 수 없다. 다만 그럼에도 일상생활에 장애가 되지 않게 하기 위해 쉼터 선생님들과 사회복지사들은 애를 썼다.

쉼터 생활을 답답해하고 의사 표현을 제대로 하지는 못했지만 중·고등학교 시절, 아이의 정신세계는 성숙을 거듭한 것으로 보인다. 고등학교 2학년이 끝날 무렵, 그때까지 매주 치료를 진행하던 심리치료사들도 아이에게 더 이상 치료가 필요하지 않아 보인다고 진단했다. 마음에 들지 않는 일이 있으면 닥치는 대로 물건을 집어던지던 어린 시절처럼 폭력적인 모습도 보이지 않았다. 아이는 그렇게 조금씩 변해가고 있었다.

"새엄마 진짜 나빠. 누나 보고 싶다" 상처와 첫 대면

아이의 지난 10여 년을 되짚는 과정에서 가장 중요했던 취재원은 아이가 초등학교 5학년 때 처음으로 과거의 상처를 끄집어내 대면할 수 있도록 해준 심리상담사였다. 김성준 임상심리 전문가는 2005

년 당시 학대아동보호센터의 자원봉사자였다. 김 선생님과 함께한 2003~2005년이 아이에게 가장 극적인 변화가 일어난 시기다.

심리학을 전공하는 대학원생이었던 그는 아이와 1년여에 걸쳐 신뢰 관계를 쌓은 뒤 심리 상담을 진행했다. 그를 꼭 인터뷰하고 싶었지만 알아낼 수 있는 정보라고는 그의 이름 석 자뿐이었다. 이름 석 자와 심리학과 대학원생이었다는 정보만 가지고 그를 찾아다녔고, 결국 만나게 됐다. 그는 아이를 세밀하게 기억하고 있었다. 이 모든 과정은 기적과 같았다.

쉼터 아이들을 상대로 심리 상담을 진행한 대학원생이라면 관련 논문을 썼을 것이라 생각해 도서관을 뒤졌다. 곧 '신체 학대를 받은 아동을 위한 개인 인지행동 치료 프로그램의 효과'라는 제목의 2006년 석사학위 논문을 찾을 수 있었다. 269쪽에 달하는 논문은 당시 그가 얼마나 정성을 다해 이 프로젝트를 수행했는지 고스란히 드러내주었다. 그는 쉼터에서 아이를 포함해 일곱 명의 아이들에게 인지행동 치료를 수행했다.

논문을 근거로 그를 수소문해 전화했을 때 그는 아이의 이름을 듣고 무척 반가워했다. 곧바로 그가 사는 곳 근처에서 만나기로 약속을 했고, 2015년 4월 22일 그를 만났다. 그는 자원봉사를 할 당시부터 지금껏 대학원 근처이자 쉼터에서도 멀지 않은 곳에 살고 있었다. 하지만 곧 일자리 때문에 지방 소도시로 이주할 계획이었다.

"아직도 아이들 사진을 책상 위에 놓고 살아요." 상담을 마치고 쉼터 자원봉사를 그만둔 지 10년이 지났는데도 그는 아이들 사진을 보며 안부를 궁금해하면서 살았다고 했다. 하지만 차마 다시 연락하기는 망설여졌다고 했다. 여러 이유가 있을 것이다. 논문을 읽으며 예상한 대로, 그는 아이들에게 온 마음을 주었다.

쉼터에서 자원봉사를 한 것도 애초부터 논문을 염두에 뒀던 것이 아니라고 했다. "굳이 놀이 치료라는 표현을 쓰지 않더라도 그냥 아이들과 놀아주려고 자원봉사를 시작했다"고 했다. 평생 자원봉사만 하면서 살아도 좋겠다고 생각하던 무렵이라고 했다. 학부에서 컴퓨터공학을 전공했던 그가 아이를 만났을 무렵은, 그 자신의 인생에서도 여러 고민이 있던 시기였던 듯하다.

그가 아이를 처음 만났을 때 아이는 멀찍이 서서 아무 말도 하지 않았다. 아이의 함구증은 낯선 사람 앞에서 더 심해졌다. 그는 아이와 빨리 친해지려고 서두르지 않았다. 그저 우르르 나가서 술래잡기, 얼음땡, 축구, 물총 놀이, 무궁화 꽃이 피었습니다, 구슬치기를 했다. 6개월이 지났을 무렵 쉼터 문을 열고 들어서는데 아이가 달려와 품에 안겼다. 그러더니 "선생님, 어부바해주세요"라고 했다.

그날부터 아이는 일주일에 두 번 오는 선생님을 기다렸다. 그는 아이를 만나면 들어 올려 빙빙 돌려줬다. 초등학교 고학년인데도 아이는 아기 같은 유희를 원했다. 어느 날은 다른 자원봉사자가 아이에게

준 작은 축구공 모형을 선물이라며 내밀었다. "사람에게 무심해 보였지만, 아이는 사실 정말 따뜻한 아이였어요. 전 그 마음을 진하게 느꼈죠."

자원봉사를 2년쯤 하던 무렵, 그는 쉼터 아이들을 상대로 12주 동안 심리 치료를 해보기로 마음먹었다. 아이들과 깊은 신뢰관계가 형성된 덕분에 심리 치료는 매우 높은 수준으로 이뤄질 수 있었다. 김 선생님은 훗날 논문에 이렇게 썼다. "상담자가 아동을 이해하려고 노력하고 아동의 감정을 소중하게 여긴다는 것을 아동이 충분히 느끼게 되면 상담자를 잘 따른다. 아동을 존중하고 아동의 마음을 소중하게 생각하면, 아동 역시 그러한 어른을 존중하고 소중하게 여긴다. 그리고 아동은 자신이 느끼는 호감을 나름의 독특하고 은밀한 방식으로 상담자에게 표현한다. 보자마자 전속력으로 달려와서 안기는 아이, 자신이 아끼던 만화책을 선물하는 아이, 부모에게 선물 받은 소중한 물건을 선물하는 아이, 자신만의 비밀을 얘기해주는 아이, 한 번도 웃지 않다가 어느 날 환하게 웃어주는 아이 등 아이들은 저마다의 방식으로 신뢰감을 표현한다."

상담을 시작하고서야 김 선생님은 아이가 누나의 죽음까지 목격한 끔찍한 학대의 피해자라는 사실을 알게 됐다. 치료 전 아이의 상태를 검사해보니 입을 닫아버리는 함구증이 있었다. 불안과 우울, 사람에 대한 불신감, 자책감이 강했고 외상 후 스트레스 증상이 나타났다.

자신이 좋아하는 선생님 앞에서 아이는 처음으로 눈물을 뚝뚝 흘리며 누나에 대한 이야기를 쏟아놓기 시작했다. 학대 경험과 관련해 그린 첫 그림에 이런 설명을 썼다. "여섯 살 때 일이었다. 엄마랑 아빠가 누나를 굶기면서 비웃고 놀려서 정말 슬펐다. 그래서 내가 몰래 밥을 주었다. 그래서 엄마한테 엄청 혼났다." 그림 속 한 아주머니가 묻는다. "아이야, 왜 우니? 말해보렴." 아이가 운다. "으아앙. 안 말할 거예요. 아빠하고 엄마가 누나를 굶겨 죽였어요. 누나 보고 싶다. 엄마 나빠요. 왜 때려요. 나를."

선생님은 자신의 모습을 직접 그리고 하고 싶은 말을 옆에 적어가며 아이의 상처를 보듬어나갔다. "얼마나 속상하니? 누나를 위해서 밥을 갖다 준 건데 엄마가 혼냈으니까. 선생님도 마음이 참 아프다. 네가 참 힘들었을 것 같다." 그림 속, 경직된 채 울고 있던 아이는 선생님을 향해 또 하나의 말풍선을 그렸다. "선생님, 고맙습니다. 멋지시네요. 선생님, 고맙습니다."

아이는 이제 다시 볼 일이 없다고 해도 엄마와 아빠 이야기를 하며 공포에 몸을 떨었다. 새엄마를 떠올릴 때면 여섯 살 때처럼 몸이 굳었다. "자신이 겪었던 끔찍한 일을 떠올리고 털어놓은 뒤에는 밤마다 악몽에 시달린다는 이야기도 했어요. 죽은 누나가 유령의 모습으로 꿈속에 찾아와서 운다고요. 아이는 꿈속에 나타나는 누나를 정말 두려워하고 있었습니다." 김 선생님의 기억이다.

"으아 귀신이다. 도망가자. 으악!" 꿈을 그린 그림 속에서 아이는 울면서 비명을 지른다. 송곳니를 드러낸 누나는 울상을 하고 있다. "○○야, 나 누나야. 어디 가." 죽기 직전까지 다락방에 갇혀 앙상해져가는 누나를 직접 목격했던 아이는 꿈속에서 다시 누나를 보면 아파했고 두려워했다.

크나큰 두려움 속에서도 아이는 멈추지 않았다. 상담을 회피하지도, 김 선생님의 질문에 입을 닫지도 않았다. 오히려 적극적으로 상담에 임했다. 아이는 누나가 죽어간 다락방이 있는 집 그림을 그려냈고, 밤마다 무서운 유령의 모습으로 꿈에 나타나는 누나를 그렸다. 시키지 않았는데도 자신이 꿨던 꿈을 기록하기도 했다.

김 선생님은 학대당한 아이들의 마음 상태를 이렇게 설명했다. "예를 들어, 부모가 화를 내고 폭력을 행사할 때 '해리' 전략을 통해 마치 아무런 일도 일어나지 않는 것처럼 마음을 마비시켜서 그러한 순간들을 견뎌냈던 아동은 새로운 사람을 만나서 긴장되고 불안할 때 이전과 같은 해리 증상을 보입니다. 그러면 대인관계 부적응자처럼 보이지만 아이들은 가장 위험하고 힘든 순간에 도움이 되었던 대처 전략을 쉽게 포기하려고 하지 않죠. 처음 보자마자 매달리고 신체를 밀착하려는 아동은 매달리는 대상에 대한 인식 없이 마치 굶주린 아이가 헐레벌떡 눈앞에 놓인 음식을 먹어치우듯이, 안전과 보살핌을 얻고자 하는 절박한 욕구를 드러내는 것입니다. 그리고 마치 주변에 아무도 없는 것처럼 다른 사람에게 아무런 관심도 보이지 않는 아동이나 또는 주변 사람에게 공격적으로 행동하면서 누구와도 가까워지려고 하시려 하지 않는 아동은 너 이상 나른 사람에게서 상처받고 싶지 않은 아이일 수 있습니다."

상담이 진행될수록 아이는 선생님의 위로에 힘을 얻었다. 누나에게 하고 싶은 말을 적기 시작했다. "누나, 나 도와주고 잘해줘서 고마웠어. 나 누나한테 밥 주다가 엄마한테 죽을 뻔했어. 다리미 갖다 등에 대서 타죽는 줄 알았어. 하지만 나 많이 나아졌어." 등 한가운데 있던 다리미 모양의 화상 자국보다 마음의 상처는 더욱 깊었다. 깊은 신뢰관계를 맺은 김 선생님과의 상담을 통해 그 상처가 비로소 조금씩 아물기 시작했다.

김 선생님도 죽은 누나를 위해 말을 건넸다. "○○이 누나, 만나지는 못했지만 좋은 분이신 것 같아요. 하늘에서도 행복하세요. ○○야, 힘내. 그때는 마음이 많이 아팠겠지만 이제는 행복하게 살아. 그리고 선생님은 ○○이를 만나서 참 기뻐."

누나의 죽음 때문에 힘들었지만, 아이의 인생에는 '애착의 대상'이던 누나가 있었기에 학대의 경험을 극복하는 데 큰 도움이 되었다. 김 선생님은 그의 논문을 통해 "가해 부모가 친부모이고 가해 부모에 대해 양가적인 감정을 가지고 있는 아동은 가해 부모가 의붓부모

인 아동에 비해 상담 과정에서 보다 심한 자책감을 느꼈다. 학대 당
시에 의존할 수 있는 애착 대상이 있었던 아동은 애착 대상이 없었거
나 애착 대상에 대해 양가적인 감정을 가지고 있는 아동보다 치료자
와 신뢰관계를 더 잘 맺을 수 있었다"고 밝혔다.

상담이 중반을 넘어가면서 누나가 등장하는 꿈의 분위기도 달라
졌다. 꿈속의 누나는 더 이상 무서운 유령이 아니었다. 무엇보다 누
나를 마주한 아이가 꿈속에서 도망치지 않았다. 인사를 건넸다. "누
나 안녕?" 도망치지 않고 누나에게 인사하고 나니 하고 싶었던 말이
쏟아졌다. "나 누나 보고 싶어. 봐서 기뻐. 누나도지? 누나, 옛날에 잘

놀아주고 그래서 좋았어. 누나도 내가 밥 갖다 줬을 때 기분 좋았지? 꿈속에서 만나서 이야기해봐서 너무 좋았어. 안녕." 드디어 누나도 웃으며 동생에게 말을 건넸다. "잘 지내고 있었니? 누나는 너를 봐서 기뻐." 치료는 막바지에 다다르고 있었다.

마침내 아이는 계모에게 편지를 썼다. "저를 괴롭히고 때리고 그러니까 벌을 받지요. 놀려주고 싶은 거 알지요? 할매몬(만화 속 괴물 캐릭터), 느려빠진 거북이야. 물 한번 끼얹어주고 싶네. 할매몬 같은 엄마는 처음 보았다. 똑같이 해주고 싶네. 메롱. 약 오르지? 멍청아, 너 사람 잘못 만났다. 내가 지금 나이였다면 할매몬이 나한테 한 거랑 똑같이 해줘야지. 내가 그때 나이가 적어서 할매몬 때리지 못했지. 괴롭힐 사람이 없어서 여섯 살인 나를 괴롭히냐? 경찰서에 끌려가서 꼴좋다. 사람 때리는 게 취미인가 보네요. 죽이는 것도 취미예요? 지금 내가 얼마나 죽이고 싶은 줄 알아? 이 새끼야." 폭발하듯 말을 쏟아놓은 아이는 마지막에 이렇게 적었다. "할 말은 끝났으니 이만. 하하하하."

아이는 이날 처음으로 그동안 무서워서 그리지 못했던 부모의 얼굴을 그려냈다. 누나에게 하는 말도 더 깊어졌다. "누나, 지금 나 누나랑 많이 놀고 싶어. 누나랑 같이 그림 그리고 싶어. 누나, 새엄마 진짜 나빴지? 누나 많이 보고 싶다. 누나랑 나랑 집 나갔을 때 생각난다. 누나, 나를 보살펴줘서 고마웠어. 누나 생각 많이 할게."

12주의 치료가 끝난 뒤, 처음으로 모든 것을 털어놓은 아이는 한결 홀가분해졌다. 말을 하게 됐고, 자책·불신감·불안·분노 등 모든 정서적 수치가 눈에 띄게 안정됐다. '집 – 나무 – 사람 검사' 결과에서도 치료 뒤 자신도 누나처럼 죽을지 모른다는 불안감이 줄어들면서 위협감이 감소됐고 현실을 감당해내는 힘이 커졌음을 확인할 수 있었다.

"치료 당시가 아이가 사건을 겪은 지 7년이 지난 때였어요. 그런데도 아이는 매일 악몽을 꾸며 그때 그 일이 현재도 벌어지는 것처럼 경험하고 있었던 거죠. 그런 상처가 있는데도 돌보지 않고 덮어놓고 앞을 향해 가자, 그러면 안 됩니다. 학대받은 아이들이 좀 더 전문적으로 지속적인 치료를 받고, 관리와 지원이 장기적으로 이루어져야 합니다. 개인의 열정에만 기댈 것이 아니라 시스템을 만들어야 해요."

김 선생님은 아이와 심리 상담을 마치며 게일 토머스Gayle Thomas 감독이 만든 〈소년과 흰기러기〉란 짧은 애니메이션을 보여줬다. 상처 입은 기러기를 아이들이 괴롭히는 것을 보고 한 아이가 그 기러기를 보호해준다. 담요를 덮어주고 상처에 약을 발라주고 먹을 것을 준다. 철이 바뀌어 동료 기러기 떼가 날아가는 것을 보자 기러기는 망설이다 무리를 따라 떠나간다. 아이는 서운해하며 기러기와 함께 하늘을 나는 꿈을 꾼다. 다음 해에 기러기는 다른 기러기 친구들과 아이를 찾아왔다. 기러기와 아이는 서로를 꼭 안아준 뒤 헤어진다.

"상처 입은 기러기처럼 너도 마음속에 많은 상처를 입었지. 우리는 함께 네 마음속의 상처가 나을 수 있도록 노력했어. 우리가 함께 노력한 덕분에 네 마음속 상처는 많이 나았단다. 이제는 너도 그 기러기처럼 날개를 활짝 펼치고 날아가야 할 시간이란다. 때로는 선생님이 생각나고, 선생님과 함께 있던 시간이 그리워질지도 몰라. 아까 그 아이가 마음속에서 새와 함께 나는 것처럼, 선생님도 항상 네 마음속에 있단다."

그렇게 상담이 끝났다. 아이는 선생님과 사진을 찍었다. 상처 입었던 아이는 이제 누나를 떠나보내고 선생님으로부터도 홀로서기를 했다. 아직 어렸지만, 예전과 달라져 있었다. 아이는 선생님과 함께 되뇌었다. "나는 말하기 어려운 일들을 용기 내어 얘기했다. 나는 옛날에 힘든 일을 겪었지만 잘 해냈다. 옛날에는 힘들고 무서웠지만 앞으로는 좋은 일이 더 많이 생길 것이다. 나에게는 어려운 일이 생겨도 이겨낼 수 있는 힘이 있다."

끝없는 식탐과 함구증에 시달린 유년 시절

1998년 4월 안동현 한양대 의대 교수(정신건강연구소 소장)는 장화정 중앙아동보호전문기관 관장(당시 성남 아동학대상담센터 상담실장)의 전화를 받았다. 학대를 심하게 당한 아이가 있는데 병원으로 데려가도 되겠느냐는 내용이었다. 1980년대 중반부터 아동 학대 연구 불모지에서 사례를 발굴하는 데 힘써왔던 안 교수였다.

응급실로 달려가 아이를 대면했던 17년 전 그때를 그는 지금도 제자들에게 이야기한다. 세 살 아이 수준에 불과한 14킬로그램의 체중, 지독한 영양실조, 발등과 발바닥의 수없이 찍힌 상처, 등에 있는 다리미 자국의 화상, 전신의 멍과 피부염, 욕창, 결핵, 파상풍, 세균 감염에 의한 패혈증 등 성한 곳이 없었다. 정신과 치료보다 영양 보충과 상처 치료가 시급했다.

"당시 제일 중요했던 것은 더 이상 너에게 이렇게 불행한 일이 없도록 안전을 지켜주겠다는 사실을 알려주는 것이었죠. 의식주를 포함해 기본적인 것을 제공해 아이가 안심하도록 하는 것. '살려주는구나'라는 느낌을 준 다음에 신뢰관계를 맺고 그다음이 심리적인 치료인 것이죠." 안 교수는 아이와의 치료 시간이 되면 바닥에 함께 앉아 기차놀이, 공놀이를 했다.

병원에서 아이는 끝도 없이 먹었다. "입원 기간 동안 아이는 먹어도 먹어도 끝이 없었어요. 밥을 먹을 때도 군대에서 수북이 쌓아놓고 먹는 것만큼, 기본적으로 두세 그릇을 먹었죠. 여섯 살 아이들 먹는 양의 서너 배 이상을 먹었어요. 밥을 먹고 나서도 간식, 과일을 끊임없이 먹었고요." 아이는 한밤중에도 배가 고프다고 서럽게 울다가 과자 상자를 끌어안고서야 잠이 들었다.

식탐뿐만 아니라 물건에 대한 집착도 강했다. 의사와 간호사들이 사준 곰 인형과 로봇을 다른 아이가 건드리자 이를 갈았다. "학대받은 아이들은 매일같이 예측 불가능한 부모와 함께 지내다 보니까 불안이 강하고, 너무 부당한 일을 당하다 보니 분노 조절이 안 됩니다. '엄마 아빠가 날 보호해줄 거다'라는 '안전지대'로서 집이 존재해야 하는데 그렇지 못하니 항상 결핍에 시달리는 거죠."

몸의 상처가 아물어갈 때쯤 아이가 사자, 기린, 뱀과 같은 단어조차 이해하지 못한다는 사실을 알게 됐다. 지능의 문제도 있었지만 문화적인 경험도 또래에 비해 한참 뒤떨어졌다. 불안 때문인지 자주 똥을 지렸다. 안 교수는 "당시 아이에게 장기적인 심리 치료가 필요해 보였고, 지속적으로 신뢰관계를 맺을 사람을 만드는 일이 굉장히 중요했다"고 말했다.

하지만 지속적인 신뢰관계를 맺을 사람을 찾는 일은 쉽지 않았다. 아이의 사연이 한 방송국의 다큐멘터리를 통해 알려진 뒤 아이에게 도움을 주고 싶다는 손길이 이어졌다. 아이가 먹을 과자를 병원으로 보내는 사람부터 직접 아이를 맡아 키우겠다는 이들까지 다양했다. 좋은 뜻을 가진 부부가 아이를 맡았지만 첫 번째 위탁은 1년 만에 끝이 났다. 아이는 지금껏 첫 번째 위탁 가정의 부모와 좋은 관계를 맺고 있긴 하지만, 그 집을 떠나 또 낯선 곳으로 가면서 불안했던 마음은 어쩔 수 없었다.

두 번째 위탁 가정은 부유한 집안이었지만 아이가 쉽게 적응하지 못했다. 아이는 위탁 가정을 옮김과 동시에 초등학교 입학까지 하면서 급변하는 주변 환경에 적응하기 어려워했던 것으로 보인다. 결국 '지속적으로 신뢰관계'를 형성해야 했던 초기 2년 동안은 다시 어려운 시간을 반복해야 했다.

아이는 학교생활에도 적응하기 힘들어했다. 2005년 상담에서 '슬펐던 일을 그림으로 그려 설명해보라'고 했더니 학교에서 있었던 '무시당한 경험'을 이야기했다. 수업 시간에 문제 풀이를 못해 쩔쩔매던 아이가 옆자리 친구에게 "야, 나 좀 알려주라. 어려워서 못 풀겠어. 알려줘"라고 했더니 "싫어. 너 혼자 풀어라. 이 바보야"란 답이 돌아왔다. 선생님인 듯한 이가 비웃는 얼굴로 "좀 알려줘라, 모른다잖아"라고 말했다. 아이는 "이때는 정말 슬펐고, 머리가 나빠서 그랬는데 정말 억울했다"고 했다. 누군가 자신이 모르는 것을 친절히 알려주는 경험을 그리워했던 아이는 이런 상황에 유독 슬퍼했다. 훗날 성인이 된 아이가 어른은 아이들에게 "모르는 거 있으면 착 잘 알려주고, 알려주고, 못하면 더 알려주고 그래야죠"라고 말한 것도 이런 맥락에서였던 듯하다.

분노 조절도 어려웠다. 갑자기 화를 내며 책장의 책을 전부 집어던지기도 했고 친구에게 달려들기도 했다. 교사인 이호철 씨가 쓴

《학대받는 아이들》에는 이런 내용이 나온다. "아이가 겪었던 학대와 고통을 고려해보면, 아동이 마음속에 깊은 분노를 가지고 있는 것은 충분히 납득이 가는 일이다. 아이 입장에서는 이해하기도 받아들이기도 어려운 학대 경험을 둘러싼 두려움, 혼란, 공포, 자책, 미움 같은 뒤엉키고 복잡한 감정들을 비교적 쉽게 표현할 수 있는 마음의 통로가 분노 폭발일 수 있다. 분노 폭발 뒤에는 감정이 둔해지는 듯한 느낌이나 긴장감이 줄어드는 데서 오는 안정감은 이런 분노를 강화한다."

김성준 선생님은 분노 행동을 보이는 아이의 모습을 보며 논문에 이렇게 기록했다. "학대받은 아동의 공격적 행동과 분노 폭발은 실제로 다양한 모습으로 나타난다. 사소한 갈등에 마치 생사가 걸린 문제인 것처럼 다투거나 자신의 욕구가 좌절되었을 때 마치 서너 살짜리 아동처럼 울고 고함치며 떼쓰는 경우도 있다. 그리고 자신의 감정을 어찌하지 못할 때 자신의 팔을 자해하는 아동도 있다. 치료자는 두 개의 시선으로 아동을 볼 필요가 있다. 하나의 눈으로는 공격적인 행동을 하는 현재의 아동을 보고, 또 다른 눈으로는 피해자로서의 아동을 볼 수 있어야 한다. 공격적으로 행동하는 아동의 뒤편에 있는, 자신의 감정을 어떻게 해야 할지 몰라서 허둥대는 취약한 아이를 그릴 수 있어야 한다. 만약 아동의 마음에는 관심을 두지 않은 채 아동의 현재 행동만 다루려고 하면 아동은 이전에 그런 성인들에게 보였던 것과 비슷하게 행동할 것이다. "네, 알았어요. 잘못했어요." 그리고는 안 보이는 곳에서 다른 희생자들을 공격할 것이다."

이 시기, 김 본부장은 아이를 학대했던 친아버지가 자녀에게 얼마나 무관심한지를 다시금 확인했다. 그는 살인, 아동복지법 위반 등으로 징역 15년을 선고받고 복역 중인 아이의 아버지를 만나러 교도소에 간 적이 있다고 했다. 시설에서 단체로 가는 해외 프로그램에 아이를 데리고 가기 위해 여권이 필요했기 때문이었다. 미성년자인 아이에게 여권을 만들어주려면 아버지의 동의가 필요했다. 자식을 죽인 아버지여도, 친권의 힘은 그렇게 강했다.

접견실로 아이의 아버지가 들어왔을 때 비슷한 체형과 분위기에 단번에 아이의 아버지임을 느낄 수 있었다고 했다. "아이처럼 마르고 단단한 체형이더군요. 아이에 대해 단 한마디도 묻지 않는 걸 보며 정말 아이에게 관심이 하나도 없다는 사실을 깨달았죠." 자기 자식을 무참히 학대해 죽이기까지 한 아버지는 그렇게 덤덤하게 자기 아이를 돌봐주고 있는 이와의 면회를 끝냈다. 김 본부장은 분노를 누르고 영치금을 넣어준 뒤 발길을 돌렸다고 했다.

석고상처럼 굳어 있던 앙상한 여섯 살 아이

현관문을 열고 집 안에 들어섰을 때의 냉기를 장화정 중앙아동보호전문기관 관장은 기억했다. 4월이었지만 집 안은 추웠고 안방에만 온기가 있었다. 서너 살 된 여자아이 둘은 방 가운데서 놀고 있었다. 방 한쪽 구석에 덥수룩한 머리에 뼈가 앙상한 아이가 웅크린 채 석고상처럼 움직이지 않고 있었다. 방문자들에게 "무슨 일이냐"고 묻는 엄마의 목소리가 날카로웠다.

"아이가 많이 맞는다는 신고를 받고 왔다"고 하니 엄마는 "애가 말을 안 들어서 그렇다"고 받아쳤다. 웅크린 채 떨고 있는 아이에게 다가가 장 관장이 팔을 벌리며 말했다. "아줌마한테 와보자." 아이는 수긍도 반항도 하지 않고 품에 안겼다. 아이는 두꺼운 옷을 겹겹이 입고 있었다. 옷 안으로 앙상한 뼈가 느껴졌다. 발가락 사이에서 진물이 흘렀다. "많이 아프니?" 아이가 엄마 눈치를 보며 속삭였다. "아파요."

새 가정을 꾸리고 두 딸을 낳은 부부가 전처의 자식인 남매를 데려다가 지독하게 학대한 사례였다. "이 아이는 우리 애가 아니라 야반도주한 친척의 아이"라며 아이를 데리고 병원에 가는 것도 허락하지 않겠다던 아빠는 곧 "아이 누나는 어디 있느냐"는 경찰의 추궁에 무너졌다. 다음 날 경찰은 마당에 파묻혀 있던, 죽은 지 5개월 된 누나의 주검도 수습했다. 아빠는 자신이 아이들의 친아버지임을 비로소 인정했다.

그날 장 관장은 아이를 안고 자동차에 타며 아이에게 속삭였다.

"이제 아줌마가 살려줄게." 아이는 장 관장의 품에서도, 차 안에서도 석고상처럼 굳은 자세를 좀처럼 풀지 않았다. 잠시 뒤 아이가 작은 목소리로 말했다. "과자 먹고 싶어요."

현장 검증에서 부부는 남매에게 행한 학대를 재연했다. 냉기만 가득했던, 주로 남매가 번갈아가며 갇혀 있던 다락방 벽에는 "세탁기에 넣고 돌려버릴 거야"라는 글씨가 적혀 있었다. 그 다락방에서 누나가 죽어갔고, 죽었다.

"미국 성학대치료센터에서 인턴십을 할 때 아동 학대 교과서에서 봤던 사례와 정황, 아이 모습 등이 너무 똑같아 놀랐어요. 누나는 죽고, 아이는 죽기 직전에 발견되고. 웅크린 자세, 긴장한 채 눈치 보는 눈빛까지 모든 것이 전형적이었습니다. 한국에도 이렇게 잔혹한 아동 학대 사건이 발생하고 있다는 사실에 큰 충격을 받았습니다."

당시 아동복지학 박사 과정을 밟으며 성남 아동학대상담센터의 상담실장으로 자원봉사를 하고 있던 장 관장은 이 사건을 통해 "끝까지 현장에 남아야겠다"는 결심을 하게 됐다고 한다. "이렇게까지 오래도록 한 아이를 돌보는 일이, 지금은 오히려 가능하지 않다는 생각이 들어요. 지독한 학대에서 살아남은 아이들을 적어도 성인이 될 때까지 돌보는 일에 대해 사회가 더 적극적으로 고민해야 한다고 생각합니다."

아이가 학대받던 가정 안에는 그를 포함해 다섯 명의 아이가 있었다. 세 남매는 첫 번째 부인의 자식, 두 딸은 새엄마의 아이였다. 한 명은 죽었고, 한 명은 구조됐다. 나머지 아이들은 어떻게 살고 있을 까. 자신에게는 사랑을 주는 엄마가 이복 남매를 학대하는 모습을 고스란히 보며 막연한 공포감 속에 폭력을 학습했을 '신데렐라의 이복 언니'와 같은 아이들도 정서적 학대 피해자들이다. 다섯 명 아이 모두, 그런 취급을 당하면 안 됐을 소중한 생명이었다. 하지만 다른 아이들의 삶을 추적하긴 어려웠다.

2008년 이후 기록이 남아 있는 아동 학대 사망자 104명 중 '살아 남은 형제자매'가 있는 경우는 45퍼센트에 달한다. 하지만 '살아남은 아이'를 가해자로부터 분리한 경우는 7건에 불과했다. 나머지 아이들은 어디에서 어떤 삶을 살고 있을지, 살아남은 아이들을 이대로 방치해도 되는지 묻고 또 묻고 싶다. :: **임지선**

03

스무 살까지만이라도
살고 싶었던 아이들

별이 된 263명의 아이들, 그 이름을 부른다

민희, 태수, 민기, 시혁, 윤아, 승리, 재원, 지호, 준성, 아인, 재혁, 인영, 진우, 은율, 신, 지아, 지혜, 사랑, 호경, 연두, 선희, 종윤, 하늘, 메리모라, 예진, 민지, 세준, 지민, 성경, 진형, 세인, 지량, 하랑, 민지, 민선, 준혁, 선재, 시원, 현호, 채빈, 지후, 규리, 현준, 수정, 혁, 준성, 지은, 지원, 승연, 나현, 태민, 인선, 신비, 하란, 재현, 윤영, 주한, 영진, 서현, 나람, 혜빈, 다혜, 건희, 준영, 수빈, 수정, 의정, 현민, 성, 해경, 수연, 해철, 재호, 현주, 인지, 우림, 배근, 진섭, 세현, 영민…

모르긴 몰라도 부모는 온 우주의 섭리를 아이의 이름에 담았다. 그리고 아이는 결결이 이름 준 자에 의해 지워졌다. 스무 살도 아니 되어 사라진 '우주'를 《한겨레신문》은 낱낱이 복원하여 호명하기로 했다. 이 나라에서 태어나 2008~2014년 학대로 숨진 263명이다.

2014년 5월 《한겨레신문》은 사고사로 잃은 아이들을 추적해 보도했다. 과소치인데도 경제협력개발기구OECD 국가 가운데 사실상 1위였다.[*] 세월호가 그 일부고, 아동 학대가 그 일부다. 그해 10월부터 아동 학대 사망 자료를 모으고 흔적 없는 아이, 남은 형제자매, 가해자까지 만났다.

한 해 평균 37명에 이르는 아이들이 맞거나 버려지거나 성적 학대를 받다 죽어가고 있다. 2008년부터 2014년까지 학대로 숨진 아이들은 263명에 이른다. 《한겨레신문》이 2014년 10월부터 국회, 보건복지부, 중앙아동보호전문기관, 법원, 법무부 등으로부터 입수한 아동 학대 사례 개요, 판결문, 공소장, 사건 기록, 기존 보도 등을 분석한 결과다. 수를 다시 셌고 개별 사건을 분석해 총합했다. 학대받다 숨진 아이들의 이름을 새롭게 일일이 새겨보려는 최초의 시도였다.

《한겨레신문》이 기록한 263명의 학대 사망 아동에는 보건복지부

● 《한겨레신문》이 유엔, 세계보건기구WHO, 통계청, 국민건강보험공단 등이 보유한 1차 자료를 수집해 가공·분석한 결과다. 대한민국·멕시코·칠레·독일·영국·이탈리아·스페인·일본·네덜란드·스웨덴 등 10개국을 주요 비교 대상으로 삼되 OECD 가입국을 중심으로 20개국을 원인별로 추가 비교했다. 2009년 0~19세 사망자 가운데 사고사 비율을 따져보면, 우리나라(36퍼센트)는 치안 사고가 잦은 러시아(35.2퍼센트)나 멕시코(20.3퍼센트)보다도 높다. OECD 가입국의 사고사 비율은 대개 25퍼센트 안팎이다.

와 중앙아동보호전문기관의 아동 학대 범주에 포함되는 112명 외에
도 이름도 갖지 못한 신생아(영아) 살해 59명, '동반'이라는 이름으로
왜곡된 '살해 후 자살' 92명(추정)이 더해졌다. 이는 지금껏 아동 학대
의 범주에서 비껴나 있던 아이들의 죽음에 대한 회고이자 존중으로,
사회적 의미에서의 삶을 채 시작하지도 못한 목숨들에 대해 이제라
도 함께 논의해보자고 촉구하기 위해서, 그리고 생명이란 부모라 하
더라도 함부로 '함께' 버릴 수 없는 존엄한 것임을 각성케 하기 위해
서다. 또한 지금껏 아이들을 죽임과 동시에 자신의 삶을 마감한 어른
의 행위를 너무 쉽게 '동반' 자살이라고 불러온 것에 대한 자성이기
도 하다. 그것은 명백한 살인이며, 막아야 하는 죽음이다.

아이들의 죽음을 깊고 넓게 들여다보려는 시도는 여러 면에서 쉽
지 않았다. 우선 국가의 기록은 부실했다. 2008~2014년 보건복지부
와 중앙아동보호전문기관이 인지한 사망 아동은 88명. 그나마도 학
대와 사망의 인과성이 없는 10명이 포함된 수치였다. 이를 학대로 사
망한 아동의 전체 숫자라고 볼 수 없었다. 취재의 엄밀성을 기하기
위해 학대와 사망의 인과성이 없는 10명을 제외한 78명을 기준으로
세월의 더께가 가득한 사건 자료들을 뒤졌다. 그렇게 판결문, 공소
장, 사건 기록, 기존 보도 등을 뒤져 찾아낸 게 112명이다.

취재의 어려움 때문이기도 했지만, 아이들의 죽음이 쉽게 은폐되
는 현실을 고려해보면 이 수치 또한 전부는 아닐 것이다. 실제로 아

동 학대 사망은 많은 경우 축소 기록된다. 학대로 인한 아이들의 죽음이라는 비극에 대처하는 공동체의 자기 방어 기제는 돌림병을 막기 위한 격리를 방불케 할 정도다. 이러한 사회 분위기를 반영하듯 정부 쪽 수치에는 법원, 검찰, 경찰, 행정자치부 등의 신생아 살해나 살해 후 자살 기록이 거의 포함되어 있지 않다. 제대로 된 기록이 없으니 온전한 대책을 기대하기 어렵다.

《한겨레신문》이 찾아낸 112명의 죽음은 역설적으로 죽음에 이르기까지 아이들의 지옥 같은 삶을 드러내주었다. 나아가 막을 수 있는 비극을 우리 사회가 얼마나 방치하고 있는지 정량적 분석도 할 수 있었다.

숫자는 비극을 극대화한다. 세상을 떠난 아이들은 우리의 예상보다 더 어리고 여렸다. 세상을 떠난 아이들 열 중 넷(43명, 38.4퍼센트)은 돌을 넘기지 못했다. 이들 가운데 출생신고조차 되지 않은 아이가 8명이다. 이들을 포함해 열에 일곱(76명, 67.9퍼센트)은 여섯 살이 되기 전 세상을 떴다. 자신의 고통을 제대로 표현할 수 없는 나이의 아이들이다.

상당수 아이들의 삶이 살아 있는 내내 고통이었다는 사실도 드러났다. 학대가 단박에 끝나는 경우는 드물었다. 학대 지속 여부가 확인된 78명 가운데 73명(93.6퍼센트)이 지속적으로 학대를 당했다. 1년 이상 학대를 받은 경우도 9명이었다. 두 돌이 지나지 않은 아이 가운데 3개월 이상 학대받다 숨진 아이가 6명이었다. 짧은 생의 상당 부분을 고통 속에서 지낸 것이다.

아이들을 죽음으로 몰아넣은 이유는 복잡하지 않았다. '잠을 자지 않아서' '똥오줌을 가리지 못해서' '울어서' 등 생리적인 이유로 학대한 경우가 24퍼센트였다. '말을 잘 안 들어서' '욕설을 해서' '거짓말을 해서' '고집을 부려서' 등 훈육을 명분으로 한 학대도 21퍼센트였다. 심지어 '글씨를 못 써서' '질문에 답하지 않아서' '학교에 지각해서' 등이 죽음으로 귀결된 학대의 이유가 되기도 했다. '뚜렷한 이유가 없다' 또한 14.9퍼센트였다. 불분명한 이유 가운데는 "원래 미웠다. 울어서 더 미웠다"는 설명도 있었다. 어처구니없게도 '사랑해서'도 있었다. 사랑이라는 이름으로 한 생명을 죽음으로 내몬 것이다. '친모의 외도 의심'이나 '부부 싸움 분풀이' '딸이 거짓말을 한다는 망상' '종교적 이유(수혈 거부 등)'처럼 아이들과 아무 상관 없는 어른들의 잘못이 아이들을 죽음에 이르게 하기도 했다.

이유 같지 않은 이유를 동반한 학대는 무참했다. 물리적 저항이 불가능한 아이들을 향한 폭력은 상상을 넘어섰다. 아빠는 태어난 지 두 달이 안 된 신이를 울음을 그치지 않는다는 이유로 종이 상자에 넣어 장롱 위에 올려놓았다. 아빠는 그것이 아이의 울음을 그치게 하는 비법이라고 했다. 그러고는 차마 만류하지 못하는 아내와 밥을 먹었다.

다섯 살 연수는 바지에 똥을 쌌다는 이유로 한여름 후텁지근한 베란다에서 벌을 서며 아빠에게 발길질을 당했다. 처음이 아니라는 이유에서였다. 연수는 아빠가 무서워서 똥을 싸고 오줌을 지렸다.

잠을 자지 않는다는 이유로 두 살짜리 사랑이를 손날로 내리친 아빠는 숨진 아이를 100리터 쓰레기봉투에 담았다. 아파트 엘리베이터에서 아빠는 사랑이가 담긴 쓰레기봉투를 들고 거울을 보며 미릿결을 정리하고 옷매무새를 가다듬었다. 그리고 사랑이를 공사장 한쪽에 버렸다. 그 뒤 아빠가 간 곳은 피시방이었다.

학대의 형태는 크게 신체 학대와 방임으로 나뉘었다. 열 가운데 여섯은 신체 학대(64.7퍼센트), 셋은 방임(31.4퍼센트, 의료적 방임 포함)으로 죽음에 이르렀다. 아이의 생존을 위해 해야 할 일을 하지 않아 죽음에 이르게 하는 방임은 아이를 책임지는 주체의 범위에 대한 문제다. 아이를 돌보는 주체의 범위를 가족에서 이웃과 사회로 확장하기 위한 노력만으로도 상당수의 아이들이 죽음의 문턱을 넘지 않을 수 있다.

학대는 두 가지 범주로 나뉘지만, 그 방법은 112가지나 되었다. 몽둥이를 휘두르고, 목을 조르고, 물에 처박고, 집어던지고, 밟고, 때리고, 굶겼다. 많은 사례에서 이 모든 가해 행위가 동시에 이뤄졌다. 도구도 다양했다. 쇠몽둥이, 쇠파이프, 연탄, 골프채, 당구봉, 소금, 종이 상자, 청테이프를 감은 매, 방수천, 알루미늄 자…. 체벌을 가장한 폭력의 도구는 일상의 것이었으나 죽음을 부를 정도로 치명적인 것이었다. 그중에는 분유통과 젖병도 있었다. 아이에게 젖병을 물리다

분을 참지 못하고 내리친 것이다.

가해자가 확인된 아동 학대 사망 사건 107건 가운데 친모가 저지른 사건은 39건(36.4퍼센트), 친부는 32건(29.9퍼센트), 친부 또는 친모가 공범인 경우는 9건(8.4퍼센트)이었다. 교육기관 관계자, 아는 이웃 등에 희생된 수는 9명(8.4퍼센트)에 불과했다. 수치가 보여주듯 대부분은 혈연관계가 있는 사람에게 희생됐다. 계모, 계부에 의한 학대는 우리가 언론 보도로 접하는 것에 비해 그 수가 적었다.

가해자의 연령대는 78퍼센트가 20~30대였다. 직업이 파악된 101건 가운데 무직이 27명(26.7퍼센트), 일용직이 12명(11.9퍼센트)이었다. 경제적 곤란 또한 아이의 죽음과 뗄 수 없는 이유로 보였다. 경제적 곤란이 확인된 사례만도 35건에 이르렀다. 경제적 어려움 탓에 육아의 힘겨움은 배가됐다. 가정 파탄과 그로 인한 가정 폭력이 일상화됐고, 약자인 아이는 가장 먼저 희생됐다.

혈연관계에 의한 학대가 다수인 만큼 학대 장소도 집이 63건(70퍼센트)으로 가장 많았다. 이는 학대 사실이 곧잘 은폐되는 이유 중 하나다. 집 외의 학대 장소로는 병원 11건, 어린이집을 포함한 교육시설 6건, 병원과 교육시설을 제외한 장소 10건 등이 있었다. 병원이 많은 이유는 아동에 대한 치료를 기피한 의료적 방임 사례가 상당한 것과 궤를 같이한다. :: **하어영**

때리는 것만 아니라 방임도 죄

두 딸은 여느 아이들처럼 김밥을 좋아한다. 한 줄에 1,300원 남짓이다. 즉석에서 싸주는 음식치곤 미안할 만큼 싸다. 단골 가게인 박리김밥의 유일한 흠은 걸어서 가기에 애매한 거리에 있다는 점이다. 그래서 주로 차를 이용한다. 걸음이 느린 딸들과 가려면 다른 선택의 여지가 없다. 다행히 수고스러움은 '마약 김밥'이라 부를 만큼 중독성이 강한 맛으로 보상받는다. 아이들은 이곳을 고집한다. 다른 집 김밥은 거들떠보지도 않는다. 아이들의 싼 입맛 덕분에 5,000원이면 네 식구 한 끼가 해결된다.

박리김밥에 들를 때 차는 가게 앞 도로에 세운다. 아이들은 차에 남는다. 엄마가 있을 때나 없을 때나 마찬가지다. 처음엔 아빠를 따라 나오려 했지만, 어느새 차 안이 익숙한 듯 보인다. 아이들에게는 김밥 사는 일이 먹는 것만큼 재밌는 일은 아니라고 짐작했다. 김밥집은 도로 맞은편에 있는 빵집만큼 아이들의 눈을 사로잡는 아기자기한 장식도 없지 않은가.

사실 아이들이 차 안에 남는 가장 큰 이유는 순전히 아빠의 편리함 때문이다. 어른 혼자서 움직이는 게 덜 번거롭고 더 빠르다. 김밥 두세 줄을 주문한 뒤 계산하는 데까지 5분도 걸리지 않는다. 아이들과 함께한다면 최소 몇 분은 더 걸릴 것이다. 딸들이 더 어릴 적엔 그

짧은 시간에도 몇 번씩 차에 눈길이 갔다. 혹시나 해서다. 지금은 가게 안에 굴러다니는 신문이나 티브이에 시선을 빼앗긴다. 잠시나마 아이들을 잊는다.

2015년 8월부터 1년 동안 팔자에 없던 미국 생활을 하게 됐다. 아이들은 단골이었던 박리김밥을 그리워한다. 그립긴 나도 마찬가지다. 미국에서 김밥은 한 줄에 4~5달러나 한다. 한국의 서너 배 값이다. 맛은 한국 게 서너 배 낫다.

맛은 둘째 치고 미국에선 김밥 먹기가 수월치 않다. 우선 파는 곳이 드물다. 가게가 멀기도 하다. 가게를 찾아도 한국보다 더 긴 시간을 기다려야 한다. 거기에 더해지는 시간이 또 있다. 쉴 없이 떠들어 대고 함부로 눈길을 주는 두 딸과 늘 함께 움직여야 한다. 낯선 땅에 온 아이들은 아빠를 기꺼이 따라나선다. 두 딸은 다른 아이들처럼 어디를 가든지 항상 뭔가 재미있거나 새로운 걸 찾아내는 재주가 있다. 미국에서는 딸들을 차에 놔둔 채 김밥을 사러간 적이 한 번도 없다. 아빠인 내가 갑자기 변했다.

시간을 아끼려 아이들만 차에 두고서 잠시 일을 본다면 어떻게 될까? 한국에선 자연스러운 풍경이지만 미국에선 꽤나 심각한 상황을 초래할 수 있다. 몇 번은 피할 수 있을지 모르지만 미국을 떠나기 전 아동 학대 혐의로 조사를 받게 될 가능성이 적지 않다. 실제 이런 일을 겪은 교포들의 얘기가 전해진다.

한국에서 아이를 키우는 부모들은 쉽게 납득할 수 없는 지점이다. 아이들만 차에 10여 분 놔두는 게 도대체 무슨 아동 학대란 말인가? 더운 여름이나 추운 겨울엔 에어컨이나 히터를 켜놓고 차 안에 두는 편이 더 낫지 않은가?

이런 의문을 풀어주는 답은 작은 동네 도서관에서도 찾을 수 있다. 우리 가족이 살던 아파트에서 차로 10여 분이면 닿는 곳에 옥튼 Oakton도서관이 있다. 2주에 한 번씩은 꼭 들러서 책을 빌렸다. 도서관 출입문을 열고 들어가면 눈에 잘 띄는 오른쪽 벽에 수십 장의 팸플릿이 빼곡하다. 아동 학대 관련 팸플릿 두세 개도 항상 꽂혀 있다. 그 가운데 카운티(우리나라의 시군구에 해당)의 가족서비스 부서에서 제작한 팸플릿도 한 자리를 차지하고 있는데, 내용은 대략 이렇다.

"결코 아이를 혼자 차 안에 남겨두지 마라. 단 1분도 그래선 안 된다." 아이를 차에 놔둔 채 세탁소에 옷을 잠시 맡기러 나가서도 안 된다는 구체적 예시까지 적혀 있다. 그 이유를 다섯 가지로 설명한다. "차 안 온도가 몇 분 내에 치명적인 수준으로 올라갈 수 있다." "아이가 차를 우연히 움직일 수 있다." "아이가 당신을 찾으러 차 밖으로 나올 수 있다." "다른 운전자가 후진할 때 아이를 보지 못할 수 있다." "아이가 납치될 수 있다." 팸플릿 뒤쪽에서는 추가 설명과 함께 '어린이 보호 서비스 핫라인' 번호를 안내한다.

미국 사회는 아이들만 차에 놔두는 것을 아동 학대 유형 중 하나인 '방임'으로 본다. 우리는 그렇지 않다. 잠시나마 미국에서 살면서 쇼핑센터, 고속도로 휴게소, 식당 앞 주차장이나 도로 옆에 세워진 차에 아이들만 남아 있는 경우를 보지 못했다. 이를 단순히 문화적 차이로만 치부할 수 있을까? 팸플릿에서 열거한 사례들은 실제 일어날 수 있다. 우리나라에서도 차에 아이들만 놔뒀다가 치명적인 결과를 불러온 사고가 가끔씩 보도된다. 부모 없이 아이를 차에 두는 게 미국에서 위험하다면 한국에서도 똑같이 위험한 것이다.

엄밀히 말하면 이러한 행위는 "아동의 보호자가 아동을 유기하거나 방임하는 행위"로 정의되는 방임에 해당한다. 방임은 신체 학대, 정서 학대, 성 학대 등과 함께 아동 학대의 네 가지 유형 가운데 하나로 분류된다. 방임은 다시 물리적 방임, 교육적 방임, 의료적 방임, 유기로 나눌 수 있다. 쉽게 말해 아이를 굶기거나, 학교에 보내지 않거나, 아픈 데도 치료를 하지 않거나, 추운 밤 집 밖에 오랫동안 세워두는 경우 등이다.

차에 아이만 놔두는 게 미국에선 처벌받을 수 있는 방임이 되지만 한국에선 문제 될 게 없는 가장 큰 이유는 아동 학대에 대한 한국 사회의 낮은 인식 수준 때문이다. 특히 방임에 대한 문제의식이 부족하다. 한국에서는 '때리는 것도 아닌데 방임을 아동 학대라고 볼 수 있나?'라고 묻는 사람들이 적지 않다. '설령 방임을 아동 학대라 치더라도 전체 아동 학대를 놓고 보면 방임은 아주 작은 부분에 불과한 것 아닌가?'라는 의문도 덧붙인다. 과연 그럴까?

2013년 한국에서 신고된 아동 학대 가운데 방임은 2,848건에 이른다. 전체의 27.8퍼센트다. 2014년에는 방임이 3,136건으로 전체의 20.3퍼센트를 차지했다. 이는 중복 학대를 별도로 구분하지 않은 수치다. 해마다 중앙아동보호전문기관과 보건복지부는 공동으로 이같은 아동 학대 통계를 발표하고 있다. 수치는 방임이 아동 학대의 결코 작은 부분이 아니란 점을 보여준다. 학대 유형별로 비교가 가능한 2001년부터 2009년까지 방임이 가장 많은 비중을 차지했다.

아동 학대가 방임에서 커다란 부분을 차지한다는 사실을 인정하더라도 언뜻 보기에 방임은 상대적으로 다른 아동 학대에 견줘 심각한 학대가 아닌 것처럼 보일 수 있다. 〈전국 아동 학대 현황 보고서〉도 "정서 학대와 방임의 경우 신체 학대 등 다른 학대 유형과 비교할 때 상대적으로 눈에 띄지 않으며, 사례의 위급성이 떨어져 집중을 크게 받지 못하는 경우가 많다"고 말한다. 하지만 이어서 이렇게 경고한다. "이러한 정서 학대와 방임이 조기에 발견되지 않고 만성적으로 이루어질 경우 아동 발달에 치명적인 결과를 초래할 수 있다."

방임을 덜 심각한 학대로 보거나 심지어 학대로 보지 않는 시선이 더 큰 비극을 불러오는 씨앗이 되고 있는지 모른다. 방임 또한 다른 종류의 학대처럼 심각한 고통을 낳고 끔찍한 결과를 낳는다. 2013년 2월 8일 오후, 9년 동안 집에 갇혀 살다가 죽어서야 사회를 만날 수 있었던 민이의 사례는 방임이 얼마나 끔찍한 결과를 불러올 수 있는지를 보여주는 대표적 사례다. 민이의 부모는 다친 아이를 치료하지 않았다. 밥도 제대로 주지 않았다. 작은 방이 세상의 전부였다. 열세 살 민이는 세상과 만날 때 7.5킬로그램에 불과한 미라였다.

아동 학대로 인한 사망에서 방임의 비중이 제일 크다. 이는 방임이 치명적 결과를 가져오는 학대의 유형이라는 점을 말해준다. 중앙아동보호전문기관과 보건복지부가 발표한 〈2013년 전국 아동 학대 현황 보고서〉에서 사망 아동의 사례를 학대 유형별로 살펴보면, 전체 22명 가운데 순전히 방임으로 숨진 아이가 12명에 이른다. 기본적인 의식주를 제공하지 않았거나, 위험으로부터 보호하지 않았거나, 필요한 의료적 처치를 하지 않아 사망에 이른 아이들의 수다. 학대로 숨진 전체 아동의 절반을 조금 넘는다. 그 외 신체 학대가 7건, 여러 학대가 겹쳐 사망에 이르게 된 중복 학대가 3건으로 조사됐다. 모든 중복 학대에는 방임이 동반됐다.

사망과 관련한 두 기관의 통계에 한계가 많다는 점을 감안해도 방임이 치명적인 결과를 낳을 수 있다는 사실은 부정할 수 없다. 이 통계에는 동반 자살이란 이름의 '아동 살해 후 자살'이나 신생아 유기 등은 빠져 있다. 신생아를 낳자마자 버려 죽음에 이르게 하는 유기를 사망 아동 사례에 포함하면 방임으로 인한 사망 아동 수는 크게 늘어난다. 이 내용은 책의 뒷부분에서 보다 상세히 다룰 것이다.

방임은 신체 학대나 성 학대, 정서 학대 등과 함께 나타날 때가 아주 많다. 예를 들어 아동을 심하게 때린 뒤 며칠 동안 굶기는 식이다. 이는 신체 학대와 방임의 중복이다. 계량할 수는 없겠지만 이럴 때 아동이 받는 상처는 신체 학대나 방임 중 하나만 가해질 때보다 더 클 수 있다. 2011년 3월 현우 엄마는 고등학생이던 아이를 몇 시간 동안 골프채로 때린 뒤 사흘 동안 밥을 주지 않았다. 비슷한 학대가 3년 동안 반복되자 탈출구를 찾던 아들은 끝내 제 어미의 목숨을 앗았다. 신체 학대와 결부된 방임에 시달리던 현우는 극단적인 저항을 선택했다.

우리 사회가 방임에 신음하는 아이들에게 관심을 갖기 시작한 지는 얼마 되지 않았다. 2005년 5월 〈그것이 알고 싶다〉(SBS)에서 '선행 속에 감춰진 비밀: 수경사의 두 얼굴'을 보도하자 온 나라가 분노했다. 버려진 신생아들을 돌봐온 미담의 주인공이 아동을 학대해왔다는 충격적인 내용이었다. 세상은 옆집 아이의 멍이나 상처를 의심했지만 잠시뿐이었다. 우리나라의 아동 학대사에서 수경사 사건은 방임의 대표 사례라 할 만하다. 대중에게 방임도 아동 학대란 사실을 일깨워준 최초의 사건인지도 모른다. 당시 발견된 아이들은 제대로 교육받지 못했다. 서울대병원으로 실려 온 아이들을 진찰한 곽영호 서울대병원 교수는 이렇게 증언한다(2015년 3월 인터뷰).

"애들이 꽤나 컸는데도 대소변을 가리는 아이가 없었다. 그중 한 아이는 화상을 입었다. 목욕탕에 있는 열탕의 온도가 30도대인데, 그보다 뜨거운 물로 목욕을 시켜야 그 정도 화상이 생긴다. 약국에 가서 연고 사서 발라줬다고 하는데… 아주 적극적으로 때리고 찌른 것은 없었지만, 영양 상태도 좋지 않았다. 아이들은 아무 데나 똥오줌을 쌌다. 이건 아동 학대라는 의대 교수들의 성명도 있었다. 재판부는 방임이 학대냐는 태도였지만, 우리나라에서 방임으로 처벌한 첫 사례로 기억한다."

그로부터 10년이 지났지만 여전히 방임도 아동 학대라는 말을 해야 하는 게 우리 현실이다. 방임이 얼마나 치명적인 결과를 초래할 수 있는지 말하기에 앞서 우리 사회는 여전히 방임이 아동 학대인지조차 제대로 인식하지 못하고 있다. 의사, 간호사, 교사 등 아동 학대를 목격했을 경우 반드시 신고해야 하는 신고 의무자조차 방임을 학대로 인식하지 못하는 경우가 적지 않다. 신고 의무자들의 인식이 이러할진대 방임에 대한 일반인의 인식은 더욱더 낮을 게 틀림없다. 이는 한국 사회 전체가 방임을 관대하게 보고 있다는 뜻이기도 하다. 이런 사회에서는 차에 아이들만 놔둔 채 어른들이 간단한 볼일을 보거나 쇼핑을 하는 게 이상할 이유가 없다.

미국에 와서 아이들만 차에 놔두지 않게 된 변화가 나의 자발적 선택은 아니었다. 미국 사회의 법과 문화가 나에게 끼친 영향이다. 어느덧 몸에 붙은 습관이 됐을 뿐이다. 사실 미국에선 아동 학대 중 방임이 절대 다수를 차지한다. 아동을 방임하는 부모에 절대 관대하지 않다. 2013년에는 방임이 학대의 79.5퍼센트를 차지했다. 학대 10건 중 8건이 방임인 셈이다. 그다음이 신체 학대, 성적 학대, 정서 학대 순이다.

2016년 여름, 한국으로 돌아가면 어떻게 될까? 아이들을 차에 남겨놓더라도 최소한 이전처럼 편하게 가게 안에 있는 신문을 읽거나 티브이를 볼 순 없을 것이다. 아마도 아이들만 차에 놔두지 않을 것이다. 다른 집 아이들이 차에 남아 있는 것만 봐도 왠지 불안하고 불편한 마음이 앞설 것 같다. 아는 사람에게는 그러지 말라고 말할 게 틀림없다.

너무 작은 얘기를 한다고 나무랄지 모른다. 하지만 작은 것이 모여 아동 방임에 대한 우리 사회의 무관심과 무감각을 낳는다. 아이는 맞아서 아프기도 하지만 배고파서, 치료받지 못해서, 돌봄을 받지 못해서 아프기도 하다. 정도가 다를지 모르지만 아이가 아픈 건 다 같다.

:: 류이근

우리나라 아동 학대 현주소

나보다 앞서 미국에서 1년 동안 연수를 마치고 돌아온 회사 선배는 한동안 만날 때마다 미국 얘기였다. 영어가 짧아 겪었던 어려움, 문화적 차이, 여행 등 소재가 끊이질 않았다. 그리곤 항상 결론은 이런 식이었다. "미국은 장애인과 여자, 아이들의 천국이야. 아내와 애들이 정말 좋아할 거야." 내가 "애들이 미국 가기 싫어한다"고 말하면 선배는 예언자처럼 이렇게 말했다. "두고 봐. 처음엔 우리 애들도 그랬어. 그런데 1년 뒤엔 안 들어온다고 할 걸." 여행자나 다름없던 선배가 개인적으로 느낀 미국의 일면일 뿐이지만 그의 말에 여러 차례 공감하게 됐다.

2015년 가을 어느 날 집 근처 왕복 4차선 도로를 달릴 때였다. 노란색 스쿨버스가 깜빡이를 켜고 멈췄다. 오후 3시 30분쯤이었을까? 1차선에서 달리던 차가 갑자기 멈춰 섰다. 버스 20여 미터 뒤였다. 2차선을 달리던 나도 반사적으로 브레이크를 밟았다. 1차선을 달리다 멈춘 차를 보지 못했다면 차선을 바꿔 계속 달렸을지 모른다. 얘기만 들었지 실제 차를 세우는 상황에 맞닥뜨린 건 처음이었다.

미국에서는 아이들의 안전을 중시한다. 버스에서 내린 아이들이 길을 건너다 차에 치일 수 있기 때문에 차가 어느 쪽 방향에서 오든지 버스가 다시 움직이기 전까지 정차해야 한다. 어기면 벌금을 물어야 한다. 주마다 금액에 차이가 있는데, 내가 살던 버지니아 주에서는 최고 250달러를 물어야 한다. 주법에 나와 있다.

딸들은 매일 아침 8시 50분 아파트 앞에서 스쿨버스를 타고 등교한다. 바로 옆 아파트에 사는 아이들까지 이곳에서 스쿨버스를 타는 탓에 버스는 5분가량 정차한다. 그러면 왕복 2차선 도로 위에 차들은 모두 멈춰 선다. 맞은편에서 오는 차도 마찬가지다. 이방인인 나에게 꽤나 강한 인상을 심어준 미국 일상의 풍경이다.

한번은 스쿨버스에서 경적이 울렸다. 무슨 일인지 깜짝 놀라서 보니 맞은편에 서 있던 승용차가 버스가 출발하기 전에 먼저 출발한 것이다. 흥분한 버스 운전사가 나와서 주민들한테 저 사람이 누군지 아느냐고 물었다. 모두 고개를 갸우뚱하자 다음에 저런 사람을 보면 신고하라고 신신당부하고는 버스에 다시 올랐다.

한국에는 스쿨버스가 없다. 일부 사립학교만 스쿨버스를 운행한다. 3년 전까지 살던 아파트에서 50여 미터를 걸어 나오면 큰길이 나오는데, 네거리 한쪽 횡단보도 앞에 한 사립 초등학교 스쿨버스가 멈춘다. 버스가 서너 명의 학생들을 태우는 사이 일부러 멈추는 차를 본 기억이 없다. 아이를 태우는 시간이 길어지면 간혹 버스 꽁지에 바짝 붙어 있는 승용차에서 경적이 울린다.

다른 나라 사례를 지나치게 미화할 의도는 없다. 한두 번의 경험으로 전체를 판단하는 일반화의 오류에 빠지고 싶지도 않다. 하지만 이런 경계심을 갖고 보더라도 지금 살고 있는 미국은 최소한 한국보다 훨씬 더 아이들을 보호하고 배려하는 사회다. 미국은 아이들의 천국이라고 한 선배의 말이 과장일지는 모르나 아이들이 살기엔 미국이 한국보다 낫다는 명제를 부정하긴 쉽지 않다. 빌 클린턴 행정부 시절

노동부 장관을 지낸 로버트 라이시Robert B. Reich(캘리포니아대 버클리 캠퍼스 교수)는 장관직을 던지면서 아이와 더 많은 시간을 보내고 싶다고 밝혔다. 한국에선 상상할 수 없는 일이다.

그렇다면 아동 보호나 배려가 아닌 아동 학대는 어떨까? 한국과 미국을 놓고 봤을 때 아동 학대가 미국에서 훨씬 적지 않을까? 답은 너무 쉬워 보인다. 스쿨버스 이야기 뒤에 이런 빤한 질문을 던지는 이유는 한국의 아동 학대 현주소를 제대로 짚어보기 위해서다.

사실 답은 예상과 다르다. 중앙아동보호전문기관과 보건복지부가 매년 발표하는 한국의 아동 학대 현황을 보자. 2014년 아동 학대 신고 접수 건수는 1만 7,782건으로 집계됐다. 이 가운데 1만 27건을 아동 학대로 판단했다.

그렇다면 미국의 사정은 어떨까? 미국 수치를 처음 접했을 때는 믿기지 않았다. 그래서 몇 번이나 확인에 확인을 해야 했다. 미국의 아동 학대 피해자는 2013년(회계 연도 기준으로 2012년 10월에서 2013년 9월) 67만 9,000명에 달했다.

한국과 미국의 아동 인구 수 차이를 고려하더라도 놀랍긴 마찬가지다. 아동 인구 1,000명당 아동 학대 피해자는 미국이 9.1명, 한국이 1.1명이다. 한국은 2013년엔 0.73명이었다.• 혹시나 아동의 기준이

• 한국 통계는 2013년과 2014년 〈전국 아동 학대 현황 보고서〉를, 미국 통계는 글을 쓰는 현시점(2015년 11월)에서 가장 최신판인 〈Child Maltreatment 2013〉을 참조했다.

다를까? 두 나라 모두 아동의 기준은 '만 18세 미만'으로 같다. 이를 바탕으로 다소 거칠게 표현하면, 미국이 한국보다 아동 학대가 대략 10배 심각하다고 할 수 있다. 그나마 최근 들어서 미국은 수치가 줄고 한국은 수치가 늘어나 두 나라 간 차이가 크게 줄어든 것이다.

2013년 미국에선 아동이 학대받았는지에 대해 390만 건의 보고서가 제출되었다. 310만 명의 아동이 아동보호기관 등으로부터 학대 관련 서비스를 받았다. 이 가운데 아동 학대로 판정한 게 위에서 말한 67만 9,000명이다. 미국의 학대 관련 서비스나 보고서에 정확하게 일치하는 한국 자료는 없다. 다만 한국은 매년 아동 학대 신고 건수를 파악하는데, 그나마 이 수치를 미국의 보고서 수치와 비교해볼 만하다. 한국의 2014년 아동 학대 신고 건수는 1만 7,782건으로, 이는 아동 학대 의심 사례 건수, 동일 신고, 일반 상담 건수 등을 다 더한 수치다.

사망의 경우엔 또 어떤 차이를 보일까? 아동 학대의 가장 비극적 결과는 죽음으로 이어진다. 따라서 학대 아동의 죽음은 아동 학대의 수준과 정도를 가늠하는 중요한 지표 가운데 하나라고 할 수 있다. 2014년 한국에서 아동 학대로 숨진 아이는 14명으로 발표됐다. 그런데 미국은 2013년 50개 주에서 1,484명의 아동이 학대로 숨겼다고 발표했다. 연방정부에 따로 보고하지 않은 몇 개 주의 사례 등을 고려해 공식적으로 같은 해 1,520명의 아동이 사망한 것으로 평가했다.

이는 한국의 108배가 넘는다.

한국과 미국을 비교할 때는 신중해야 한다. 개념과 정책 등을 미국에서 빌려와 쓰고 있다고는 하지만 다른 게 적지 않다. 하지만 이를 고려하더라도 수치가 말하는 결과는 명확해 보인다. 다시 말해 사망, 신고, 희생자 등 그 어떤 것을 기준으로 하든 미국은 한국보다 아동 학대가 훨씬 심각한 사회란 결론에 이를 수밖에 없다.

그런데 뭔가 이상하지 않은가? 한국보다 아동의 안전과 보호, 권리를 더 중시하는 미국에서 학대가 더 많다니…. 그것도 두세 배가 아닌 몇 십 배, 심지어 사망이나 신고 등을 기준으로 했을 때는 100배가 넘는다. 쉽게 수긍이 가지 않는 얘기지만, 최소한 학대를 기준으로 했을 때 미국 아이들은 한국보다 지옥에 훨씬 가까운 곳에서 살고 있다는 얘기다. 미국 사회가 한국보다 아동의 권리와 보호, 안전 등을 더 중시하면서도 학대를 더 많이 한다는 설명이 논리적으로 가능할 수도 있을 것만 같다. 하지만 이런 명제가 실제 참일 가능성은 아주 낮다고 보는 편이 더 타당하다.

이렇게 잔뜩 꼬여 있는 것처럼 들리는 얘기를 하는 이유는 한국의 아동 학대 현주소를 정부에서 발표하는 수치만 보고 쉽게 판단해선 안 된다는 얘기를 하고 싶어서다. 정부에서 발표하는 수치는 공식 수치이긴 하지만 아동 학대 실상을 제대로 드러낸다고 보기 어렵다. 그렇다고 정부 통계를 부정하고 당장 새로운 수치를 내놓을 수도 없다.

사실 불가능에 가깝다. 다만 정부 수치가 현실을 보다 잘 드러낼 수 있도록 하되 그 전까지 통계가 갖는 한계를 명확히 인식할 필요가 있다. 한국의 아동 학대 실상은 수면 위에 아주 적은 부분만을 드러낸 거대한 빙산과 같다. 미국의 공식 수치도 현실을 축소 왜곡할 수 있다. 하지만 한국보다 수면 위에 드러난 부분이 훨씬 큰 빙산이 아닐까.

두 나라를 비교할 때 인식의 차이를 고려하지 않을 수 없다. 웬만한 범죄를 범죄로 보지 않는 나라가 범죄가 적은 나라는 아니다. 아동 학대에 관해서 우리나라는 이런 곳에 가까울 수 있다. 우리나라에선 웬만한 방임을 아동 학대로 보지 않는다. 우리나라에서도 방임이 아동 학대에서 차지하는 비중이 20.3퍼센트(중복 학대 미구분)로 크지만 미국은 이보다 훨씬 크다. 방임이 전체 아동 학대의 약 80퍼센트에 이른다. 이런 차이는 아동 학대에 대한 두 나라 간 인식의 차이에서 비롯된 측면이 크다.

최근 한국 내 인식의 변화도 주목할 필요가 있다. 지난해 아동 학대 신고 건수는 10년 전과 비교해 2.5배 늘었다. 2년 전에 비해서는 36퍼센트 늘어났으며, 2012년에 비해서는 62.4퍼센트 증가했다. 불과 1~2년 사이에 일어난 일이라곤 믿기 어려울 정도의 큰 변화다. 실제 그 기간 동안 아동 학대가 그만큼 늘어난 것일까? 몇몇 끔찍한 아동 학대 사건들이 언론을 통해 세간의 주목을 크게 받으면서 일어난 인식의 변화가 가장 큰 요인이 아닐까? 또한 아동보호전문기관의 확대와 미약하지만 정부의 관련 예산 증가, 한층 간편해진 신고 절차 등 여러 요인이 복합적으로 작용한 건 아닐까? 이런 요인들이 사회적 인식의 변화로 이어져 아동 학대에 대한 신고 및 발견 건수가 늘어났다고 보는 게 맞을 것이다. 예전엔 한여름 찜통더위에 아이들만 차에 놔둔 채 쇼핑하는 부모를 누구도 신고하지 않았지만, 지금은 누군가 아동 학대라고 보고 경찰에 신고하는 식이다. 과거에는 범죄가 아니었던 행위가 오늘날 사회의 인식과 기준에서는 범죄가 되기 때문이다.

우리나라의 여전히 낮은 아동 학대 신고 건수는 아동 학대에 대한 낮은 사회적 인식을 전제하고서 봐야 한다. 이런 낮은 사회적 인식 아래에서 웬만한 아동 학대는 신고의 대상이 되지 않을 개연성이 크고, 법 집행자 또한 상대적으로 관대한 잣대를 가지고 문제를 다루기 십상이다. 한국은 훈육을 이유로 한 체벌이 당연시되고, 부모가 자녀를 소유물로 인식하는 경향이 짙다. 이는 학대에 상대적으로 관대한 시선을 낳는다. 이런 문화적 상대성과 인식의 차이를 무시한 채 잘못 봤다간 우리나라가 미국 같은 나라보다 아동 학대가 훨씬 적다는 엉뚱한 결론에 이를 수 있다.

하나 더 염두에 둬야 할 게 있다. 한 사회의 사례 수집 역량과 통계 처리 과정의 기술적 차이가 얼마든지 실태의 차이를 만들어낼 수 있다. 대표적으로 사망 아동의 수가 그렇다. 지난해 우리 정부는 아동 학대로 인한 사망자가 14명이라고 발표했다. 하지만 《한겨레신문》 탐사보도팀의 취재 결과는 훨씬 심각한 수치를 제시하고 있다. 우리나라에서는 매년 최소 37.5명의 아동이 학대로 숨을 거둔다는 사실이 확인됐다. 이러한 수치상의 차이는 주로 정부 통계가 신생아 살해나 아동 살해 후 자살 등을 포함하지 않기 때문이다. 또한 아동보호 전문기관이 학대에 이은 살해로 가해자가 기소된 사건을 모를 경우엔 정부의 아동 학대 사망 건수에 포함되지 않는다. 정부 기관 사이에 정보 공유가 제대로 이뤄지지 않기 때문인 경우도 적지 않다.

《한겨레신문》이 제시한 수치 역시 실제보다 축소된 수치라고 봐야 한다. 정부가 드러낸 빙산보다 수면 위로 빙산을 좀 더 떠올리긴 했지만 여전히 빙산의 적지 않은 부분이 수면 아래 잠겨 있다. 무연고 사망이나 실종 아동 중 사망한 경우 등 아동 학대로 인한 사망에 포함해야 할 여러 경우의 수가 더 있기 때문이다.

"우리나라에서 일어나는 아동 학대가 심각한 수준이다." 정부의 공식 통계나 한국 사회 일반의 인식과는 동떨어진 말이다. 하지만 이는 소아청소년과, 응급의학과 전문의 10명 중 7명이 우리나라 아동 학대 실태에 대해 내린 진단이다. 조사는 2014년 5~7월 대한소아과학회와 대한응급의학회 회원 5,748명을 대상으로 이뤄졌다. 아동과 가장 가까운 곳에서 접점을 형성하고 있는 이들의 답변은 우리나라

의 아동 학대 실상이 얼마나 심각한지 경고하고 있다. :: **류이근**

기록되지 않는 죽음 1
신생아 살해

2014년 국내에서 태어난 신생아 수는 43만 5,000명이다. 월 평균 3만 6,000명꼴이다. 신생아들은 부모의 축복을 받으며 세상에 나온다. 그러나 2014년 12월 말 오후에 태어난 한 사내아이는 예외였다. 아이는 경남의 주유소 화장실에서 누구의 축복도 받지 못한 채 태어났다. 스물다섯 살 엄마는 고통스러운 출산 과정을 홀로 견디며 아이를 낳았다. 세상에 나온 아이가 우렁차게 울었다.

하지만 아이를 돌봐야 할 엄마는 이상한 행동을 하기 시작했다. 엄마는 주변에 있던 쓰레기봉투에 아이를 담았다. 쓰레기와 뒤섞인 아이가 더 크게 울었다. 그러나 엄마는 아이를 외면했다. 엄마는 아이가 담긴 쓰레기봉투를 화장실 옆 공터로 옮긴 뒤 컨테이너 숙소에 들어가 휴대전화를 만지작거렸다. 바깥 기온은 영하 1도였다. 혹한의 추위에 아이는 네 시간가량을 울며 버텼다. 점점 아이의 울음소리가 잦아들었다.

아이 엄마의 동거남이 뒤늦게 아이의 사체를 발견해 경찰에 신고했다. 아이는 동사했다. 경찰 조사에서 엄마는 "동거남에게 버림받을까 봐 임신 사실을 알리지 않은 채 아이를 낳았고 버렸다"고 말했다. 아이의 아빠는 현재의 동거남이 아닌 이전 남자 친구였다. 동거남은 "출산 당시 아이 울음소리를 들었지만, 내 아이가 아니라고 생각해 화가 났다. 나중에 아이가 죽은 것을 보고 죄책감이 들어 신고했다"고 말했다. 엄마의 두려움과 동거남의 외면 속에 아이는 세상에 나온 지 네 시간여 만에 혹한을 견디지 못하고 숨을 거뒀다.

태어나자마자 죽임을 당하는 아이들이 있다. 제대로 숨도 쉬어보지 못한 채, 눈도 떠보지 못한 채, 이름도 가져보지 못한 채 아이들은 죽는다. 신생아(영아) 살해다. 법률상 영아는 '분만 도중 혹은 분만 직후'의 아이를 뜻한다. 주로 원치 않는 임신을 한 엄마들이 아이를 낳자마자 목을 조르거나 변기에 빠뜨리는 방식 등으로 아이의 생명을 빼앗는다. 수 시간 동안 돌보지 않고 방치해 저절로 죽도록 내버려두기도 한다. 극단적인 신체 학대이자 치명적인 방임이다.

《한겨레신문》탐사기획팀은 법원 판결문과 지방자치단체의 무연고 사망자 자료 등을 바탕으로 전국의 '살해되는 신생아' 수를 추산했다. 2008년부터 2014년까지 법원에서 '영아 살해'와 '영아 유기 치사'로 재판을 받은 사례는 모두 59건이었다. 한 해 평균 8.4건꼴이다. 대법원 도서관에 있는 판결문 검색 시스템으로 검색한 결과다.

이는 범죄 사실이 드러나 사법 처리된 것들이다. 그러나 신생아 살해는 드러나지 않은 경우가 상당수 있을 것으로 추정된다. 출생신고

를 하지 않은 채 아이를 몰래 죽일 경우 발견하기가 쉽지 않은 탓이
다. 실제 지방자치단체가 관리하는 무연고 사망자 중에는 신생아로
추정되는 사례가 적지 않다. 탐사기획팀이 국내 지자체의 무연고 사
망자 통계를 통해 집계한 것만 2010년부터 2014년까지 34건이었다.
한 해 평균 6.8건꼴이다. 법원 판결문과 지자체 무연고 사망자 통계
를 합하면 태어나자마자 죽임을 당하는 신생아 수는 한 해 평균 15명
에 이른다. 발견되지 않은 죽음까지 합하면 그 수는 훨씬 많을 것으
로 보인다.

상당수 아이들이 태어나자마자 죽지만 사회는 이들에게 별 관심
이 없다. 보건복지부가 중앙아동보호전문기관을 통해 관리하는 아
동 학대 사망 통계에도 신생아 살해로 볼 수 있는 사례가 한두 건 있
을 뿐 따로 신생아 살해를 관리하지 않고 있다. 신생아 살해가 아동
학대에 해당한다는 인식도 약하다. 김지혜 남서울대 교수(사회복지학
과)는 "신생아 살해는 출생 신고도 안 된 채 죽기 때문에 파악 자체가
어렵다"며 "외국은 신생아 살해를 아동 학대의 범주 가운데 하나로
잡고 따로 관리하는데, 우리는 그렇지 않다"고 말했다.

누가, 왜 신생아를 죽이는 것일까? 법원 판결문 59건을 분석한 결
과 가해자는 친모가 대부분(58명)이었다. 나머지 한 사례는 친부가
가해자였다. 가해자의 연령대는 나이가 파악된 45명 가운데 10대가
10명, 20대가 25명으로 10~20대가 전체의 77.7퍼센트를 차지했다.

이들은 대부분 미혼이었다. 출산이 이뤄진 장소는 집 화장실(30건)이나 모텔(9건), 고시원(2건) 등 사적 공간이었고, 산부인과 병원은 2건에 불과했다. 살해는 주로 출산 뒤 하루 이내(46건)에 이뤄졌다.

살해 이유는 미혼 출산에 따른 수치심 때문에, 그리고 가족이 알까 두려워서가 47건(79.7퍼센트)으로 가장 많았다. 생활고를 호소한 경우는 19건(32.2퍼센트)이었다. 남자 친구에게 버림받을까 두려워서라는 이유도 7건(8.6퍼센트)이나 됐다.

요컨대 결혼하지 않고 아이를 낳은 엄마가 미혼 출산으로 인한 수치심과 부담감을 견디지 못하고, 주변인의 도움 없이, 사적인 공간에서 아이를 낳고 곧장 살해하고 있었다. 신생아 살해는 매우 은밀하고 신속하게 이뤄지는 탓에 실태 파악은 물론 대책 마련도 쉽지 않다.

신생아 살해를 줄이기 위해서는 무엇보다 사전 예방이 중요하다. 미혼모에 대한 사회의 편견을 바로잡고, 이들이 혼자서도 아이를 키

영아 살해 및 유기 치사 판결문 분석(2008~2014년, 59건)

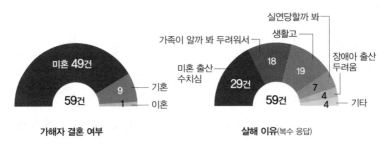

가해자 결혼 여부 · 미혼 49건 / 59건 / 기혼 9 / 이혼 1

살해 이유(복수 응답) · 미혼 출산 수치심 29건 / 가족이 알까 봐 두려워서 / 생활고 18 / 실연당할까 봐 19 / 장애아 출산 두려움 7 / 4 / 기타 4 / 59건

울 수 있도록 경제적 지원을 확대해야 한다. 아이 아빠의 방관이나 무책임한 태도에 대해서도 강력한 대응이 필요하다. 실제 판결문을 보면 친부가 출산 과정을 도운 경우는 단 한 건에 그쳤다.

신생아 살해에 대한 온정주의적 태도도 재고해야 한다. 신생아 살해 또한 명백한 아동 학대지만 법원은 '치욕 은폐' '양육의 어려움' '출산 당시 산모의 비정상적 신체·정신적 상황' 등을 고려해 다른 살인보다 훨씬 관대하게 처벌하는 경향이 있다. 징역 1~2년에 집행유예 2~3년을 선고한 두 판결문은 양형의 이유를 다음과 같이 밝히고 있다.

"이 사건 범행은 한 인간인 아기의 생명을 빼앗은 중대한 범죄로서 생명의 소중함에 비추어 이를 엄하게 처벌하여야 할 필요가 있는 점은 분명하다. 그러나 피고인이 이 사건 범행 당시 아직 ○○세로 결혼도 하지 않았고 경제적 능력도 부족할 뿐만 아니라 그 생부 역시 사회적, 경제적으로 아이를 양육하기 어려운 상황에서 피고인이 아이를 양육하기 어려울 것을 걱정한 나머지 이 사건 범행에 이르게 된 점, 이 사건 범행으로 인해 가장 고통받을 사람은 결국 피고인 본인이고 앞으로도 이 일이 피고인에게 잊을 수 없는 큰 상처로 남게 될 것인 점이 인정된다."

"이 사건 범행은 한 인간인 아기의 생명을 빼앗은 중대한 범죄로서 생명의 소중함에 비추어 이를 엄하게 처벌하여야 할 필요가 있는 점은 분명하다. 그러나 피고인이 이 사건 범행 당시 21세로서 결혼도 하지 않았고 경제적 능력도 부족할 뿐만 아니라 그 생부도 정확히 알지 못하는 상황에서 아이를 양육하기 어려울 것을 걱정한 나머지 이 사건 범행에 이르게 된 점, 이 사건 범행으로 가장 고통받을 사람은 결국 피고인 본인이고 앞으로도 이 일이 피고인에게 잊을 수 없는 큰 상처로 남게 될 것인 점, 피고인이 범행 직후 수사기관에 자수한 점, 그 밖에 피고인의 성행, 범행의 동기 및 경위, 범행 후의 정황 등 이 사건 변론에 나타난 여러 양형 조건을 고려하여 주문과 같이 형을 정한다."

가해자가 저지른 행위의 심각성에 견줘 가해자의 사정을 상당히 감안해주고 있다. 특히 "이 사건으로 가장 고통받을 사람은 가해자 본인"일 것이라는 표현은 법원이 신생아 살해를 아동 학대가 아닌 가해자의 불가피한 행동쯤으로 판단하는 게 아닐까 하는 생각이 들게 한다.

실제로 신생아 살해에 대한 처벌은 매우 약한 편이다. 영아 살해를 다룬 법원 판결 59건 중 집행유예를 받은 경우가 48건(81.4퍼센트)이었다. 실형을 선고받은 경우는 5건(8.5퍼센트)에 그쳤는데, 신생아 살해 전력이 있는 경우(2건)이거나 사체를 심하게 훼손한 경우(2건) 등이었다. 미성년자로 형사 처분을 면한 경우도 6건(10.1퍼센트)이었다. 엄벌이 능사는 아니지만, 신생아 살해를 명백한 아동 학대로 보고 희생당한 아이 편에서 판단해봐야 할 때다.

기록되지 않는 또 다른 죽음인 무연고 사망의 경우 태어나자마자 버려지기 때문에 부모가 누구였는지, 왜 죽었는지조차 알지 못한다. 그야말로 세상을 스쳐 지나가는 것이다. 죽은 지 한참 뒤에 숲이나 땅 속에서 발견되는 경우도 허다하다.

2014년 11월 7일 서울시청 누리집에 올라온 '무연고 사망자 공고' 속 아이도 그랬다. 9월 중순 서울 성동구의 한 빌라 뒤편 재활용쓰레기 수거장에서 죽은 채 발견된 남자아이는 이름과 생년월일, 사망 원인 등이 모두 '불상'(알 수 없음)으로 표시돼 있었다.

키가 50센티미터 남짓한 아이는 담요에 둘둘 말린 채 종이 상자 안에 담겨 있었다. 경찰이 수사에 나섰지만 결국 범인을 잡지 못했다. 사건을 담당한 경찰관은 "주변에 폐회로텔레비전CCTV 등이 없어 범인 검거가 힘들었다. 살해당한 신생아의 경우 지문도 없고 주민등록도 없어 범인을 잡기가 매우 어렵다"고 말했다. 아이는 태어난 지 한 달여 만인 10월 말 화장돼 납골함에 담겼다. 가능성은 낮지만 나중에 가족들이 찾을 수 있도록 지자체가 10년 동안 아이의 유골을 보관한다. 실제로 유족이 유골을 찾아가는 경우는 매우 드물다.

무연고 사망 통계로 확인한 살해된 신생아 수는 한 해 평균 7명꼴이다. 이들은 쓰레기장이나 공용 화장실 등 도심에서도 발견되지만 숲 속이나 강가 등 인적이 드문 장소에서 우연히 발견되는 경우도 적지 않다. 드러나지 않고 감춰진 경우가 상당할 것으로 보인다.

우리나라는 세계에서도 보기 드문 저출산 국가다. 한 부부가 평생 1.2명 정도밖에 아이를 낳지 않는다. 불과 20년 전 "아들딸 구별 말고 하나만 낳아 잘 기르자"는 표어를 내걸고 저출산 유도 캠페인을 벌였다는 사실이 믿어지지 않을 정도다. 극적인 반전이다. 저출산 분위기를 타개하기 위해 정부는 한 해 수조 원의 예산을 쓰며 출산율 높이기에 안간힘을 쓰고 있다. 그러나 이보다 더 우선해야 할 것이 있다. 태어난 아이들의 사망률을 낮추는 일이다. 특히 신생아 살해와 같이 그동안 사각 지대에 있었던 아동 살해를 줄여야 한다. 아이는 낳기보다 키우기가 더 어렵다는 말이 여기서도 꼭 들어맞는다.

:: **최현준**

기록되지 않는 죽음 2
아이와 동반 자살도 살인

2014년 3월 3일은 일곱 살 철이가 초등학교에 입학하기로 한 날이었다. 학교에 입학해 친구들과 놀기만을 손꼽아 기다리던 철이는 그날 학교에 가지 못했다. 대신 철이는 오전에 엄마와 함께 집에서 만화영화 〈겨울왕국〉을 보고, 점심으로 라면과 삼각김밥을 먹었다. 그때까지 철이는 〈겨울왕국〉이 자신이 세상에서 볼 마지막 영화라는 사실을 알지 못했다.

엄마는 오후에 맥주 두 캔을 마신 뒤 저녁 무렵 철이에게 알약 한 알을 건넸다. 수면유도제였다. 철이에게는 비타민이라고 일러줬다. 곧 철이는 안방 침대에서 깊은 잠에 빠져들었다. 철이가 잠들자 엄마는 방 안에 번개탄을 피웠다. 캠핑을 위해 예전에 사둔 것이었다. 한 살배기 둘째 딸 영이가 잠든 철이 옆에서 놀았다. 엄마는 방문과 창문 틈을 휴지와 테이프로 틀어막았다. 엄마와 철이, 영이 이렇게 세 사람은 스르르 잠이 들었다.

엄마는 빚에 시달렸다. 사업 실패가 수차례 반복됐고 인터넷 도박에도 빠졌다. 가족과 친척은 물론이고 친구들에게까지 손을 벌렸다. 빚은 점점 늘어나 감당할 수 없게 됐다. 재혼한 남편과도 별거에 들어갔다. 두 번째 결혼이 위기에 처했고, 가까웠던 인간관계마저 모두 끊어졌다. 고립이 가속화되자 우울증이 찾아왔다. 삶을 포기하자는 생각이 들었다. 엄마는 아이들을 데리고 세상을 떠나야겠다고 마음 먹었다.

다행히 다음 날 오전, 별거 중이던 아빠가 세 사람을 발견했다. 엄마와 영이가 목숨을 건졌다. 그러나 수면제를 먹고 잠든 철이는 끝내 깨어나지 못했다. 아빠가 도착했을 때 영이는 공기보다 가벼운 일산화탄소를 피하려는 듯 침대 밑을 기어 다니고 있었다. 엄마의 자살 시도에 애꿎은 철이가 생명을 잃었다. 엄마와 영이는 다행히 생명을 건졌지만 치명상을 피하지 못했다. 일산화탄소 중독으로 엄마는 한쪽 팔이 마비됐고, 영이는 정상적인 성장을 장담할 수 없게 되었다.

엄마는 경찰 수사 과정에서 "남편이 재혼하면 새엄마가 얼마나 잘해줄까 싶었다. 시어머니도 아이들을 별로 예뻐하지 않았다. 내가 죽고 나면 아이들을 돌봐줄 사람이 없을 것 같아 동반 자살을 결심했다"고 말했다. 남겨질 아이들에 대한 걱정 때문에 아이들을 죽음으로 이끌었다는 것이다. 엄마는 자살 시도 전에 남긴 메모에 이렇게 썼다. "영이를 당신(남편)에게 주기에는 아까워서 데려간다. 당신 때문에 내 인생을 망쳤다. 내가 당신에게 할 수 있는 마지막 복수다." 아이를 독립된 인격체가 아닌 자신의 소유물 정도로 생각하고, 심지어는 남편에 대한 복수심마저 자식에게 투영했다. 엄마는 2015년 초 열린 재판에서 살인죄로 8년형을 선고받았다.

언론은 이 사건을 '세 가족 동반 자살 시도'라는 제목으로 짧게 보도했다. "생활고를 겪은 엄마가 어린 아들딸과 함께 동반 자살을 시도했다가 아들만 죽고 엄마와 딸은 살았다"는 내용이었다. 사실상 엄마가 아이들을 살해하려 했다는 내용은 거의 담겨 있지 않다. 경제적으로 어려웠다는 딱한 사정만 부각돼 있을 뿐이다.

아동 전문가들은 이 사건을 '가족 동반 자살'이 아닌 '자식 살해후 자살'로 불러야 한다고 말한다. 아이의 동의를 얻지 않은 채 어린 자식의 생명을 강제로 빼앗는다는 점에서 아동의 생명권을 심각하게 침해하는 신체 학대 행위에 해당한다는 것이다. 정익중 이화여대 교수(사회복지학)는 "우리 사회가 '동반 자살'이란 단어 자체를 다시 생각해봐야 한다. 어른들이 합의한 뒤 실행하는 동반 자살과 자녀를 죽인 뒤 혹은 아무것도 모르는 자녀를 데리고 자살하는 '자식 살해 후 자살'은 전혀 다르다"고 말했다.

그러나 우리 사회는 자식 살해 후 자살에 대해 상당히 미온적 태도를 보인다. '오죽했으면 저런 선택을 했을까' 하는 동정심과 '극도로 어려운 상황에서 불가피한 선택을 했겠지' 하는 이해심이 바탕에 깔려 있다. 가해자가 스스로 목숨을 끊은 상황에서 그를 비난하기도 마땅치 않다. 심지어 '자식 살해 후 자살'이 기본적으로 아동에 대한 애정을 바탕으로 한다는 점에서 일반 아동 학대와 다르다는 의견마저 나온다. 그러나 철이 엄마의 사례에서 보듯이 자식 살해 후 자살은 설령 그것을 애정으로 보더라도 방향을 잘못 잡은, 대단히 잘못된 애정의 발산이다.

실제로 병원에서 깨어난 철이 엄마도 뒤늦게 자신의 선택을 후회했다. "금전적으로 힘든 시기에 도망치고 싶었는데 결국에는 잘못된 선택을 한 것을 뼈저리게 후회하고 있습니다. 남아 있는 둘째 영이를 위해 열심히 사는 것이 먼저 떠난 아들에게 속죄하는 길이라 생각합니다." 엄마가 법원에 제출한 반성문의 한 대목이다. 그러나 법원은 이런 반성문에도 불구하고 철이 엄마를 살인죄로 단죄했다. 그가 아이의 의사와 관계없이 아이를 죽음으로 이끈 것을 명백한 살인으로 규정한 것이다.

자식 살해 후 자살에 대한 온정적 태도는 이에 대한 냉정한 분석이나 내책 마련을 어렵게 한다. 정부는 신생아 살해와 마찬가지로 자식 살해 후 자살에 대해서도 정확한 현황이나 통계를 갖고 있지 않다. 보건복지부나 통계청 등 어느 기관도 이를 집계하지 않고 있다. 중앙자살예방센터가 2013년부터 펴내고 있는 자살 실태 조사 보고서에도 살해 후 자살과 관련된 내용은 들어 있지 않다. 자살을 포함해 '부자연스러운 죽음'인 변사를 처리하는 경찰이 관련 통계에 가장 근접해 있지만, 경찰 역시 이를 따로 정리하거나 대외적으로 공개하지 않고 있다. 가해자인 부모가 사망해버려 제대로 조사할 수 없는 탓이다. 실태 조사가 없다 보니 정부는 이에 대한 대책을 고민하지 않는다.

자식을 죽인 뒤 자살하는 부모의 심리는 어떨까? 이는 자살자가 남긴 유서를 통해 조금이나마 엿볼 수 있다. 자식 살해 후 자살 사례를 정리한 논문인 〈우리나라 가족 내 자녀 살인을 동반한 자살 사건 분석〉에는 수십 편의 유서가 등장한다. 2006년 중학생 남매에게 청산가리를 먹이고 자살한 한 남성(38세)은 "세 식구 영원히 함께할 수 있도록 줄로 묶고 갑니다. 같이 있게 해주세요"라는 내용의 유서를 남겼다. 자식에 대한 동질감을 매우 강하게 느낀 것이다. 다섯 살 아들을 목 졸라 죽이고 자살한 한 여성(27세)은 "아들이 고생할 거 생각하면 내가 못 견뎌. 그래서 데려가"라는 내용의 유서를 썼다. 혼자 남을 자식이 걱정돼 함께 죽는다는 것이다. 논문을 쓴 이상현 박사는 "자식을 독립된 인격체가 아닌 가해자의 소유물로 생각하는 인식이 반영된 것"이라며 이는 세계적으로 드문 현상이라고 설명했다. 실제 자식 살해 후 자살은 동양권, 특히 한국과 일본에 집중돼 나타난다는 연구 결과가 있다.

그렇다면 자식 살해 후 자살은 우리 사회에서 얼마나 발생하고 있을까? 정확한 통계는 존재하지 않는다. 다만 일부 연구 자료를 통해 그 수치를 추정해볼 수 있다. 현직 경찰 검시조사관이 쓴 〈과학적 범죄 분석 시스템SCAS 자료를 분석한 한국의 존속 살해와 자녀 살해〉라는 논문을 보면, 2006년 1월부터 2013년 3월까지 92명의 아동을 부모가 자살 직전에 살해한 것으로 추정된다. 한 해 평균 13명꼴이다. SCAS는 경찰 과학수사요원들이 자신들이 분석한 사건 결과를 입력하는 시스템이라 상당히 신뢰성이 높지만, 실제 집계되지 않은 것까지 고려하면 더 많을 것으로 추정된다. 논문을 쓴 정성국 박사는 "자식 살해 후 자살은 자식을 죽인 뒤 자살하거나 동의 없이 자살로 이끄는 경우가 대부분"이라며 "이는 성인들의 동반 자살과 같은 부류로 볼 수 없다"고 말했다.

이런 현상의 원인으로는 가족의 생존이 온전히 개인에게 내맡겨진 한국 사회의 특수성이 거론된다. 사회 안전망이 제대로 구축되지 않은 탓에 '부모 없이 혼자 사는 것보다 함께 죽는 게 낫다'고 생각한다는 것이다. 박형민 형사정책연구원 박사는 "한국 사회는 아동 안전망이 턱없이 부족하다. 사식이 이 세상에 홀로 남겨져도 살아갈 수 있는 안전망이 있다면 나의 삶을 끊을 때 자식의 삶까지 함께 끊지는 않을 것"이라고 말했다. 우리나라 인구 10만 명당 자살자 수는 1989년 7.4명에서 2009년 31명으로 네 배 이상 증가했다. 외국의 경우 우리나라보다 자식 살해 후 자살이 훨씬 적은 것으로 알려져 있다. '일가족 동반 자살'이라는 단어는 전 세계에서 유독 일본과 우리나라에만 널리 퍼져 있다. :: **최현준**

04

9년 동안 방 안에 갇힌 아이
미라가 돼 세상을 만나다

2012년 초 경기도 고양시에서 두 살배기 사내 아이, 훈이를 아빠가 죽였다. 훈이 아빠와 엄마는 아직 어른이 되기 전에 만나 곧 훈이를 낳았다. 그러나 미성년자인 부모는 아이를 부양할 능력이 없었다. 자신들이 직접 아이를 키우지 못하고 지방에 있는 아동보호시설에 맡겼다. 부부는 2년여 뒤 친지의 도움을 받아 집과 직장을 구한 뒤 시설에 맡겼던 아이를 데려왔다. 그 사이 둘째도 태어났다. 그러나 몇 달 지나지 않아 비극적인 사건이 벌어졌다.

　어느 비 내리는 날, 일용직 아빠는 일이 없어 집에 머물렀다. 그날 밤 아빠와 엄마가 다퉜다. 부부가 다투는 소리에 놀라 아이가 울기 시작했다. 몇 차례 달래도 그치지 않고 울음소리는 점점 커져갔다. 한순간의 분노를 참지 못한 아빠는 아이를 집어 던졌다. 내동댕이쳐진 훈이는 다음 날 새벽 병원으로 옮겨졌지만 뇌출혈로 숨을 거뒀다. 친아빠가 친자식을 죽인 잔인한 사건이었다. 아빠는 곧 감옥에 갇혔고 1심에서 4년형을 받았다.

다른 사건과 견줘 특별히 잔혹하거나 눈에 띄는 사연이 있는 것은 아니었다. 하지만 그 점 때문에 가해자의 심리 상태나 살해 동기 등을 듣는 게 의미가 있었다. 이 사건에는 아동 학대 사건에서 나타나는 몇 가지 전형적인 특성이 있었다. 첫째, 가해자가 아이의 친부였고, 둘째, 아이가 한두 살가량으로 매우 어렸으며, 셋째, 아빠는 아이가 시끄럽게 구는 것을 견디지 못하고 한순간에 폭발했다. 친부모, 한두 살짜리 아이, 충동성. 이 세 가지는 아동 학대 사망 사건에서 자주 발견되는 요소들이다. '이서현 사건'과 같이 계모에 의해 긴 시간 동안 잔혹하게 학대당하고 살해당하는 경우는 실제로는 자주 발생하지 않는다. 그보다는 1~2세 전후의 아이들이 친부모에 의해 충동적으로 살해당하는 경우가 많다.

그럼에도 아동 학대라고 하면 주로 계모나 계부에 의한 잔혹한 사건을 떠올리게 된다. 전래동화인 〈콩쥐팥쥐〉나 〈장화홍련전〉 〈신데렐라〉 등도 모두 계모에 의한 아동 학대가 주된 줄거리다. 계부·계모가 유독 나쁜 사람인 경우가 많고, 이들이 아이들을 미워하고 늘상 학대하는 것일까? 실제 아동 학대 관련 통계를 보면 정반대다. 아동 학대 가해자의 80퍼센트 이상이 친부모다. 계모나 계부인 경우는

3퍼센트도 되지 않는다. 이는 아동을 돌보는 사람이 계부·계모보다 주로 친부모인 경우가 훨씬 많다는 점을 생각하면 당연한 결과이기도 하다.

그럼에도 계부·계모에 의한 학대가 아동 학대의 전형처럼 된 까닭은 무엇일까? 실제로 그런 사건이 많아서라기보다는 사건에 대해 얘기할 수 있는 사람이 많기 때문으로 보인다. 예컨대 계부가 아이를 죽였다고 가정해보자. 가해자인 계부는 사건을 덮고 싶어 하겠지만 아이의 친부나 친척들은 사건을 파헤치려 한다. 가해자를 최대한 엄벌에 처해야 하기 때문이다. 여의치 않으면 언론에 공개하는 것도 마다하지 않는다.

반대로 친부모가 제 아이를 살해했을 경우에는 매우 참혹한 사건이라도 잘 알려지지 않는다. 사건은 조용히 처리되거나 아주 제한적인 사실만 공개된다. 사건에 대해 얘기하려는 사람이 드문 탓이다. 부부 중 주된 가해자가 누구이건 어쩔 수 없이 공범 의식을 갖게 된다. 친인척들도 자신과 혈연관계인 가해자의 범행에 '집안 망신'이라며 눈을 감아버린다. 언론이 관심을 갖고 달려들어도 사건의 진상은 좀처럼 외부에 공개되지 않는다. 가슴 아프고 부끄러운 기억을 드러내는 것보다 덮고 가는 게 최선이라고 생각하기 때문이다. 이런 이유 때문에 가해자가 친부모인 경우는 제3자의 접근이 매우 어렵다. 결국 알리려는 사람이 많은, 계모·계부에 의한 아동 학대 사건이 아동 학대의 거의 전부인 양 과도하게 여론의 주목을 받게 된다.

해당 사건을 담당한 변호사를 만나 도움을 청했다. 그는 지역에서 아동 문제와 관련한 선도 위원을 맡고 있었다. 다행히 변호사는 협조적이었다. 변호사가 교도소에 수감돼 있는 가해자를 한 차례 면회해 보도 취지를 설명하고, 취재진은 교도소에 있는 가해자에게 인터뷰 취지를 진술하게 담은 손편지를 썼다.

2주 뒤쯤 교도소에서 답장이 왔다. "고민을 많이 했습니다. 인터뷰에 응하고 싶은 마음도 있고, 오래 생각했습니다. 하지만 결국 그럴 수 없다는 결론을 내렸습니다." 편지에는 완곡한 거절의 뜻이 담겨 있었다. "깊이 후회하고 있고, 이 죄를 죽을 때까지 지고 가야 한다고 생각합니다. 그러나 이런 마음을 언론을 통해 대중에게 보여주는 것이 다른 가족들에게 좋지 않겠다는 생각이 들었습니다. 잠시 가졌던 용기를 내려놓을 수밖에 없어 미안합니다." 정중한 거절이었다. 설득하는 편지를 한 차례 더 보냈지만 답장은 오지 않았다.

하얀 편지지에 정갈한 글씨가 빼곡히 담겨 있는 그의 편지를 보면서 여러 생각이 교차했다. 용서하기 힘든 일을 저질렀지만 그가 만일 번듯한 직장을 갖고, 성인이 되어 경제적 여건을 마련한 뒤에 아이를 낳았다면 어땠을까 하는 생각이 들었다.

훈이 사건 취재가 무산되고, 다른 사례를 찾기 시작했다. 한창 아동 학대 취재를 진행하던 2015년 3월 하순, 서울 마포구 한겨레신문 사에 한 통의 팩스가 도착했다. 전국 각 법원에 요청해놓은 아동 학대 관련 판결문 중 하나가 사무실로 전송된 것이다. 다섯 장짜리 짧은 판결문은 처음엔 취재진의 주목을 받지 못한 채 판결문을 모아둔 파일 속으로 들어갔다. 그렇게 민이는 취재팀이 확보한 판결문 더미 속에 조용히 자리를 잡았다.

며칠 뒤 판결문 더미를 집어 들고 사건을 한 건 한 건 훑어보기 시작했다. 눈에 띄는 사건이 있었다. 한 아이가 태어나서 부모의 보살 핌을 제대로 받지 못하다가 죽었다. 방임으로 인한 사망이었다. 부모 는 곧 재판에 넘겨졌다. 주범인 엄마는 징역형을, 책임이 덜한 아빠 는 집행유예형을 받았다. 흔하지 않지만 특별한 내용도 아니었다. 하 지만 판결문을 쭉 읽어 내려가면서 믿기 힘든 대목을 발견했다.

'13세, 109센티미터, 7.5킬로그램'

민이였다. 열세 살 나이에 109센티미터의 키, 7.5킬로그램의 몸무 게로 죽은 아이. 부모는 밥을 제대로 주지 않았고 9년 동안 홀로 누워 지내게 했다. 치료는 물론이고 아이에게 말도 걸지 않았다. 상상하기 어려운 극단적인 방임이었다. 가해자는 친부모였다.

아동 학대 기획을 진행하면서 판결문과 학대 사례집을 많이 읽었 다. 말로 표현하기 힘든 끔찍한 학대 사례가 적지 않았다. 판결문과 사례집을 너무 많이 읽다 보니 나중에는 웬만한 학대 사례에는 감정이 크게 동요하지 않는 지경까지 이르게 됐다. 그러나 민이 사건은 달랐다. 피가 튀고 몽둥이가 날아드는 식의 잔인함은 없었지만, 그 어떤 잔인한 학대보다 더 큰 충격으로 다가왔다.

게다가 민이는 생의 4분의 3인 9년여 동안 누구와도 교감을 나누지 못했다. 본격적으로 사고를 하기 시작하고 '나'라는 자아를 찾기 시작할 시기인 네 살 때부터는 더욱 철저하게 버림받았다. 다른 가족들이 밥을 먹고, 텔레비전을 보고, 대화를 나눌 때도 민이는 홀로 어두운 방에 누운 채 허공만 쳐다보고 있어야 했다.

민이 이야기는 공포감을 넘어 연민을 자아냈다. 단 한 번도 그 누구와도 소통하지 못했을 아이였다. 살아 있는 13년 동안 한 차례도 제 목소리를 내지 못했을 민이가 뒤늦게 《한겨레신문》 취재진에게 손을 내밀며 다가오는 것 같았다. 죽어서나마 그가 내민 손을 꼬옥 잡아줘야 했다.

민이네는 아빠, 엄마, 민이, 그리고 동생 현이까지 모두 네 식구였다. 취재를 하던 2015년 3월, 엄마는 이 사건으로 감옥에 갇혀 있었고, 동생은 중학교에 다니고 있었다. 아빠를 만나야 했다. 그의 주소를 수소문했다. 어렵게 알아내 찾아갔다. 경기도의 한 소도시였다.

날씨가 꽤 쌀쌀했다. 오후에는 비까지 부슬부슬 내렸다. 소도시 중심가에서 떨어진 외딴 작은 아파트 단지였다. 차를 세우고 민이 아빠를 기다렸다. 이름과 주소는 알았지만, 정작 얼굴을 알지 못했다. 그의 얼굴을 상상했다. 분명 우락부락하거나 심술궂게 생겼을 것이라고, 인정사정없이 나쁜 짓을 저지르는 전형적인 범죄자 인상일 것이라고 상상했다.

그의 얼굴을 상상하면서 민이네 집 주변을 맴돌았다. 집으로 곧장 찾아가 초인종을 누르면 될 일이었지만 그럴 수 없었다. 세 살 터울의 동생 때문이었다. 섣부르게 접근했다간 어린 나이의 동생에게 또다시 상처를 줄 수 있었다. 기사를 쓰지 못하는 한이 있더라도 중학생인 동생만큼은 접촉하지 않기로 했다. '아이들은 되도록 접촉하지 않는다.' 이번 취재를 하면서 취재팀이 세운 원칙 가운데 하나였다.

민이 아빠가 언제 집에 올지 알 수 없었다. 밤까지 무작정 기다렸다. 민이네 집 거실에 불이 들어왔다. 점심때부터 기다리기 시작했으니 아빠는 아직 안 돌아왔을 것이라고 짐작했다. 하지만 얼굴을 알지 못하는 상태여서 그가 진작에 집에 들어갔는지도 알 수 없는 노릇이었다. 아파트 현관 앞을 왔다 갔다 하고, 주차장을 빙빙 돌고, 수위실에 들르기를 반복했다.

그러다 잠시 몸을 녹이러 들어간 수위실에서 우연히 민이네 집 주소가 적힌 택배 상자를 발견했다. 아마도 민이 동생이 온라인 서점에서 구매한 책 같았다. 민이 아빠를 만난 것처럼 반가웠다. 이제 민이네 집 앞을 어슬렁거리지 않아도 됐다. 민이 동생과 마주칠 수 있는 집 앞보다는 책을 찾으러 오는 사람을 기다리는 편이 훨씬 나았다.

누군가 택배를 찾아가기만을 기다렸다.

밤 10시께, 슬슬 철수를 생각하던 때 한 남자가 아파트 앞쪽에 트럭을 멈추고 수위실로 들어갔다. 남자는 취재진이 봐뒀던 그 택배를 들고 나왔다. 민이 아빠였다. 남자는 택배를 찾자마자 트럭으로 돌아갔다. 아파트 지하주차장으로 들어가려는 것 같았다. 차에 타려는 남자를 불러 세웠다.

"○○○씨, ○○○씨 되시죠?"

서둘러 뒤쫓아가 그의 이름을 불렀다. 그가 돌아봤다.

"민이 아빠 아니신가요?"

"누구시죠?"

"저는 《한겨레신문》 최현준 기자라고 합니다."

봄비가 추적추적 내리고 있었다. 민이 아빠로서는 전혀 예상치 못한 만남이었을 것이다. 그러나 그는 잠시 당황스러워할 뿐 이내 평정을 되찾았다. 마치 언젠가 이런 날이 올지 알았다는 듯했다. 그는 약간 왜소한 체격이었고, 인상은 평범했다. 다소 지적인 느낌도 들었다. 그를 기다리면서 상상했던 인상과는 전혀 달랐다. 민이 아빠에게 찾아온 이유를 설명했다. 설명을 들은 민이 아빠는 짧은 한숨을 내쉬었다. 그가 말했다.

"피할 생각은 없습니다. 좋은 취지인 거 같네요. 솔직하게 신분을 밝혀줘서 고맙습니다. 내 마음으로는 긍정적입니다. (그 사건을) 잊어서는 안 된다고 생각하고 있습니다. 와이프와 둘째 딸에게도 늘 '잊지 말라'고 얘기합니다. 지금 종교 생활도 하고 있고, 다행히 딸도 모범생으로 잘 자라고 있습니다."

예상 밖 외모처럼 답변도 의외였다. 예상대로라면 그는 거칠고 감정적인 사람이어야 했다. 취재진에게 화를 내거나 매몰차게 거절해야 했다. 하지만 그는 그렇지 않았다. 재차 취재 요청을 했다. 그가 말했다.

"1~2분 만나서는 안 되고 한 시간이나 몇 시간 얘기를 해야 할 거 같네요. 그런데 내가 요즘 일하느라 시간이 없습니다. 시간을 내기가 힘듭니다. 그리고 감옥에 있는 와이프와 딸에게도 동의를 받아야 할 거 같습니다. 와이프랑 살지 않을 거면 모르겠지만, 앞으로 살아야 할 거 아닙니까. 와이프가 어떨지 모르겠습니다. 아픈 사람이고 아직 이겨내지 못하고 있습니다."

민이 아빠는 1~2주 생각할 시간을 달라고 했다. 그의 온화한 표정과 차분한 대응이 인상적이었다. 일단 기다리기로 했다. 연락처를 받은 뒤 "아픈 기억을 끄집어내서 죄송하다"고 하며 물러났다. 얼굴을 확인했으니 나중에 그의 마음이 바뀌더라도 다시 찾아오면 될 것이라고 생각했다.

그러나 그와는 다시 만날 수 없었다. 그는 이후 취재진에게 연락하지 않았고 한동안 취재진의 연락을 받지도 않았다. 그를 만나기 위해

네 차례나 더 집 앞에 찾아갔지만 끝내 만날 수 없었다. 취재 막바지에 전화 통화만 한 차례 더 할 수 있었다.

10분 안팎의 짧은 만남이었지만 아빠를 만난 뒤 사건에 대한 궁금증은 너욱 커졌다. 본인의 아이를 처참히 죽도록 내버려둔 가장의 모습이라기에는 전혀 어울리지 않는 인상과 태도였다.

민이의 삶을 복기하기 위해 더 많은 사람을 만나야 했다. 판결문에 등장하는 사람들과 사건 처리에 관여했던 사람들을 찾아 나섰다. 민이 부모를 변호했던 변호사와 사건을 수사한 경찰, 이들을 상담했던 상담사, 민이네 가족이 살았던 동사무소와 정신보건센터의 직원 등을 만났다.

먼저 민이 부모를 변호했던 변호사를 만났다. 판사 출신인 조○○ 변호사였다. 민이 엄마와 아빠는 애초 국선 변호인에게 변론을 맡겼다가 나중에 사선인 조 변호사로 바꿨다. 변호사는 가해자 쪽 기록뿐만 아니라 수사 기록 등 사건과 관련한 모든 자료를 갖고 있는 경우가 많다. 이를 제공받는 것은 매우 어려운 일이지만 일부라도 확보할 수 있다면 이를 통해 사건의 상당 부분을 복원해낼 수 있었다.

그러나 기대는 충족되지 않았다. 조 변호사는 개인정보 보호법을 들어 사건 기록 제공에 난색을 표했다. 대신 그는 제한적이긴 하지만 민이 사건과 관련해 몇 가지 얘기를 들려줬다. 그는 부부가 돈이 없어 어쩔 수 없이 딸을 방치했다고 했다. "결국 돈이 문제 아니겠소.

두 부부가 굉장히 어렵게 살았어요. 그러다 보니 애한테 신경을 못 쓴 거지." 부부를 변호할 때 했을 법한 얘기였다. 변호사는 부부가 죄책감을 가졌다는 얘기도 했다. "돈이 없어 이렇게 된 데 대해 두 부부가 굉장한 죄책감을 갖고 있는 것 같습니다. 왜 안 그렇겠소? 그래도 자기들이 낳은 아이인데…." 그는 부부가 근본적으로 나쁜 사람들은 아니라고 했다.

조 변호사에 앞서 민이 엄마를 변호했던 국선 변호인도 조 변호사와 비슷한 태도를 보였다. 그는 취재진과의 전화 통화에서 "오래됐지만 특이한 사건이라 기억이 난다"며 "잔혹한 사건이었지만 그래도 두 부부가 나쁜 사람은 아니었던 것으로 기억한다"고 말했다. 변호사로서였기는 하지만 민이 부부를 만났던 두 사람 모두 부부에게 호의적이었다. 머릿속이 더 복잡해졌다.

지자체가 운영하는 정신보건센터를 찾았다. 사건 이후 이곳에서 민이 엄마의 정신 상태에 대한 감정이 이뤄졌다. 제 자식을 방치해 죽음에까지 몰아넣었으니 정신 상태를 살피는 것은 당연했다. 민이 엄마의 심리 상태에 대해 조금의 단서라도 확보할 수 있기를 기대했다. 그러나 센터 쪽은 피치료자의 정보를 공개할 수 없다는 태도를 보였다. 보안이 매우 철저해, 상담을 진행했던 담당자가 누구인지조차 알기 어려웠다. 한 치의 정보도 새어 나가서는 안 된다는 태도였다. 치료자로서 직업 윤리가 있다는 것은 납득할 수 있었지만, 아예 대화조차 거부하는 것은 다소 아쉬운 태도였다. 아동 학대 사건의 예방과 재발 방지에 도움이 될 수 있다고 설득했으나 난공불락이었다. 가해자와 피해자의 구체적인 신원 정보를 노출하지 않겠다고도 약속했지만 헛심에 불과했다.

20년 가까이 경찰 생활을 한 베테랑 최○○ 형사에게도 민이 사건은 큰 충격이었다. 사건을 담당했던 최 형사는 2년이 흘렀지만 사건을 비교적 또렷하게 기억하고 있었다. "이름이나 날짜까지는 정확하게 기억 못 해도 아직도 상당 부분 기억이 나요. 저한테도 특별한 사건이었어요. 그런 사건이 흔하지는 않죠." 최 형사는 죽은 아이의 모습을 보고 충격을 받았다고 했다. 본인도 아이를 키우는 상황에서 마음이 매우 불편했다고 했다. 아이 목구멍에 음식 넘어가는 것을 보는 것이 제 밥 먹는 것보다 더 배부른 게 부모 마음이라는데, 왜 아니겠는가?

"제가 부검도 하고 시체도 많이 봤지만 이런 경우는 처음이었어요. 미라 있잖아요, 이집트 미라. 뼈만 남았어요. 얼굴도 눈이 쏙 들어갔고요. 건조화가 시작된 경우였어요. 피부가 쭈글쭈글한 상태였죠." 그를 통해 사건 당시의 상황과 이후 처리 과정에 대해 여러 얘기를 들을 수 있었다.

그가 기억하는 민이 아빠의 인상은 앞서 변호사들이 말한 내용과 엇비슷했다. 차분했고 얘기도 잘 했다는 것이었다. 그러나 엄마에 대해서는 약간 다른 기억을 갖고 있었다. "그 어머니는 건강이 안 좋았어요. 본인이 우울증이라고 강조했죠. 눈이 좀 좋지 않았는데, 그 때문인지 대인 기피도 약간 있는 것 같았고요." 실제 민이 엄마는 이웃들과 거의 교류를 하지 않았다고 했다. "그 나이 또래 애들이 있는 엄마들끼리는 서로 어울리고 하잖아요. 하지만 민이 엄마는 그러지 않았던 거 같아요. 이웃 주민들에게 물어보니 평범한 아줌마는 아니라고 했어요. 이웃들과 교류도 거의 없었는데, 심지어 이웃들은 부부에게 큰 딸이 있었는지조차 몰랐을 정도였어요."

민이 아빠가 했던 말이 떠올랐다. "아내가 민이에게 별로 정이 없었던 것은 사실입니다." 당시 상세한 얘기를 듣지 못했지만 다른 이들을 통해 그 사정을 조금이나마 유추해볼 수 있었다.

지역 아동보호전문기관에서 이 사건을 담당했던 상담사는 제법 민이 엄마에 대한 기억이 있었다. "아버님은 정상적인 대화가 됐어요. 당시 상황에서 아주 평범한 분처럼 느껴졌어요. 어머니는 우울증이 염려되는 상황이었고요." 그는 사건에 대한 진상 파악이나 처벌이 아닌 2차 피해 방지와 남은 아동에 대한 보호를 주 임무로 맡고 있다. "두 분(부부) 말씀에 의하면 결혼 초기부터 관계가 안 좋았다고 하더라고요. 나이 차이도 났고, 특히 어머니가 시댁과의 관계가 좋지 않았다고 해요. 그래서 남편과도 관계가 안 좋았고요." 실제 민이 부모는 공장 동료로 만나 결혼했다. 나이 차이가 열두 살이나 났다. 민이 엄마는 스물다섯에 첫째 민이를 낳았다.

"경제적으로도 무척 어려웠어요. 그런 상황에서 첫째 아이가 태어났는데, 어머니는 매우 힘든 상황에서 아버지는 안 도와주고 경제적으로는 어렵고… 그래서 민이에게 정이 안 갔다고 했어요. 아버지도 '엄마가 일부러 밥을 안 먹이거나 때리거나 한 정도는 아니지만 좀 정이 없었다'고는 얘기했어요."

스물다섯에 첫 아이를 낳았지만 양육을 도와주는 사람이 없었다. 시댁은 물론 남편과도 사이가 좋지 않고, 경제적으로도 무척 어려웠다. 준비하지 않은 채 맞은 아이는 엄마에게는 기쁨이 아닌 스트레스로 다가왔을 것이다.

최 형사의 기억도 다르지 않았다. "민이 엄마는 한쪽 눈이 거의 시력이 없는 정도였어요. 사람을 바라보면, 약간 사시라고 하긴 그렇지만, 조금 이상하다고 느껴질 정도였죠. 그래서 자기 외모나 자기 자신에 대한 콤플렉스 때문에 약간 고립된 생활을 하지 않았나 생각합니다."

불행은 혼자서 오지 않는다. 특히 경제적 곤란이 매우 극심했다. 아빠가 사업에 실패하고 민이네는 빚쟁이에 쫓기는 신세가 됐다. 아동보호기관 상담사는 이렇게 말했다. "경제적으로 어렵기 때문에 여기저기 이사를 다녔던 거 같아요. 그 지역에 빚쟁이가 있으면 다른 지역으로 이사를 간 거지요. 이사를 가면 전입신고도 하지 않았어요. 신고하면 빚쟁이가 찾아오니까요. 주민등록상 거주지에 살지 않았던 거예요. 결국 주민등록이 말소됐다고 해요. 지역 사회에서는 이 사람들이 주민등록이 말소된 상태고, 그냥 거주만 했기 때문에 존재를 알 수 없었고요."

민이 가족은 더 이상 안정적인 거처에서 함께 머물러 살 수 없게 됐다. 잦은 이사에 주민등록까지 말소됐다. 어디 사는지 더 이상 국가에서 확인할 수 없는 상황이 된 것이다. 빚쟁이를 피하느라 사회 안전망에서도 벗어나 버렸다. 아빠는 가족의 생계를 위해 멀리서 일했고, 한 달에 두세 번 집을 찾았다고 한다. 가족은 흩어졌고, 사회적으로 완벽하게 고립됐다.

2004년 초, 막 다섯 살이 된 민이가 울고 있었다. 울며 보채는 아이를 엄마가 막대기로 때렸다. 넓적다리뼈가 부러질 정도였으니 매우 강하게 때린 것이다. 폭행이었다. 하지만 엄마는 10년 뒤 경찰 조사에서 "아이가 넘어져 다리뼈가 부러졌다"고 말했다. 그러나 만 3세 아이가 넘어서 생기기는 어려운 부상이었다. 경찰 조사가 계속되자 엄마는 결국 민이를 때린 사실을 털어놨다.

민이 사건의 판결문에는 아래와 같이 부모의 범죄 사실이 적혀 있다. "2004년 2월께 피고인(민이 엄마)은 민이가 말을 잘 듣지 않는다는 이유로 아이를 때려 '넓적다리뼈 하단의 골절상'을 입게 했다. 그 뒤 2013년 2월 8일께까지 민이에게 걷는 연습을 시키지 않은 채 뒷방에 혼자 누워 있게 하고, 거의 말을 걸지 않았다."

민이가 다쳐서 움직이지 못했지만 엄마와 아빠는 민이를 제대로 치료하지 않았다. 돈도 의지도 없었다. 민이 엄마는 경찰 조사에서 "나중에 살림이 나아지면 치료하려고 했다"고 말했다. 그러나 상황이 나아진 뒤에도 민이는 치료받지 못했다. 어려웠던 시절에도 기초생활수급자가 되거나 장애 아동으로 신고해 치료를 받도록 할 수 있었지만, 부모는 그런 노력조차 하지 않았다.

실제 민이의 치료 기록을 보면, 2004년 다리 골절로 병원을 몇 차례 방문한 이후로는 단 한 차례도 병원을 방문하지 않은 것으로 나와 있다. 약을 먹거나 약국에서 간단한 치료를 받았을 수는 있지만, 공식적으로 병원에서 치료받은 적은 없었다. 아이는 의료 체계에서도 배제됐다.

민이는 다리뼈가 부러진 뒤 방 한편에 누워 지냈다. 판결문에는 이후 부모의 행동이 이렇게 기록돼 있다. "하루 한 차례도 식사를 제공하지 않은 날이 있는 등 충분한 영양을 공급하지 않았다. 1년에 한 차례 정도 목욕과 양치질을 시키는 등 피해자를 방치했다. 민이가 걷지도 못하고 말할 줄도 모르며, 영양 불량 및 위생 불량 상태에 있었음에도 민이에게 기본적인 음식물 내지 영양분을 공급하거나 병원 치료를 받게 하거나 교육을 시키지 않았다."

다리뼈가 붙은 뒤에도 엄마는 민이를 일으켜 걷기 연습을 시키지 않았다. 말도 걸지 않았다. 밥도 잘 주지 않았고, 목욕이나 양치질도 시키지 않았다. 그렇게 오래 누워만 있던 민이는 어느 순간 그저 '누워 있는 아이'가 되어버렸다. 남편은 한 달에 두세 차례 집에 찾아왔지만 민이를 돌볼 생각을 하지 않았다. 민이가 어떤 생각을 하고, 어떤 꿈을 꿨는지, 무엇을 느꼈는지 아무도 알 수 없었다.

민이는 어떤 생각을 했을까? 아동보호 전문가인 배화옥 경상대 교수(사회복지학과)는 "다섯 살 때부터 방임이 되면 언어 장애나 지적 장애가 수반되었을 수 있어요. 다섯 살 때는 아동 발달에 있어 가장 결정적인 시기여서 언어도 많이 습득하게 되고 사고도 하게 됩니다. 그때 누워만 있고 누구와도 접촉하지 않는다면 결국 언어 장애나 지적 장애를 갖게 될 것입니다. 민이는 아마 그렇게 몇 년이 지난 후에 사실상 식물인간처럼 지냈을 것으로 보입니다"라고 말했다.

이후 생명을 뺏을 정도의 치명적인 방임이 이어졌다. 아동보호전문기관의 업무 수행 지침서는 방임을 "보호자가 아동에게 고의적, 반복적으로 아동 양육과 보호를 소홀히 함으로써 아동의 정상적인 발달을 저해하는 모든 행위"라고 정의하고 있다. 미국에서는 부모가 집에 아이들만 남겨놓고 외출할 경우 형사 처분될 수 있을 정도로 방임을 엄격하게 다룬다. 반면 우리나라는 아이를 제대로 돌보지 않고 방임하는 것에 대해 상대적으로 관대한 편이다.

의외의 사실은 민이 엄마가 동생 현이만큼은 끔찍하게 아끼고 보살폈다는 것이다. 최 형사의 얘기다. "저도 납득이 좀 안 가는 대목이긴 합니다. 엄마가 민이는 철저하게 방치했지만 둘째인 현이는 끔찍하게 돌봤어요. 꽤 열의를 보였어요. 집에 동화책 같은 어린이책도 많았습니다. 한 2,000권쯤 되더라고요. 엄마가 책도 많이 읽어주고 신경을 상당히 썼어요. 애가 똘똘합니다. 키도 보통 애들과 같았고 체격도 비슷했어요."

국과수 부검 자료에 나타난 민이의 공식 사망 원인은 영양실조와 탈수였다. 첫째 딸에게 음식과 물을 제대로 주지 않아 굶겨 죽인 엄마가 둘째에게는 동화책 2,000권을 읽어주고 옷도 깨끗하게 입히는 등 열과 성을 다했다. 이런 상황을 어떻게 받아들여야 할까?

엄마가 현이에게 각별한 애정을 쏟은 것을 배화옥 교수는 이렇게 분석했다. "일종의 보상심리가 작동한 게 아닐까 싶어요. 큰아이는 제대로 돌보지 못했으니까 둘째 애한테는 집착이라고 할까, 약간 병리적인 애착관계라고 할까, 자기가 동원할 수 있는 자원을 모두 동원해 한번 잘 키워보려고 했을 것입니다."

한 아동보호 전문가는 엄마가 민이를 철저하게 방치한 것에 대해 다음과 같은 해석을 내놨다. "어렸을 때 일기를 쓰다가 잘못 쓰면 찢어서 버리잖아요. 사람이라서, 자식이라서 못 버려서 그렇지, 자기 맘에 들지 않으면 다시 시작하고 싶은 심리가 있어요."

그러나 이들이 포기한 민이를 늦어도 2010년까지는 구할 수 있었던 것으로 보인다. 판결문을 보면 다음과 같은 대목이 있다. "피고인 (민이 엄마)은 피해자에게 기본적인 음식물 내지 영양분을 공급하지 아니한 채 피해자를 방치하던 중 피해자가 2010년경부터 몸이 마르고 제대로 음식물을 소화하지 못하고 계속 구토와 설사를 하며 자리에 누워 일어나지 못하는 등 건강 상태가 극도로 악화되고 있었으므로 (중략) 피해자를 보호할 의무가 있음에도 불구하고 피해자를 병원이나 보건소에 데려가 기본적인 진단 내지 치료조차 받게 하지 아니한 채 그대로 방치하였다."

누워만 지내던 민이의 건강 상황이 회복할 수 없을 정도로 나빠진 것은 2010년께였다. 민이 부모의 성급한 포기가 민이를 되살릴 수 있는 기회를 날려버린 것이다. 실제 민이네 가족은 2012년 아버지가 괜찮은 직장을 구하면서 사정이 나아졌다. 그러나 그 뒤에도 엄마 아빠는 민이를 치료하지 않았다. 1년 뒤 아이가 죽을 때까지 아이에 대한 방임은 지속됐다. 민이 엄마를 변호한 조 변호사는 "그때는 이미 아이를 어찌할 수 없어서 그냥 둔 것으로 알고 있다"고 말했다.

경찰 조사에서 믿기 힘든 사실이 더 드러났다. 엄마는 집 냉장고에 고추장, 된장, 김치 등 다양한 먹을거리를 갖추고 있었다. 식료품이 떨어질 때마다 대형마트에 정기적으로 들러 음식물을 채워 넣었다. 포기한 자식은 철저히 방치하고 나머지 가족들은 제대로 챙겨 먹었다.

결국 엄마는 2013년 10월, 재판 끝에 4년형을 선고받고 감옥에 수감됐다. 아빠는 1년 6개월형을 선고받았으나 3년간 집행을 유예받았다. 부부는 항소하려 했으나 포기했다. 민이 사건을 맡았던 조 변호사는 이렇게 말했다. "1심 선고를 받고 항소 여부를 물었는데, 형량이 줄 가능성도 없고 하니까 하지 않겠다고 했어요. 반성도 하고, 본성은 착한 사람이었지. 가난이 죄예요."

그러나 여전히 궁금증이 남는다. 경제적 이유가 아이를 방치해 죽게 한 핑계가 될 수 있는가? 세상에 수많은 가난한 부모가 있지만 그들이 민이 부모처럼 아이를 수년 동안 방치해 굶어 죽이지는 않는다. 경제적 이유와 더불어 가족 간의 갈등이 얘기되지만 이 역시 이번 사건의 원인을 충분히 설명하지는 못한다.

배화옥 교수는 취재진과 이메일 인터뷰를 통해 이렇게 분석했다. "이번 사례는 방임의 절대 요인인 빈곤, 엄마의 우울증, 부부 갈등 세 가지를 한꺼번에 가지고 있는 것으로 보입니다. 여기에 부모의 부족한 양육 지식까지 추가되어 아이를 방임해 사망에 이르게 한 것 같습니다. '방임을 방임으로 인식하지 못한', 즉 아이를 저렇게 버려두면 안 된다는 인식이 부족하고, 이렇게 되기까지 사회로부터 단절된 한 가족의 행태로 인해 아동의 사망을 불러온 것으로 판단됩니다. 한마디로 빈곤과 무지 그리고 사회적 고립이 복합적으로 작용한 결과로 보입니다."

좋지 않은 여러 요소들이 겹치고 겹쳐 최악의 결과를 불러왔다는 것이다. 배 교수의 분석대로 사회적 고립은 민이를 죽음으로 내몬 또 하나의 이유였다. 이웃들은 민이의 죽음은 물론이고 민이의 존재조차 몰랐다. 민이가 살던 아파트 관리사무소의 직원은 '2년 전쯤 한 아이가 영양실조로 죽은 사실을 아느냐'는 질문에 "전혀 몰랐다. 이 아파트는 단지가 작아 웬만한 소문은 금방 나는데 전혀 알려지지 않았다"고 말했다. 아파트 단지 안 슈퍼마켓과 부동산 등을 방문해 물어봐도 비슷한 대답이 돌아왔다. 이 아파트에 전세로 살았던 민이네 가족은 아파트 거주인 명단에조차 자신들의 이름을 올리지 않았다.

가족이 스스로를 감추고 고립시키는 상황에서 민이를 구할 수 있는 기회는 사실상 없었다. 다만 국가가 그의 존재를 공식적으로 확인할 수 있는 기회가 한 차례 있었다. 2007년 민이가 만 7세가 되어 초등학교 입학을 위한 취학통지서를 받을 때였다. 그러나 민이네 가족은 2006년 2월 주민등록이 말소됐다. 국가가 그를 보호 대상에서 지워버린 것이다. 민이는 주민등록 말소로 취학통지서를 받지 못했다. 민이와 같은 이유로 취학통지서를 받지 못하는 아이들은 한 해 평균 1,500여 명에 이른다. 국가는 병역통지서를 받지 못하는 청년은 경찰에 고발해서 찾아내지만, 취학통지서를 받지 못하는 아이들은 방치한다.

둘째 현이는 아동 학대의 간접 피해자이다. 누워 있는 언니를 10

년 가까이 지켜봐야 했고, 본인 역시 초등학교에 입학하지 못하고 집 안에 갇혀 있어야 했다. 2006년 가족 전체의 주민등록이 말소되면서 현이 역시 취학통지서를 받지 못했다. 대신 엄마는 현이 교육에 각별히 신경 썼다. 일종의 '홈스쿨링'으로 현이를 교육시켰다.

민이가 죽은 뒤 현이는 뒤늦게 학교에 다니기 시작했다. 곧바로 초등학교 고학년에 편입해 들어갔지만 집에서 열심히 공부한 덕분에 성적은 뒤처지지 않았다. 오히려 우수한 편이었다.

초등학교 때 현이를 맡았던 담임선생님은 이렇게 말했다. "현이를 보면 전혀 방임을 당했다는 사실이 느껴지지 않았어요. 특히 학습 능력이 뛰어나서 전학 오자마자 반에서 거의 1등 수준이었어요." 현이는 집에서 엄마와 주로 EBS 교재로 공부했다. 글솜씨도 좋아서 교내 대회에 나가 큰 상을 타기도 했다. 심지어 현이가 워낙 월등해 다른 친구들이 질투할 정도였다. 처음에는 친구들과의 교류가 부족했지만 나중에는 잘 적응했고, 예의도 바른 아이였다. 부질없는 상상이지만 엄마가 현이에게 쏟은 관심과 사랑의 절반, 아니 반의반이라도 민이에게 쏟았다면 어땠을까 하는 생각이 든다.

취재진은 현이를 직접 볼 기회가 한 차례 있었다. 아빠를 만나러 간 어느 날 아침, 현이가 학교에 가기 위해 집에서 나왔다. 현이는 여느 중학생과 다를 바 없는 평범한 모습이었다. 학생용 가방을 어깨 한쪽에 치우치도록 짊어진 채 터벅터벅 걸어갔다. 중학생 특유의 장

난기가 느껴졌다.

아빠는 현이와 함께 한 달에 한 번씩 엄마를 면회하러 교도소에 간다. 이들은 엄마가 얼른 죗값을 치르고 돌아와 함께 살기를 손꼽아 바라고 있다. 돌아오는 길에는 민이가 있는 납골당에도 들른다. 가해 자와 피해자를 함께 만나는 기구한 여정이다.

민이 죽음을 취재하면서 가졌던 답답함은 여전히 풀리지 않고 있다. 또 다른 민이가 끊이지 않고 나타나고 있다. 4년간 초등학교를 장기 결석한 아이가 시체로 발견되는가 하면, 아빠의 오랜 방임과 학대를 견디다 못한 열한 살 아이가 집을 탈출해 구조되기도 했다. 구조 당시 아이의 몸무게는 16킬로그램이었다.

'아이를 키우기 위해서는 한 마을이 필요하다'고 한다. 사회가 아이의 보육을 함께 책임져야 한다는 얘기이지만, 우리 사회는 아직 최소한의 안전 보장도 제대로 이뤄지지 않고 있다. 갈 길이 멀다.

:: **최현준**

05

피해자였던 가해자

아빠에게 맞은 엄마, 아이를 때렸다

신우는 태어날 때부터 환영받지 못했다. 친가, 외가 모두 스무 살짜리 아빠와 한 살 어린 엄마의 임신과 출산을 질책했다. 환대받지 못한 어린 부부는 우는 아기를 달랠 방법을 찾지 못했다. 몸도 마음도 지쳐갔다. 다툼이 일상이 됐다. 신우가 태어난 지 한 달이 되던 2014년 2월 어느 날 부부는 심하게 다퉜다. "신우를 없애자"는 말을 꺼낸 건 아빠였다. "나가 있으라"는 그의 말에 엄마는 현관으로 향했다. 아빠는 우는 아이를 냉동실에 넣고 집을 나섰다. 20분 뒤 귀가했을 때 아이는 살아 있었다. 아이는 울기 시작했다. 아빠는 아이의 목을 졸랐다. 그리고 둘은 아이의 주검을 꺼내 자신들의 고향인 군산을 떠나 부산으로 향했다.

《한겨레신문》이 2008~2014년 학대로 사망한 112명 아이들의 가정 110곳을 들여다보니 절반에 가까운 45가정(40.9퍼센트)에서 공통적으로 '가정불화'가 확인됐다. 가정불화의 요인은 다양했다. 겉으로는 부부 싸움이나 아빠의 가정 폭력이 불거졌지만, 그 안에는 실직이나 경제적 궁핍, 질병 등 다양한 원인이 자리 잡고 있었다.

그중 아빠의 폭력은 많은 사례에서 나타났다. 그리고 아빠에게 맞은 엄마는 아이를 때렸다. 폭력은 한곳에 머물지 않았다. 전염병처럼 번졌다. 가장 강한 자가 가장 약한 자를 삼켰다. 핏줄이라 해도 예외는 아니었다.

혁이네가 그랬다. 엄마는 아빠에게 맞아 의치가 부러졌고, 고막이 터졌다. 아빠가 없을 때 엄마는 다섯 살 혁이를 발로 찼다. 2008년 12월 혁이는 복막염으로 죽었다. 엄마가 혁이를 얼마나 때렸는지는 확인할 수 없다. 판결문에 "한 달여" "수차례"라고 쓰여 있는 것으로 미루어 보아 강도는 상당했을 것이다. 엄마가 아빠에게 맞고 나서 작심하고 혁이를 때린 것은 아니었다. 아빠가 혁이에 대한 엄마의 폭력을 알고 그리했던 것도 아니다. 그저 아빠는 엄마를 때려야 할 이유를 찾고, 자신의 폭력이 지나치지 않다는 정당화에 골몰했을 뿐이다. 오히려 엄마는 다섯 살 혁이를 때려야 할 이유를 찾는 것이 어렵지 않았다. 가끔 똥오줌을 가리기 어려운 나이, 이유 없는 성장통으로 자다가 벌떡 일어나는 나이였다. 그런 나이의 혁이를 엄마는 때렸고, 혁이는 숨을 거뒀다.

지은이네도 부부 싸움이 컸다. 몽골에서 와 의지할 데 없던 지은이 엄마는 우울증에 빠졌다. 아빠와 다툼도 잦았다. 그 뒤 엄마는 네 살 지은이에게 밥을 주지 않았고, 병원에도 데려가지 않았다. 2011년 여름 지은이는 저혈당 쇼크로 입원했다. 이때 지은이의 턱은 멍들어 있었고, 왼쪽 뺨에서는 상흔이 발견됐다. 저혈당 쇼크는 영양 결핍이 원인일 수 있다는 소견이 나왔다. 그리고 아빠가 찾아왔다. 병원에서 엄마는 애를 자신과 떼어놓으려 한다고 오해한 끝에 아빠를 살해했다. 두 달 뒤 중환자실에 있던 지은이도 저혈당, 천식에 뇌부종까지 겹치면서 병원에서 세상을 떠났다.

재판 기록을 보면 엄마는 살아보려고 했다. 낯선 이국땅에서 남편을 만나 살붙이를 가졌을 때, 엄마는 희망이라고 생각했다. 하지만 산후 우울증에다 향수와 외로움이 겹치면서 엄마의 고립감은 더욱 커졌다. 이런 엄마를 아빠는 감당하기 힘들어했던 듯하다. 별거를 요구했고, 그리됐다. 그 과정까지 잦은 부부 싸움은 엄마의 마음을 더욱 병들게 했다. 지은이에게 밥을 주지 않고, 때로는 우는 아이를 가혹하게 매질했다. 매질은 딸을 미워해서였을까? 엄마는 아빠를 찔렀다. 지은이를 병문안 온 아빠는 그 병원에서 숨졌다. 엄마가 아빠를 찌른 이유는 딸과의 격리가 두려워서였다. 이렇게 폭력은 합리적인 이유로 설명되지 않을 때도 있다. 다만 그러한 때, 가족이 감당하지 못할 때 누군가가 있었어야 했다. 어른의 다툼이 누군가를 죽음에 이르게 하고 어린 딸을 지옥 속에 살다 가도록 만든 폭력의 전이를 막을 무언가가 있었어야 했다.

지민이네도 부부 싸움이 시작이었다. 엄마는 두 살 지민이를 때린 사실을 인정했다. 부부 싸움 뒤 "순간의 감정을 조절하지 못했다"고 말했다. 아빠에 대한 엄마의 원망이 지민이를 향했던 것이다. 결국 지민이는 중환자실에서 열흘 동안 생명을 이어가다가 2008년 초 두개골 골절로 숨졌다.

가정불화가 아이의 죽음으로 이어지는 데에는 직접적인 폭력만 있었던 것은 아니다. 부부 싸움 뒤 '분풀이'가 아이에 대한 방임으로 이어지기도 했다. 2010년 2월, 생후 1개월이었던 호경이는 아빠와 엄마가 부부 싸움 뒤 자리를 비운 지 네 시간 만에 이불 속에서 질식해 숨졌다. 생활비 문제로 다투던 아빠가 화를 삭이겠다며 밖으로 나가버렸고, 한참 뒤 엄마도 집을 나섰다. 누구도 책임지지 않는 사이 호경이는 외롭게 울다가 세상을 떠났다. 호경이가 숨을 거두기까지 살아보려 발버둥 치며 울던 그 순간을 어른들은 기억해야 한다. 호경이의 호소가 한 번이 아니었기 때문이다.

이러한 방임은 예고된 결과라서 안타까움을 더했다. 호경이가 한 달의 삶을 사는 동안 이웃들은 호경이의 울음소리를 밤낮으로 들었다. 한 이웃은 "한번 울기 시작하면 세 시간 정도 그치지 않을 때도 있다"며 아동보호전문기관에 신고하기도 했다. 기관은 호경이를 보호하기 위해 나섰지만, 방임은 아동 학대의 확정적 증거가 되지 않아 부모가 도움을 구하지 않는 상황에서 기관이 강제적 권한을 발동하기는 쉽지 않았다.

불화의 밑바닥에는 먹고사는 문제가 깔려 있는 경우가 많았다. 가정불화를 겪은 45곳 가운데 경제적 곤란을 겪었다고 밝힌 가정은 30곳(66.7퍼센트)에 이른다. 친부가 무직인 경우도 23곳(51.1퍼센트)이었다. 경제적 빈곤에 처한 부모가 좌절감이나 무기력 등을 경험하면서 많은 스트레스를 받게 되는 것은 당연하다. 말하자면 폭력의 전이 과정에서 경제적 빈곤이 촉매 역할을 하는 것이다. 경제적 빈곤 상황에서 자녀들은 부담스러운 존재가 된다. 나아가 자녀들이 원망의 대상이 되기도 한다. 경제 활동을 할 수 없는 아이들로서는 이 문제에 속수무책일 수밖에 없다. 아동 학대 문제는 우리 사회가 최소한의 사회 안전망을 확립해야 하는 또 하나의 이유다.

2014년 2월 대낮에 부부가 서로의 머리채를 잡다가 태어난 지 40일이 갓 지난 재석이를 던져 숨지게 만든 사건도 발단은 생활비 부

• "저소득층이 밀집돼 사회적 자원이 결여돼 있고 지역 사회가 불안정하며 아동 양육의 부담이 큰 취약 지역에서는 전체적인 삶의 질이 떨어지고 여러 가지 정신질환 발생 가능성이 높으며 아동 학대의 가능성이 높은 것으로 조사됐다." 한국형사정책연구원, 〈아동 학대 행위자 치료 프로그램 개발〉, 2014, 48쪽.

족이었다. 일용직이던 남편이 오토바이 사고를 당한 뒤 더 이상 일을 할 수 없게 되면서 벌어진 일이었다. 아빠는 오토바이 사고로 다리와 손가락을 제대로 쓰지 못했다. 엄마는 다섯 자녀를 돌보느라 일하기 어려운 형편이었다. 120여 만 원으로 일곱 식구가 살아야 했다. 아빠는 그날 엄마와 함께 가계부를 들여다보고 있었다. 허투루 쓸 돈도 없었는데, 드나든 돈을 맞춰보니 만 원이 비었다. 아빠는 "씀씀이가 헤프다"고 타박했다. 엄마는 가만있지 않았다. 아빠는 이성을 잃었다. 아내 품에서 젖을 먹고 있는 아들을 벽에다 던질 만큼. 만 원 때문이었다. 아니, 만 원이 불러온 다툼이 폭력을 낳았고, 그 폭력이 가장 약한 아이의 죽음을 초래한 것이다.

2015년 3월에 있었던 사랑이의 죽음도 마찬가지다. 아빠는 직업을 구하지 못하고 아르바이트 자리를 전전했다. 엄마는 직장을 구해 혼자 기숙사로 들어갔다. 아빠는 자포자기했다. 잠을 자지 않고 보채는 두 살배기 사랑이를 때려 숨지게 만든 건 그로부터 열흘도 되지 않은 때였다. 손날로 두 살짜리 딸을 내리친 아빠는 무슨 생각을 했을까? 아빠는 "처지를 비관해서"라고 경찰에 답했다. 아빠가 직업을 구했더라면, 엄마가 기숙사로 들어가지 않았더라면 사랑이는 목숨을 구할 수 있었을까?

민지 아빠는 직장을 잃고 건강까지 악화됐다. 엄마가 집안을 건사해야 했기에 육아는 아빠의 몫이 되었다. 경험이 없는 아빠가 아이들을 제대로 먹이고 재울 리 없다. 아빠는 매일같이 때리는 것으로 육아를 대신했다. 세 살짜리 민지가 대소변을 가리지 못한다는 이유로 텐트 폴대로 때렸다. 4남매 가운데 주로 매를 맞는 건 민지였다. 아이들은 아빠가 왜 그렇게 민지를 때렸는지 이해하지 못했다고 훗날 증언하기도 했다. 민지의 나이는 배변 훈련이 필요하고, 관계를 형성해 가는 시기이기도 하다. 모든 것이 신기하고, 모든 것이 낯설어서 받아들이기 힘든 때다. 그래서 일일이 물어보고 배운다. 하지만 아빠는 가르치는 것보다 때리는 게 먼저였다. 아니, 때리는 게 곧 가르치는 것이라고 생각했다. 민지가 아빠에게 맞아서 병원에 실려 간 날, 언니와 막내는 이불을 뒤집어쓰고 숨어 있었다. 아빠를 말리겠다고 나선 일곱 살 오빠는 아빠의 매질을 멈출 수 없었다. 결국 이날의 모진 매질로 민지는 뇌출혈을 일으켜 세상을 떠났다.

재석, 사랑, 민지. 이들을 숨지게 한 아빠들의 경우처럼 실직이나 사회로부터의 소외는 아동 학대 가해자를 낳는 요인이다. 실직으로 인한 경제적 곤란, 좌절과 무력감, 그리고 그로 인한 스트레스가 자녀에게 투사될 때 학대와 방임이 일어난다. 무력한 아동에게 힘을 과시하면서 자신의 위치를 재확인하기도 한다. 그래서 실직한 부모가 집에서 시간을 보내는 것 자체가 아동 학대를 증가시키는 요인으로 꼽히기도 한다.

2006년에서 2013년 사이에 부모가 자식을 살해한 사건을 분석한

〈한국의 존속 살해와 자식 살해〉(정성국, 2014)를 보면, 자식을 살해한 동기 230건 가운데 가정불화가 차지하는 비중이 102건으로 거의 절반(44.6퍼센트)에 이른다. 다음으로는 경제 문제(62건, 27퍼센트), 정신질환(55건, 23.9퍼센트) 순이었다. 《한겨레신문》의 분석과 궤를 같이하는 수치다.

보건복지부에서 펴낸 〈아동 학대 사망 관련 지원 서비스 체계화 방안 연구〉(2012)를 보면, 부부간 폭력이 있는 경우에는 폭력이 없는 경우에 비해 아동에 대한 폭력이 발생할 가능성이 4.9배 높은 것으로 나타났다. 논문은 미국 플로리다 주에서 발생한 가정 내 아동 살해 사건 중 거의 절반이 부모 사이의 가정폭력과 함께 발생했다는 연구 결과도 제시하고 있다.

《한겨레신문》이 확보한 자료를 보면 가해자인 부모가 어린 시절 학대를 당한 경험이 확인된 사례도 몇 건 있다. 어려서 부모를 원망했을 자식이 바로 자신의 자식에게 고스란히 자신의 상처를 물려준 것이다.

준석이 아빠는 어려서부터 맞고 자랐다. 준석이 아빠는 나이를 먹어서도 할아버지 앞에서는 기를 펴지 못했다. 할아버지의 폭력은 오래 지속됐다. 며느리인 준석이 엄마에게도 폭력을 일삼고 폭언을 퍼부었다. 상을 뒤엎고, 물건을 집어 던졌다. 아빠는 아버지로부터 받은 폭력을 세 살배기 아들 준석이에게 대물림했다. 아빠는 준석이와 관계를 맺는 법 자체를 몰랐던 듯하다. 차분하게 가르치는 법이 없었다. 가르침은 폭력 그 자체였다. 엄마도 시아버지와 남편에게서 영향을 받았던 듯하다. 준석이는 아빠와 엄마에게 동시에 학대를 당했다. 그러던 어느 겨울 준석이는 울면서 방문을 걷어찼다는 이유로 맞아 숨졌다.

몸에서 냄새가 많이 나고 얼굴에 자주 멍이 들던 열 살 준영이의 죽음에서도 할아버지의 흔적이 보인다. "준영이 아빠가 어린 시절부터 학대를 많이 받고 자랐다"고 엄마는 증언했다. 준영이 아빠가 물려받은 것이라곤 매질이 전부였을지도 모른다. 실제로 아빠는 준영이를 어떻게 사랑해야 하는지조차 몰랐던 것으로 보인다. 준영이의 담임교사는 "아동의 부가 아동을 사랑하기는 하나 아동을 양육하는 방법을 잘 모르는 듯하다"고 진술했다.

아빠는 준영이가 학교를 마친 뒤 곧바로 집으로 오지 않으면 매질을 했다. 준영이가 말수가 적고 주눅이 들어 있던 것은 아빠의 구타 때문이었다. 아빠는 주위의 도움에도 배타적이고 폭력적으로 대했다. 학교에서 준영이의 어려운 사정을 알고 성금을 걷었지만 준영이 아빠는 도움이 필요 없다며 오히려 선생님을 윽박질렀다. 결국 준영이는 아빠가 피운 번개탄 연기에 질식해 숨졌다.

한국형사정책연구원이 펴낸 〈아동 학대 행위자 치료 프로그램 개발〉(2014)에서도 어린 시절에 학대를 당한 부모가 아동 학대의 가해자가 될 가능성이 높다고 설명하고 있다. 이 연구는 사회 학습 이론을 예로 들어 모델링과 강화의 기제로 인해 아동 학대가 발생한다고 보고 있다. 말하자면 타인의 폭력 행위를 모방함으로써 새로운 공격 행위의 기술을 습득하고 양심의 가책이나 죄의식 없이 폭력을 사용할 수 있다는 것이다.

따라서 부모가 어린 시절에 공격적, 폭력적, 거부적인 가정에서 양육되면 자녀를 학대할 가능성이 높다. 학대를 당했던 부모는 어린 시절부터 받았던 심리적 압박감을 발산하기 위한 하나의 돌파구로서 자녀를 학대하게 된다는 것이다. 김효원 울산대 교수(서울아산병원 소아정신건강의학과)는 "가족 내 아동을 향한 폭력은 가족 내 갈등이 발생했을 때 이를 풀기 위한 가장 쉬운 방법과 대상을 찾은 것"이라며 "특히 폭력의 대물림은 어릴 때부터 가정 내 문제를 폭력으로 해결하는 것을 보고 배운 결과"라고 말했다. :: 하어영

학대에 관대한 법의 저울

2012년 10월 인천지방법원에서 혁이(10개월) 사망 사건에 대한 재판이 열렸다. 판사가 판결문을 읽었다. "피고인 김○○를 징역 1년에 처한다. 다만 이 판결 확정일로부터 2년 동안 피고인에 대한 형의 집행을 유예한다."

김 씨는 혁이의 친엄마다. 한창 배밀이를 하고 기어 다닐 나이인 혁이는 소파와 침대에서 자꾸 떨어졌다. 죽기 전에는 열흘 동안 세 차례나 낙상이 반복됐다. 이마에 멍이 들고 광대뼈와 팔이 부러졌다. 분유를 토하는 증세도 보였다. 혁이는 이상 증세를 보인 뒤에야 병원에 갔고, 입원 닷새 만에 머리 부상으로 사망했다.

법원은 김 씨에게 과실치사죄와 아동복지법 위반죄를 적용했다. 엄마가 아이를 잘 돌보지 않아 실수로 죽게 했을 뿐 살인의 고의성은 발견되거나 입증되지 않았다는 것이다. 판사는 김 씨가 전과가 없고, 어린 두 자녀를 키우고 있으며 임신 중이라는 점도 고려했다고 덧붙였다. 그러나 혁이 허벅지에는 누군가 꼬집어 생긴 피멍 자국이 여러 군데 있었다. 앞서 해당 지역의 아동보호전문기관은 혁이가 방임과 신체 학대를 당했다고 판정했다.

징역 1년에 집행유예 2년형은 유명 스포츠 선수를 인터넷상에서 비방했던 40대 남자가 1심에서 받은 형량이다. 7,000만 원의 부정한 돈을 받은 한 체육 단체 이사에게도 법원은 같은 형량을 선고했다.

법은 아동 학대 범죄에 관대한가? 앞의 사례만 보면 분명히 그렇다고 할 수 있지만, 이 질문에 대한 대답은 조건과 상황에 따라 달라질 수밖에 없다.

아동 학대 사망 사건의 경우 일반 살인 사건에서 쓰이는 흉기가 잘 쓰이지 않고, 사건을 지켜보는 목격자도 없는 경우가 많아 고의성을 입증하기가 쉽지 않다. 이 때문에 일반 성인을 살해한 사건보다 상대적으로 법 적용이 관대하게 이뤄지고 있다. 이는 아동 학대 사망 사건 판결이 번번이 받는 비판이기도 하다. 2010년에는 여섯 살 친아들을 때려 죽음에 이르게 했는데도, 법원은 가해자인 엄마에게 남은 자식의 양육 등을 이유로 들어 상해치사죄로 징역 3년에 집행유예 5년을 선고했다.

이런 경향은 통계로도 나타난다.《한겨레신문》탐사기획팀은 2008년부터 2014년까지의 법원 판결문과 신문 기사 등을 바탕으로 아동 학대 사망 사건 110건에 대한 사법 처리 현황을 분석했다. 이 가운데 형사 처분 대상이 된 사건은 61건이었다. 다른 49건은 아동이 죽었지만 아예 사법 처리의 대상조차 되지 않았다.

61건 중 살인 의도가 인정되어 '살인죄'가 적용된 경우는 7건(11.5퍼센트)에 불과했다. 반면 살인의 고의가 인정되지 않는 '치사죄'가 적용된 경우는 42건(68.8퍼센트)이었다. 상해치사가 14건, 학대치사 11건, 폭행치사 7건, 과실치사 5건, 유기치사 5건 등이다. 이들의 평균 형량은 무기징역 1건을 제외할 경우 6.4년이었고, 5명 중에 1명(22.8퍼센트)은 집행유예를 선고받았다.

아동을 때리고 상처 입혀 사망에 이르게 하더라도, 대체로 살인의 고의는 없는 것으로 보거나 고의성을 증명해내지 못한 것이다. 익명을 요구한 한 변호사는 "검찰이나 법원이 아동 학대 사망 사건에 대

아동 학대 사망 사건 가해자 사법처리

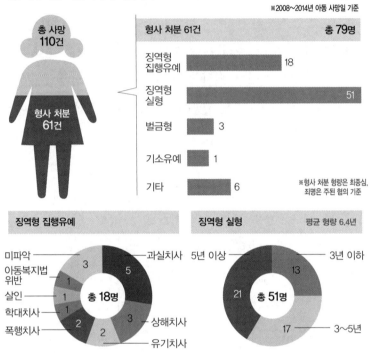

해 관행적으로 살인죄보다는 형량이 낮은 상해치사나 학대치사를 적용해온 경향이 있다"며 "흉기나 독극물 등이 쓰이지 않은 채 폭력이 이뤄질 경우 치사죄를 적용하는 것 같다"고 말했다.

피해 아동의 나이가 어릴수록 집행유예를 받을 가능성도 높아졌다. 집행유예를 받은 사건의 피해 아동 평균 나이는 3.6세였다. 전체 학대 사망 사건 피해 아동의 평균 나이인 4.6세보다 한 살 어렸다. 아이가 어릴 경우 가해자의 단순 과실로 죽을 확률이 높고, 아이를 고의로 죽였다 하더라도 가해자의 고의성을 증명해내기가 그만큼 힘들다는 것으로 해석될 수 있다.

최근에는 이런 흐름이 바뀌고 있다. 2013년 말 발생한 울주 아동학대 사망 사건(이서현 사건)이 대표적이다. 여덟 살 아이가 계모의 지속적인 학대로 숨을 거둔 이 사건은 1심 재판에서는 '상해치사죄'를 적용받았지만, 항소심에서는 '살인죄'가 적용됐다. 형량도 1심에서는 징역 10년이었지만, 2심에서는 징역 18년으로 늘어났다. 이 사건에서 가해자는 흉기나 독극물 등을 쓰지 않았다. 그렇지만 성인의 주먹과 발이 아동에게는 흉기나 마찬가지일 수 있고, 가해자가 폭행 과정에서 아동의 생명에 심각한 지장을 초래할 수 있다는 점을 인정한 것이다. 이는 흉기 사용이 없는 아동 학대 사망 사건에 살인죄를 인정한 상징적인 사례다.

앞으로는 아동 학대 사망 사건에 대한 집행유예 처분 비율이 점차 줄어들 것으로 보인다. 2014년 9월 시행된 아동 학대 범죄의 처벌 등에 관한 특례법에서 폭행치사나 유기치사, 감금치사 등 치사죄로 사망한 경우 무기 또는 5년 이상의 징역에 처할 수 있도록 처벌 수위를 강화했기 때문이다. 5년 이상의 형은 집행유예 대상이 되지 않는다.

수사기관의 적극적인 태도와 정확한 초동 수사도 중요하다. 어린 아이는 연약해서 외부 충격에 쉽게 무너진다. 고의적인 폭력이 원인인지, 예상치 않은 사고 탓인지, 정확한 원인을 가려내기가 쉽지 않다. 부정확한 수사가 어떤 결말을 내는지 '신림동 쌍둥이 살인 사건'을 통해 확인할 수 있다.

2011년 3월 5일 서울 신림동 반지하 집, 남편은 밤늦게 퇴근했다. 부인은 남편에게 밥을 차려준 뒤 세 살 쌍둥이 아들들을 데리고 잠들었다. 다음 날 아침 남편이 출근한 뒤 부인은 오전 늦게 쌍둥이 형 윤이가 죽은 것을 발견했다. 아이는 갈비뼈가 부러지고 장이 파열됐다. 사체를 검안한 법의학자는 "심한 폭행으로 사망했을 가능성이 높다"고 했다. 사망 추정 시각은 새벽 2시에서 4시 사이. 남편과 부인 중 한 명이 윤이를 때려죽인 것이다.

사건 닷새 뒤 부인은 경찰에 "남편이 사건 당일 새벽에 아이를 밟아 죽였다"고 진술했다. 남편이 체포됐다. 그러나 남편은 범행 사실을 인정하지 않았다. 오히려 부인의 학대로 아이가 죽은 것 같다고 주장했다. 수사와 법정 공방을 거쳐 일곱 달 만에 열린 1심 재판에서 법원은 남편의 상해치사 혐의를 인정해 12년형을 선고했다. 아들을 밟아 죽인 비정한 아빠라는 비난이 쏟아졌다.

그러나 반전은 채 석 달이 걸리지 않았다. 2012년 1월 서울고등법원에서 항소심 재판이 열렸다. 법원은 1심 재판의 결정적 증거가 됐던 부인의 진술이 곳곳에서 흔들리고 있는 점을 지적했다. 사건 당시 기억이 분명하지 않고, 아이가 죽은 날 보였던 부인의 태도 역시 석

연치 않다고 판단했다. 결국 아들에 대한 남편의 상해치사 혐의는 증거 부족을 이유로 무죄로 뒤집혔다. 남편은 부인에 대한 폭행 사실만 인정돼 징역 1년에 집행유예 2년을 선고받고 석방됐다. 2014년 7월 대법원 판결에서도 남편의 무죄는 그대로 유지됐다.

자연스럽게 엄마에게 의심의 눈길이 쏠렸다. 그러나 검찰은 움직이지 않고 있다. 2014년 열린 국정감사에서 국회의원이 검찰총장에게 이 사건에 대한 재수사를 촉구했지만, 특별한 움직임은 없다. 검찰은 "피해자 모친 진술의 신빙성을 놓고 검찰 및 1심 법원과 항소심 법원 간에 견해 차이가 있다"며 "항소심 판결에 의하더라도 특별히 재수사할 만한 단서가 있는 것은 아니어서 별도의 재수사를 하지 않았다"는 입장을 내놨다.

부부 둘 중 한 명이 범인이 틀림없지만 검경은 이를 확인하는 데 실패했다. 이 사건의 남편 쪽 변호인은 "아동 학대에 대해 전문성이 없는 경찰이 아내의 말만 일방적으로 믿었다가 이런 결과가 나왔다. 아이가 맞은 흔적이나 주변을 더 철저하게 조사해야 했는데 그러지 않았다"고 말했다.

윤이 사망 사건은 아동 학대 사망 사건의 실체적 진실을 파악하는 것이 매우 어렵다는 사실을 보여준다. 학대로 사망한 아동 10명 가운데 7명(68.5퍼센트)은 다섯 살 이하다. 아이들은 학대에 대한 기록을 남기지도 못한다. 사건이 대개 가정이라는 사적인 공간에서 벌어지기 때문에 목격자도 존재하기 어렵다. 설령 있다 하더라도 아이와 비슷한 또래의 형제자매인 경우가 많고, 아이의 진술은 종종 분명하지 않아 법원에서 핵심 증거로 채택되지 않곤 한다. 그만큼 어린아이를 폭행해 사망에 이르게 하더라도 사고로 위장할 수 있는 여지가 큰 것이다.

경찰 등 수사기관의 소극적인 태도도 문제다. 2012년 1월 말 서울 도봉구 한 유치원에서 숨진 김나현 양 사건은 아이가 사망한 지 2년여 만인 2014년 11월에야 1심 재판이 시작됐다. 김 양은 유치원에서 발레 수업을 받다가 불 꺼진 강당에 홀로 남겨진 뒤 급성 심정지로 숨졌다. 발레 강사가 가해자로 지목됐지만, 경찰은 무혐의 의견으로 검찰에 송치했다. 검찰 역시 2년 동안이나 기소하지 않고 사건 진행을 미뤘다. 검찰 관계자는 "CCTV 등 증거 분석에 시간이 많이 걸렸다"고 말했다. 학대 아동을 추모하는 누리집인 하늘소풍의 민정숙 대표는 "경찰은 사건과 관계된 유치원 설립자 등에 대한 조사도 하지 않은 채 무혐의 의견을 냈고, 검찰은 뚜렷한 이유 없이 사건의 기소를 미뤘다"며 "그사이 피해자 가족은 3년 넘게 고통받고 있다"고 말했다. 이렇게 사건 처리가 지연되면서 경찰과 검찰 등 사법 당국에 대한 불신은 커졌다.

아동 학대 사망 사건의 적절한 처벌을 위해서는 꼼꼼한 수사와 부검 등이 선행돼야 한다. 초기 단계부터 경찰 수사를 체계적으로 하고 부검 등을 꼼꼼하게 해 증거를 바탕으로 범죄의 의도와 흐름을 분명하게 밝혀야 한다. 채종민 경북대 의대 교수(법의학과)는 "판사가 엄중한 판결을 내리려면 그만큼 증거가 확실하고 튼튼해야 한다. 현재는 부검이나 수사가 부실하게 진행되기 때문에 엄중한 판결을 내리려고 해도 그럴 수 없는 상황"이라고 말했다.

아동 학대 사망 사건에 대한 사법적 미비와 더불어 우리나라는 기본 통계조차 제대로 갖추지 못하고 있다. 보건복지부는 아동 학대 사망자 수를 집계하면서 경찰 자료는 활용하지 않은 채 아동보호전문기관의 통계만 이용하고 있다. 아동 학대 사망자에 대한 종합적인 조사도 이뤄지지 않고 있다. 미국은 아동 학대가 의심되는 사망 사건의 경우 사망 사례 조사팀Child Death Review을 꾸려 조사에 나선다. 경찰과 검찰, 검시관, 아동 부서 담당자, 공공보건 전문가, 소아과 의사나 가정의, 응급 의료 서비스 담당자 등이 참여해 무슨 이유로, 어떻게 아동이 사망했는지 파악한다. 아동 사망을 예방하기 위한 정책과 프로그램의 필요성을 검증하는 것도 이들의 몫이다.

국내에서는 2013년 말 발생한 울주 아동 학대 사망 사건(이서현 사건)에 대해 남인순 의원과 아동권리학회, 세이브더칠드런, 보건복지부 등 민관이 모여 '이서현 보고서'를 낸 바 있다. 여러 전문가들이 모여 펴낸 국내 첫 아동 학대 사망 보고서였다. :: **최현준**

가해자는 친부모란 불편한 진실

아동 학대는 주로 어디에서 발생할까? 그리고 누가 주로 학대를 저지르는 걸까? 이미 이 책을 읽고 있는 독자라면 정답을 놓칠 리 없을 것이다. 하지만 대개는 엉뚱한 답을 내놓을 게 틀림없다. '아동 학대는 주로 어린이집이나 유치원에서 일어난다.'

사실 이는 한국 사회가 제시해온 모범 답안이기도 하다. 아동 학대하면 우리 모두 유치원이나 어린이집 교사가 아이를 밀어 넘어뜨리는 장면을 먼저 떠올린다. 티브이는 이런 뉴스를 도드라지게 반복적으로 편집한다. 티브이 앞에서 모두 쉽게, 크게 흥분한다. 선악의 구도는 비교적 단순해 보인다. 우리가 아닌 그들에 의해서, 집이 아닌 제3의 장소에서 벌어지는 티브이 속 학대는 껄끄러움 없는 분노를 이끌어낸다. 미디어는 이런 설정을 확대 재생산한다. 어느덧 어린이집이나 유치원에서 벌어지는 학대 영상이 한국 사회의 아동 학대를 상징하기에 이르렀다.

하지만 이는 거짓 상징이다. 실제는 전혀 그렇지 않다. 어린이집이나 유치원에서 발생한 아동 학대는 전체 아동 학대의 4퍼센트(2014년 기준)에 불과하다. 학원과 학교를 포함해도 교육기관에서 발생한 아동 학대는 6.7퍼센트에 그친다. 아동 학대가 주로 발생하는 곳은 다름 아닌 가정이다. 가정에서 발생한 아동 학대가 전체 아동 학대의

83.8퍼센트를 차지한다. 10건 중 8건이 넘는다.

그런데도 왜 언론은, 더 나아가 우리 사회는 가정보다 어린이집이나 유치원에서 발생한 아동 학대에 더 요란을 떠는 것일까? 아동 학대 자체도 불편한 소재이지만, 가정에서 일어나는 아동 학대는 더더욱 우리를 불편하게 한다. 티브이 앞에 나란히 앉아 뉴스를 보는 아이와 부모가 한쪽은 잠재적 피해자, 다른 한쪽은 잠재적 가해자로 비친다. 이런 설정을 좋아할 부모는 많지 않다. 또 남의 범죄엔 분노를 쉽게 투사할 수 있지만, 우리의 범죄는 분노보다 비극과 동정 등 여러 감정이 겹쳐 불편하게 다가올 때가 많다. 미디어는 적어도 이런 뉴스를 선호하지 않는다. 사회는 그들이 아닌 우리의 범죄를 직시하길 꺼린다.

더 거칠게 말하자면, 우리 사회는 주범이 아닌 종범에 더욱 주목한다. 이는 인식의 왜곡을 낳고 사건 해결을 더욱 어렵게 만든다. 사실 아동 학대 발생 장소에 대한 인식의 왜곡은 가해자에 대한 잘못된 인식과 맞닿아 있다. 학대가 주로 발생하는 곳이 가정이라는 말은 아동 학대 가해자가 주로 부모라는 것을 뜻한다. 학대 행위자를 유형별로 나눠보면, 부모가 전체의 81.8퍼센트(2014년 기준)를 차지한다. 어떤 아이들에겐 부모와 함께 있는 집이 세상에서 가장 끔찍한 공간이다.

세상에서 가장 소중한 게 자식일 터인데 설마 친부모가 자기가 낳은 자식을 학대했을까? 설령 그런 일이 있다고 해도 아주 드물지 않을까? 이런 질문은 또 다른 인식의 왜곡을 증폭시킨다. 가정에서 부모에 의해서 벌어진 아동 학대가 친부모에 의한 게 아니라면, 지목될 수 있는 범인은 빤하다. 바로 계모이거나 계부다(이 단어가 사회적 편견을 강하게 함축하고 있지만, 이 책에선 그대로 쓰겠다).

계모 콤플렉스는 뿌리가 깊다. 동서고금을 막론하고 많은 동화에서 계모는 아동 학대 가해자로 묘사돼왔다. 우리에게 가장 친숙한 동화인 〈콩쥐팥쥐〉만 봐도 주인공은 계모의 구박으로 시련을 겪다가 두꺼비의 도움 덕에 행복한 결말에 이른다. 계모는 고난의 상징이다. 서양의 〈신데렐라〉 〈백설 공주〉도 크게 다르지 않다. 이는 현재의 드라마에서도 재생된다. 제목을 달리하는 수많은 수목, 주말 드라마에서 얼마나 많이 봐왔던가? 얼마나 친숙하고 자연스러운 설정인가? 계모는 죄를 짓기 전 이미 죄를 저지를 운명을 타고난 존재로 그려진다. 뉴스도 이를 확대 재생산한다. 계모를 향한 우리 사회의 시선은 다른 나라보다 더 비뚤어진 것처럼 보인다.

'대니얼 페우카 사건'(2013년), '카롤리나 사건'(2007년), '릴리 퍼노 사건'(2012년). 차례대로 영국, 독일, 미국에서 크게 이슈가 됐던 아동 학대 사건들이다. 사건은 계부나 계모가 저질렀지만, 사건명은 모두 학대 피해 아동의 이름을 땄다.

비슷한 시기(2013년 10월), 울산 울주에서 숨진 만 일곱 살 서현이 사건을 기록하는 우리의 방식은 조금 달랐다. '울산(울주) 계모 아동 학대 살해 사건'. 외국과 달리 피해자가 아닌 가해자, 그것도 가해자가 피해자와 어떤 관계에 있는지를 따져서 사건에 이름을 붙인 것이다. 이는 울산지방검찰청이 이서현 사건과 관련해 500여 쪽에 이르는 방대한 수사공판 자료집을 내면서 붙인 공식 사건명이기도 하다. 울산지방검찰청이 우리나라 공공기관으로서는 처음으로 아동 학대 사건을 제대로 기록했다는 점에서 칭찬받아 마땅하지만, 사건명을 붙이는 데 우리 사회의 인식의 한계를 드러낸 부분은 아쉽다.

언론도 예외는 아니었다. 사실 언론은 이 문제에서 후행하는 자가 아니라 선행하는 자, 편승하는 자가 아니라 주동하는 자에 가깝다. 2013년 5월 《한국사회복지학》(131~154쪽)에 실린 〈아동 학대 사망 사건에 대한 신문 기사 분석〉(김지혜 등)은 언론의 행태를 잘 보여준다. 2000년 1월부터 2012년 5월까지 신문에 보도된 아동 학대 사망 사건을 분석한 이 논문에는 다음과 같은 내용이 나온다. 다소 길지만 그대로 인용하겠다.

"신문 기사에 대한 기술 분석 결과, 아동 학대 사망 사건의 가해자는 대부분 친부모(39.0퍼센트)나 미혼 부모(37.6퍼센트)인 것으로 나타났으며, 계모나 동거녀, 위탁모에 의한 살해는 9.9퍼센트인 것으로 나타났다. 그러나 신문에 여러 차례 중복 보도된 8건의 사례 분석 결과, 가해자는 계모가 4건으로 가장 많았으며, 친부모 3건, 미혼모 1건인 것으로 나타나 기술 분석 결과와 차이를 보였다. 이러한 차이는 미디어가 범죄 현실을 반영하기보다는 구성하기 때문인 것으로 해석할 수 있다(양정혜, 2010). 즉, 아동 학대 사망 사건에 대한 신문 기사가 현실성 있는 문제 집단에 대해 보도하기보다는 극소수 일탈자에 의한 병리적 행동에 초점을 맞추면서 친부나 친모가 가해자의 절대다수인 실제 아동 학대 사망 사건의 현실은 간과하게 만드는 결과를 야기하고 있는 것이다. 〈콩쥐팥쥐〉 〈신데렐라〉 〈백설 공주〉 등 계모를 부정적인 이미지로 묘사하고 있는 소설 속의 계모에 대한 고정관념이 신문 기사 속에서 재현됨으로써 대중들은 아동 학대는 계모에 의해 대부분 발생한다는 편견을 갖게 되는 것이다."

계모에 의한 학대는 우리의 편견이나 언론이 강조하고 있는 만큼 심각하지는 않아 보인다. 《한겨레신문》이 2008~2014년 아동 학대 사망 사건 107건(가해자 확인 불가 5건 제외)을 분석해봤더니 계모가 가해자인 경우는 8건으로 전체의 7.5퍼센트에 그쳤다. 나머지는 대부분 친부모가 저지른 것이다. 사망 사건을 아우르는 전체 아동 학대 수치를 봐도 마찬가지다. 2014년도 중앙아동보호전문기관의 '2014년도 아동 학대 통계(속보치)'를 보면, 계모에 의한 사례는 전체의 2.4퍼센트(240건)에 그쳤다.

이를 통해 우리는 절대 다수의 아동 학대가 계모나 계부가 아닌 친부모에 의해 일어나고 있다는 사실을 명확히 알 수 있다. 계모가 아동 학대의 상징, 잔인한 가해자로 부각돼 묘사되는 건 현실과 동떨어진 '신화'의 영역에 가깝다. 깊게 뿌리박힌 '계모 콤플렉스'는 되레 가해자 대부분이 친부모인 현실을 직시하지 못하게 한다.

이런 사실을 인정하더라도 계부모나 친부모 중 어느 쪽이 상대적으로 학대 가능성이 더 높은지 의문을 제기할 수도 있다. 이는 아동을 둔 전체 가구 가운데 계부나 계모의 비율을 따져본 뒤 다시 전체 아동 학대 사건 중 실제 이들이 학대 행위자인 사건의 비율을 따져보면 될 일이다. 현재로선 이 같은 통계를 구하기 쉽지 않다. 설령 친부모나 계부모 중 상대적으로 어느 쪽이 아동을 학대할 가능성이 높은지 유의미한 수치를 구한다고 하더라도, 보다 더 중요한 지점을 놓쳐선 안 된다. 가정 내 아동 학대가 사회적 이슈가 되는 과정에서 가해자가 친부모인지 아닌지에 대한 정보가 지나치게 부각되고 있다는 사실이다. 그것도 친부모가 아닌 경우에 도드라진다.

모든 사람은 누군가의 부모이거나 자식이다. 자식이 자기를 낳아준 부모를 해한 뉴스를 보기 역겨운 것처럼 부모가 자기가 낳은 자식을 해한 뉴스를 보기 불편하긴 마찬가지다. 그래서 '우리'가 아닌 '그들'을 더 자주 단상에 세우는 건지 모른다. 그러면서 아동 학대를 우리의 문제가 아닌 그들의 문제로 보게 된다. 문제를 대면하는 데도 그들을 향한 분노가 앞선다. 그 분노가 우리들 자신을 향하도록 해야 한다. 그래야 해결의 실마리 또한 제대로 찾아나갈 수 있다. :: **류이근**

학대의 이유는 무엇인가? 훈육을 가장한 학대

엄마는 허리띠로 두 살짜리 아들을 의자에 묶었다. 식탐이 심한 현제가 의자에 올라가 식탁을 헤집어놓는다는 게 이유였다. 그래도 안 되니 빗자루를 들고 때렸다. 바지에 오줌을 누면 베란다에서 벌을 세웠다. 2011년 3월의 어느 봄날, 현제는 베란다에서 쓰러졌고 하루 만에 숨졌다. 두개골 골절과 뇌출혈이 사인이었다. 엄마는 학대 혐의를 부인했다. "가르치려고 했을 뿐"이라고 했다.

《한겨레신문》이 2008~2014년 학대로 사망한 아이 112명의 자료를 분석해보니 학대의 이유로 아이의 배변, 수면 습관, 울음 등 생리적인 이유(24.2퍼센트)를 꼽은 경우가 가장 많았다. 학대가 자연스런 양육의 과정에서 저질러졌다는 점, 그리고 배변, 수면, 울음 등 (정도의 차이를 감안하더라도) 성장기 아이들이 겪는 자연스런 현상에 국한된다는 점에 주목해야 한다. 이는 아이들의 성장에서 가장 중요한 과정인 수면 교육, 배변 교육 등이 부모에게도 일종의 고비일 수 있다는 방증이다.

실제로 양육 과정에서 배변이나 수면, 울음 등에 대한 사전 지식이 없다면 부모들은 크게 당황하게 되고 이는 스트레스로 이어진다. 과거에는 가족 공동체가 양육의 수고를 분담하고 조부모 등으로부터 양육의 노하우를 전수받을 수 있었지만, 핵가족이 된 현대에는 양육의 분담은 고사하고 그런 노하우조차 배울 수 없다. 그래서 해외에서는 처음으로 자녀를 갖게 된 부모를 위한 교육 프로그램이 마련돼 있고, 이를 의무적으로 이수하도록 돼 있기도 하다.

그다음으로 등장하는 학대의 이유들은 어쩌면 아이가 조금 더 자랐기 때문에 나온 것인지도 모르겠다. '말을 잘 안 들어서' '욕설을 해서' '거짓말을 해서' '고집을 부려서' 등 훈육을 명분으로 한 학대가 21.8퍼센트나 됐는데, 그로 인해 19명이 숨졌다.

아이가 말을 잘 듣지 않는다면 부모가 차분하게 설명하고 아이가 납득하도록 조용하게 타이르는 것이 상식적이고 일반적인 대처일 것이다. 욕설의 경우에도 성장기 아이들은 모방 심리가 강하므로 아이가 욕설을 하면 주의를 주고 타일러 가르쳐야 한다. 아이가 거짓말을 하거나 고집을 부릴 때도 부모가 대화를 통해 풀어가려는 노력을 하는 것이 정상일 것이다. 하지만 학대 가해자 부모들은 폭력이라는 손쉬운 길을 택해 아이를 물리력으로 제압하고 상황을 모면하려고 했다. 그리고 그것을 훈육이라는 이름으로 합리화했다.

교육적 차원의 체벌이라고 합리화하는, 훈육이라는 이름의 학대를 어떻게 해석해야 할까? 사실 부모들이 훈육을 명분으로 학대의 길로 나아간 것 자체가 본인들 스스로 교육과 훈육, 학대라는 개념을 제대로 숙지하지 못했음을 의미한다.

훈육을 학대의 이유로 드는 부모들은 아이를 보호하기 위해 나선 공공기관 관계자들에게 대부분 크게 반발하곤 했는데, 그만큼 자기 합리화가 강하기 때문이다. 또한 자녀에 대한 부모의 폭력을 바라보는 우리 사회의 시선이 여전히 너그럽기 때문에 훈육을 이유로 자녀를 학대한 부모들은 죄의식을 덜 느끼는 경향이 있다.

일부 선진국에서는 가정 내 체벌까지 법으로 금지하고 있지만[•] 우리나라는 학교 내 체벌이 금지되는 추세와 달리 가정 내 체벌에 대해서는 논의가 부족하다. 더군다나 사회의 급격한 보수화에 따라 학교에서의 체벌 금지마저 역행할 가능성이 있어 가정 내 체벌 금지의 법제화는 실로 요원해 보인다. 가정 내 체벌에 대해 이렇다 할 논의가 전무한 데에는 가정 내 문제에 방관적인 우리 사회의 분위기도 한몫한다. 실제로 최근까지 경찰과 검찰 등 사법기관은 가정 폭력에 대해 미온적으로 대처하며 관대하게 처벌해왔다. 특히 가정 폭력의 대상이 자녀인 경우에는 교육상의 문제라는 이유로 관여하지 않으려는

• 가정 내 체벌 금지를 법제화한 국가는 24개국이다. 시작은 스웨덴이었다. 가정 내 체벌 금지를 처음 도입할 당시에는 스웨덴도 지금의 우리나라처럼 체벌에 관대했다. 1970년대 아동 학대 금지 법안이 추진됐을 당시 스웨덴 국민의 90퍼센트가 '체벌 없이 훈육할 수 없다'는 의견을 보일 정도였다. 하지만 가족주의보다 원칙을 앞세운 진보적 정권이 국민들을 끊임없이 설득한 결과 1979년 세계 최초로 스웨덴에서 아동 학대 금지 법안이 발효됐다. 스웨덴 내에서 모든 형태의 체벌은 금지됐고, 범죄가 됐다. 이후 핀란드(1983년), 노르웨이(1987년), 오스트리아(1989년) 등이 뒤를 이었고, 뉴질랜드(2007년)와 코스타리카(2008년)는 최근 전면적인 체벌 금지를 결정했다.
반면 영미권에서는 아동 체벌과 관련해 여전히 논란의 여지가 있다. 훈육을 교육의 일환으로 여기는 풍토, 보수층의 가족주의와 권위주의가 남아 있기 때문이다. 프레임 이론에서 흔히 말하는 미국의 '엄한 아버지' 프레임은 여전히 공화당의 주된 기조이기도 하다. 이런 이유로 미국에서는 가정 내 체벌에 대한 논의가 활발하지 않은 편이다.

관행이 여전하다. 하지만 학교 내 체벌 금지가 학교 문화를 상당 부분 바꿔놓은 것처럼 가정 내 체벌 금지 역시 아동 학대를 크게 감소시킬 뿐 아니라 가족을 바라보는 우리 사회의 시선을 근본적으로 변화시키는 동기가 될 수 있을 것이다.

정익중 이화여대 교수(사회복지학)는 "체벌이 교육적 효과가 있다는 연구 결과는 없다. 오히려 체벌이 우울증, 청소년 비행, 낮은 자존감 등 아동 발달에 부정적인 영향을 미칠 수 있다"며 "학교에서의 체벌을 금지한 것처럼 가정에서의 체벌에 대해서도 인식의 전환이 필요하다"고 말했다. 학계는 체벌의 교육적 효과에 회의적이다. 오히려 체벌 뒤 아동에게 남는 트라우마가 어떤 방식으로든 전이되고 증폭되어 부정적 결과를 낳을 공산이 크다. 그럼에도 여전히 가정 내 체벌이 범죄인 학대가 아니라 훈육으로 받아들여지는 것은 체벌에 대한 오해 때문이다.

학대에 뚜렷한 이유가 없다는 답변도 10퍼센트가 넘었다. 그런데 과연 이것이 사실일까? 물론 일부는 정말 아무런 이유 없이 힘없는 피붙이를 학대하고 죽음으로 내몰았을 수도 있다. 경찰·검찰의 수사 자료나 아동보호전문기관의 자료에는 가정 안에서 벌어진 수많은 일들 중 일부만 기록돼 있을 뿐이다. 하지만 그 자료만 보더라도 감춰진 학대의 이유를 알 수 있다.

예컨대 소령이의 경우처럼 학대의 이유가 드러나지는 않았지만 가족이 경제적 문제로 힘들었다는 사실이 확인되는 사례도 있다. 또한 윤아의 경우처럼 엄마가 아이를 학대한 이유를 명확히 밝히진 않았지만 남편의 외도 사실은 분명히 알고 있었던 사례도 있다. 이러한 가족 내 갈등은 아동 학대의 직접적 원인이 되기 십상이다.

이 밖에도 단순히 아이가 약자이기 때문에 학대를 겪어야 했던 사례는 어렵지 않게 발견할 수 있다. 소금을 한 주먹 넘게 먹이고, 먹지 않으면 때려서 결국 소금 중독으로 의붓딸을 사망하게 한 새엄마의 학대 이유는 "특별한 것 없음"이었다. 새엄마는 채소 도매업을 하는 재력가로 경제적 문제도 없었다. 하지만 재혼한 남편과 고부 갈등 때문에 별거했다. 새엄마는 가끔 술을 마시면 시댁에서 받은 스트레스를 아들과 딸에게 풀었다. 새벽에 자던 아이들을 깨워 국에다 밥을 말고 소금을 한 주먹 넣어 강제로 먹인 게 시작이었다. 아이들이 소금밥을 먹다가 구토하거나 남기면 매질을 했다. 한 달 넘게 소금밥을 먹던 딸이 숨진 데에는 고부 갈등이라는 가족 내 갈등이 자리 잡고 있었던 것이다.

이유 없는 학대라고 하지만 그 이면에는 가정마다 최약자인 아이가 학대를 받을 만한 원인이 존재했다. 아이는 영문도 모른 채 그저 계속되는 학대를 견뎌야 했던 것이다. 학대의 원인을 해소할 수 있는 계기가 있었더라면 상황은 달라졌을까? 각 가정에 필요한 것이 경제적 지원인지, 의료적 지원인지, 아니면 아이 격리인지를 검토하고 학대를 멈추기 위한 구체적 방안을 마련했더라면 최소한 아이의 죽음은 막을 수 있지 않았을까? ∷ **하어영**

처벌만이 능사? 치료가 필요하다

화를 참지 못한 게 화근이었다. 2007년 3월 집에서 텔레비전을 보던 김○○(36세) 씨는 13개월 된 제 아들이 텔레비전 시청을 방해하는 것에 화가 나 아들의 머리를 벽에 세게 밀쳤다. 어린 아들은 머리에 큰 상처를 입었고 불행히도 다음 날 사망했다. 김 씨는 상해치사죄로 징역 2년을 선고받았다. 7년이 지난 2014년 7월 김 씨는 다시 법정에 섰다. 이번엔 세 살 된 제 딸을 때려 전치 2주의 상처를 입혔다. 법원은 아동 학대 죄를 인정해 김 씨에게 징역 10개월에 집행유예 2년을 선고했다. 처벌과 더불어 김 씨는 관할 지역 아동보호전문기관을 통해 모두 46차례의 심리 치료 상담을 받았다.

아동 학대는 반복된다. 아이를 때려 처벌을 받고 집으로 돌아간 가해자가 다시 제 아이를 때린다. 어렸을 때 학대받은 경험이 있는 부모가 나중에 제 아이를 학대한다. 학대와 훈육을 제대로 분별하지 못해서 폭력이 반복되기도 한다. 아이를 훈육한다는 마음으로 과도한 사랑의 매를 가하는 것이다. 학대의 고리를 끊기 위해서는 가해자에게 처벌뿐만 아니라 적절한 심리 치료와 교육이 수반되어야 하는 까닭이다. 독일, 스웨덴 등 선진국에서는 진작부터 처벌과 치료, 교육을 병행해왔고, 우리나라도 최근 법이 바뀌면서 가해자에 대한 치료가 강조되고 있다.

어린아이, 특히 제 자식에 대한 학대는 비정상적인 것이다. 아동학대 가해자는 가정불화와 경제 문제, 정신질환 등의 영향을 받는 것으로 알려졌다. 아동 학대 가해자 4명 중 1명(23.9퍼센트)은 우울증이나 대인기피증 등 정신질환에 시달린다. 〈아동 학대 행위자 치료 프로그램 개발〉보고서를 쓴 한국형사정책연구원 윤정숙 박사는 "아동 학대 가해자들은 높은 수준의 스트레스를 겪고 있고 이에 대한 대응력이 상대적으로 부족하다"며 "정서적 불행감 및 불안정성이 높은데, 특히 가족 간 관계에서 이런 특성이 클수록 아동 학대의 가능성이 높다"고 말했다. 보고서를 보면 아동 학대 가해자들은 알코올 남용이나 중독을 경험했을 가능성도 높게 나타났다. 이런 특성을 치료하고 개선하지 않은 채 아동과 재결합한다면 아동 학대는 다시 반복될 가능성이 크다. 또 아동 학대 가해자들이 다른 아이를 키우고 있거나 새로 아이를 낳을 수 있다는 점에서 학대의 단절은 반드시 필요하다.

다행히도 최근 들어 아동 학대 가해자의 치료와 교육에 대한 관심이 커지고 있다. 2014년 9월 시행된 아동 학대 범죄의 처벌 등에 관한 특례법은 법원이 가해자에게 전문적 치료 프로그램의 이수를 명

령할 수 있도록 했다.

외국은 진작부터 가해자를 치료·교육하는 프로그램을 운영해오고 있다. 미국은 형사 처분과 별도로 학대 행위자에 대한 교육, 정신 질환 및 약물 중독 치료 프로그램 등 다양한 서비스를 제공하고 있다. 특히 아동 학대 예방 및 치료에 관한 법CAPTA이 제정된 뒤 형사적인 처벌에서 치료적인 접근으로 방향이 전환됐다. 아동 학대의 강도가 셀 경우에만 사법기관이 개입하고, 그렇지 않을 경우에는 부모 교육 서비스나 정신질환 및 약물 중독 치료, 가족 보존 프로그램 등이 가동된다. 아동 학대가 발생한 가정은 이런 서비스에 의무적으로 참여해야 하며 거부할 경우 벌금 등을 물어야 한다.

독일은 자녀 양육에 문제가 있는 가정을 발견할 경우 부모에게 양육 상담과 부모 교육 등 다양한 지원 프로그램을 제공한다. 부모가 이런 서비스를 거부하면 법원이 강제로 받게 할 수 있다. 아동을 이해할 수 있도록 돕는 부모 교육은 스웨덴, 일본 등 여러 선진국에서 시행하고 있다. 스웨덴은 부모에게 양육 기술을 교육하고, 학대를 당한 아동은 한 달에 1~2주씩 다른 가정에 머물며 적절한 지원을 받는다. 필요한 경우에는 치료 서비스를 받을 수 있는데, 지방정부가 서비스를 제공할 수 없을 경우 민간기관 치료비용을 지원한다. 아동 학대에 필요한 치료와 교육, 지원이 단순히 가해자에게만 머물지 않고 가족 전체를 포괄하는 것이 선진국의 흐름이다. 아동 학대가 개인 차

원의 문제가 아닌 가족 전체, 나아가 지역과 국가의 문제라는 인식 때문이다.

2003년 보건복지부 발주로 아동 학대 행위자 치료 프로그램을 개발한 안동현 한양대 의대 교수는 "분노 조절이나 아동 훈육, 아동과의 의사소통 방법 등을 배우고 치료를 받는 것은 궁극적으로 좋은 부모가 되도록 만든다는 점에서 의미가 크다"고 말했다.

아동 학대를 막기 위해 필요한 사회적 노력이 하나 더 있다. 아동 학대는 은폐하기 쉽다. 가정이라는 사적인 공간에서 주로 부모에 의해 발생하기 때문이다. 사회가 아동을 낳아 키우는 가정과의 접촉 횟수를 늘려야 하는 이유다. 자꾸 들추고 빛을 비춰야 학대가 예방되고 재발하는 것을 방지할 수 있다.

현재 여러 지자체가 아이를 낳은 가족에 출산 장려금을 지급하고 있다. 지원 방법이 다양하지만, 출생신고를 하면 해당 가족 은행 계좌로 현금을 보내주는 방식이 대부분이다. 이를 직접 만나서 주는 방식으로 바꿔야 한다는 지적이 나온다. 안동현 교수는 "미국에서는 출산을 하면 방문 간호사가 직접 집에 찾아가고, 지자체장이 출산 장려금과 간단한 물품 등을 가지고 방문하는 경우도 있다"며 "부모가 우울증은 없는지, 양육 환경은 잘 갖춰져 있는지도 함께 확인한다"고 말했다. 출산 장려금을 한꺼번에 줄 것이 아니라 아이의 발육 상황에 맞춰 필요한 현물을 직접 전달하는 방법도 생각해볼 수 있다.

산부인과 단계에서 아이를 등록하는 제도도 필요하다. 국내 아동은 99퍼센트 이상 산부인과 병원에서 태어난다. 부모는 출산 90일 안에 읍·면·동사무소에 출생신고를 해야 한다. 그러나 출생신고를 하기 전에 유기되는 아이들이 있다. 신고 기간이 지나도 부모가 아예 출생신고를 하지 않는 경우도 있다. 출생신고 없이 학대받는 아동을 막기 위해 병원에서 출산과 동시에 출생 등록을 하자는 주장이 나오고 있다.

초등학교 입학 단계에서도 사각지대에 있는 아이들을 찾아내려는 노력이 필요하다. 아이가 만 일곱 살이 되면 의무 교육 과정인 초등학교에 입학해야 한다. 그러나 거주가 불분명한 경우 취학 대상이 되지 않는다. 취학통지서도 받지 못한다. 해마다 일곱 살 안팎의 아동 1,500여 명이 이런 상태에 놓인다. 거주 불명 가정은 경제 사정도 좋지 않고 그만큼 학대 가능성도 높다. 교육부는 이런 아동의 존재를 알지만, 찾으려고 노력하지 않는다. 국방부가 거주 불명으로 입영통지서를 받지 못하는 청년을 경찰에 고발해 찾아내는 것과는 반대다.

교육부는 2015년 말 부모에게 학대당한 아동이 오랫동안 학교에 결석했던 사실이 드러난 뒤에야 조치를 취했다. 이듬해 1월 초·중등학교 장기 결석자 및 미취학자 실태 파악을 시작해 학대 아동 구조에 나선 것이다. 교육부의 조치가 조금만 더 빨랐더라면 애꿎은 피해를 한 명이라도 더 막을 수 있었을 것이다. :: **최현준**

06

막지 못한 연수의 죽음

다섯 살 연수가 죽었다. 연수는 유독 집에만 들어오면 똥오줌을 가리지 못했다. 눈물도 많아졌다. 짜장면을 다 먹고 고봉밥을 한 그릇 더비웠다. 그런 아이를 아빠는 때렸다. 연수는 다시 울었고, 바지에 오줌을 지렸고, 손톱을 뜯었다.

목격자는 어른들이었다. 신고해야 했고, 그래야 한다는 것을 알았다. 그런데 주저하고 외면하고 회피했다. "아는 사이라서" "이번 한번만" 등이 이유였다. 어른들이 연수가 보낸 구조 신호를 무시하는 사이 아빠와 엄마는 약으로 연수의 멍을 지우고, 거짓말로 상처를 변명했다. 어른들이 막을 수 있었던 죽음이다. 연수의 마지막 6개월을 되짚었다.

2013년 9월 21일 밤 11시

아빠의 품에 안겨 응급실에 도착한 아이는 이미 의식이 없었다. 연수를 건네받은 간호사는 "arrived at E.R by 들려서" "동공-반응 없음" 이라고 써 내려갔다. 당직 의사는 아빠에게 응급 처치를 위해 경위를 물었다.

"혼나다가… 씻고 나와 방으로 가다가… 미끄럼틀에서 넘어져…"

밤 11시에 응급실로 '들려온' 딸의 상태를 아빠는 제대로 설명하지 못했다.

"잘 모르겠어요."

횡설수설 끝에 아빠가 한 말이다. 함께 온 (연수가 고모라고 부른) 새엄마는 침착했다.

"경위는 잘 모르고 평상시에 잘 넘어져요."

보호자들의 두서없는 진술은 응급 진료 기록부에 고스란히 남아 있었다.

"같이 내원한 보호자 진술로는 혼나는 과정에서 경기하고 앞으로 꼬꾸라지면서 넘어졌다고 함. 오른쪽 눈 주변으로 피멍. 다친 경위에 대해 물었으나 정확하게 진술하지 않고 잘 모르겠다고 함."

당직 의사는 뇌출혈 가능성이 높다고 설명한 뒤 상급 병원 신경외과 진료와 정밀검사의 필요성을 설명했다. 연수는 응급차에 실려 응급 수술이 가능한 대학병원으로 옮겨졌다. 대학병원에서는 "오른쪽 뇌에 다량의 뇌출혈이 보이며, 중앙선이 좌측으로 밀려 있다"고 판단했다.

다섯 시간 뒤 연수는 수술대에 올랐다. 뇌출혈은 급성과 만성이 혼재돼 있었다. 머리는 출혈로 가득했다. 연수는 겨우 하루를 힘겹게 살았다. 2013년 9월 23일 밤 11시였다. 낮 기온이 32도까지 올라간, 가을치고는 무더운 날이었다.

연수의 죽음을 확인하기 위해 경찰이 찾아왔다. 관할 지역의 경관, 과학수사반 등 세 명은 역할을 나눠 연수의 죽음을 조사했다. 연수는 급성과 만성의 뇌출혈로, 몸의 멍으로 학대를 '증거'했다. 연수가 처음 실려 간 병원의 응급 진료 기록부는 그날의 진실을 담고 있었다. 하지만 이를 살피는 일은 경찰에게는 가욋일이었다.

경찰에게 엄마는 "청소를 마치고 거실로 나오는데 주방 쪽에서 '쿵' 소리가 들려 가보니 연수가 울면서 세탁실로 나가는 통로 앞에 천정을 보며 누워 있었다"고 말했다. 흡사 실수로 넘어진 것처럼 상황은 꾸며져 있었다. 처음 병원에 도착해 연수의 상태를 설명하던 때와는 큰 차이가 있었다.

보통 네 살 아이가 스스로 넘어지는 것만으로는 뇌출혈(연수와 같은 급성 및 만성이 혼재된 뇌경막하출혈)이 발생하기가 사실상 불가능하다는 것이 의학적 상식*이지만 경찰 조사는 그렇게 마무리됐다. 침묵하는 가족, 병원, 그리고 부실한 수사 가운데 연수의 죽음은 사고사를 의미하는 '변사'로 처리됐다.

연수네 식구는 아빠와 연수, 연주 세 부녀와 새엄마와 지연이, 지혜 세 모녀가 한 살림을 차린 지 6개월 만에 식구가 줄었다. 아빠는 새 가족을 꾸리기 몇 달 전 이혼했고, 새엄마도 이혼 경험이 있었다. 연수와 연주는 새엄마를 "고모"라고 불렀다. 지연이와 지혜는 아빠를 "삼촌"이라고 불렀다.

연수가 마지막 며칠 동안 머문 병원은 두 곳. 현재도 그 병원들은 지역을 대표하는 대형 병원으로 성업 중이다. 먼저 연수가 아빠의 품에 안겨 들어선 병원을 찾았다. 마침 당시 현장에 있던 간호사가 근무 중이었다. "오래전 일이라 차트가 있을 수 있지만 기억이 나질 않는다"며 횡설수설했다. 신고 의무에 대해 물었을 때는 "근무 시간이니 더 말할 수 없다"고 답했다. 책임을 물으려고 한 것이 아니라 책임을 인지하고 있는지를 물은 것이었지만 여전히 "더 말할 수 없다"는 말만 반복했다. 당시 진찰했던 의사는 이미 병원을 옮긴 상태였다.

- 당시 대학병원 기록에는 "혈액학적으로 이상이 없는 한 통상적으로 바닥에서 미끄러져 넘어져 머리를 부딪힌 후 40여 분 만에 CT상으로 관찰되는 만성 및 급성 뇌경막하혈종이 혼합된 형태로 뇌간부 눌림이 발생할 정도의 출혈은 발생하지 않음" "급성 뇌경막하출혈은 교통사고에 의해 머리에 심한 충격을 입는 상황이나 어른 키 높이 정도 이상의 높은 곳에서 떨어지는 경우 매우 강한 충격을 받았을 때 발생하며, 만성 뇌경막하출혈은 충격을 받은 뒤 3~4주 정도의 시일이 걸려야 (연수의) 패턴이 관찰되며 여러 차례의 충격이 회복 전 가해진 경우 점차로 양이 증가해 신경학적 증상이 발현될 수 있다"고 기록돼 있다. 최소한 넘어짐만으로는 연수가 그런 상태에 이를 수 없었다는 것이다.

연락처로 연결을 시도했지만 취재를 거부했다.

두 번째로 방문한 병원에서 연수는 뇌출혈 판정을 받고 수술을 받았다. 하지만 이 병원의 의사 또한 신고하지는 않았다. 마침 수술실에 들어갔다는 의사를 기다렸다. 다른 통로로 퇴근했는지 수술이 끝난 지 반나절이 지나도 약속된 장소로 나오지 않았다. 이튿날도 수술실에 들어갔다는 의사는 만날 수 없었다.

연수의 죽음 150일 전

아빠가 연수를 데리고 한 대학병원 정신과를 찾았다. 아빠는 의사를 만나 연수의 욕설, 잦은 거짓말이 고민이라고 했다. 손톱을 뜯는 버릇도 고쳤으면 했다. 친엄마와 살다 아빠한테 온 지 한 달 만이었다. 정신과 의사는 연수의 얼굴에서 멍 자국을 발견했다. 정신과 의사는 아빠에게 경고했다.

"다시는 그런 폭력을 사용하면 안 됩니다."

연수의 이상 행동은 원인이 분명했다. 의사가 차트에 "잦은 학대 경험(매, 언어폭력)" "아버지에게 체벌" 등의 내용을 적어 내려갔다. 차트에 기록했다는 것은 아빠의 진술이 있었다는 것이다. 연수의 치료를 위해 가장 시급한 것은 아빠를 신고하는 것이었다. 대증요법으로는 병을 근본적으로 고칠 수 없었다. 의사도 이것을 모르지 않았다.

그래서 아빠에게 경고한 것이다. 하지만 의사는 신고 의무자였다. 경고만으로 아빠의 반복적인 폭력을 멈출 수 없다는 것 또한 의사는 알고 있었을 것이다. 연수는 그 이후에도 손톱을 물어뜯었고, 똥오줌을 가리는 데에도 문제가 생기기 시작했다.

1년 뒤, 연수를 진찰했던 의사를 찾아갔다. 기자의 인터뷰 요청에 의사는 환자의 개인 병력과 관련해서는 어떤 언급도 해줄 수 없다는 얘기부터 꺼냈다. 하지만 의사는 연수의 가족을 분명히 기억하고 있었다. "담당 의사로부터 폭력을 사용하지 말라는 주의를 받은 것으로 돼 있다"라는 질문에 의사는 난감한 표정을 지으면서 "차트를 봐야 한다" "말하기 어렵다" "미안하다" 등 여운 있는 말을 남겼다. 신고 의무자임을 아느냐고 물었다. 의사는 더 이상 답변하지 않았다.

만약 그 의사가 연수의 멍 자국을 당국에 신고했더라면 연수는 지금 어떤 삶을 살고 있었을까.

연수의 죽음 100일 전

유난히 햇살이 강해 후덥지근했던 2013년 6월의 어느 날, 베란다에서 벌 받던 연수는 거실로 들어왔다. 세 시간 만이었다. 연수가 바닥에 오줌을 싸고, 손톱을 뜯었다는 이유에서였다. 더위를 견디다 못한 연수가 거실 안으로 들어서자 아빠는 연수에게 다가가 발길질을 했다. 연수는 힘없이 나가떨어졌다. 현장에는 가족만 있었던 게 아니다. 이웃도 있었다. 새엄마가 십수 년 동안 알고 지내던 동네 언니와 그 친구, 그리고 친구의 딸도 함께였다. 동네 언니 승미 씨가 "저러다 아이 쓰러지겠다. 연수 빨리 들어오라고 하자"고 한 뒤였다. 아빠는 이 말에 "아니에요. 못된 버릇 들어요"라고 답했다.

아빠의 발길질에 놀란 승미 씨가 수박을 자르다 말고 벌떡 일어섰다. 승미 씨의 친구는 데리고 온 딸의 얼굴을 감쌌다. 그만큼 연수 아빠의 발길질은 거셌다. 강하게 배를 찬 것이다. 연수는 완전히 뒤로 넘어갔다. 승미 씨가 아빠를 안방으로 끌고 들어갔다.

"네가 아는 사람이라 넘어가는데… 만약 내가 널 몰랐다면 아동 폭행으로 신고했을 거야. 만약 한 번만 더 그러면 절대로 가만있지 않을 거야."

아빠는 곧바로 사과했다. 손가락을 걸며 앞으로 다시는 그러지 않겠다고 약속하기도 했다. 승미 씨가 폭행을 본 것은 처음이었지만 이 사실을 몰랐던 것은 아니었다. 연수 엄마가 승미 씨에게 "아빠가 욱하는 성질이 있고, 연수를 때릴 때 정말 심하게 때려서 무서울 정도"라고 이야기했을 만큼 아빠의 폭행은 잦았던 것으로 보인다. 승미 씨는 연수 아빠에 대해 이야기하며 "평소 조용하고 친절한 사람인 줄 알았는데, 그 말을 듣고 놀랐다"며 "실제로 보니 이건 아니다 싶었다"고 했다. 하지만 그것으로 끝이었다. 승미 씨는 아빠에게 다시는 이런 일이 없을 거라는 다짐을 받았을 뿐 기관에 신고할 생각은 하지 않았다.

연수의 구조 신호를 무시하기는 어린이집도 마찬가지였다. 아니, 이 대목은 좀 더 차분하고 냉정하게 들여다봐야 한다. 의사 등 병원 관계자처럼 어린이집 등의 아동 기관은 법상의 아동 학대 신고 의무자다.

2013년 6월 어느 날 한 어린이집. 똥을 눈 연수를 닦아주기 위해 교사가 다가왔다. 연수의 엉덩이 밑 허벅지 쪽에 여기저기 가늘고 길쭉한 멍 자국이 보였다. 교사는 단박에 그 멍이 체벌에 의한 것임을 알아차렸다. 어떻게 된 것인지 물었지만 연수는 아무 말 하지 않았다.

"연수야, 괜찮으니까 말해볼래?"

교사는 거듭 물었다. 연수는 어렵사리 "맞았다"고 답했다. 교사는 폭행 사실을 기록했다. 하지만 신고는 없었다. 어린이집 교사는 법적으로 신고 의무자다.

한 달 뒤인 7월 어느 날, 이 교사는 등원한 연수의 왼쪽 눈두덩에서 지름 10센티미터 크기의 둥근 멍 자국을 봤다.

"왜 멍이 들었어?"

"넘어져서 그래요."

넘어져서 생길 멍이 아니었다. 교사는 결국 '고모'(연수는 새엄마를 고모라고 불렀다)에게 전화했다.

"거짓말을 해서 혼냈어요."

돌아온 답은 오히려 담담했다. 구타를 인정한 것이나 다름없었다.
교사는 이 또한 일일 보고서에 기록했다. 어린이집 원장도 이날을 기
억했다. 하지만 원장도 교사도 신고하지 않았다.

이날은 연수가 어린이집에 나온 마지막 날이었다. 며칠 동안 연수
는 보이지 않았다. 무단결석이었다. 어린이집 담임교사는 연수 엄마
에게 연락했다. 연수 엄마는 "시골 할머니 집에 보냈다. 어린이집은
그만 다녀야겠다"고 했다. 그것으로 끝이었다.

연수가 다니던 어린이집을 찾았다. 원장과 담임교사는 연수를 기
억하고 있었다. 하지만 교사들은 기자의 등장에 난감해했다. 원장은
정색을 하면서 어린이집에서 나가달라고 요구했다. 연수에 대한 질
문에 "꼭 말해야 하나? 또 말해야 하나? 담임교사가 경찰에서 조사
까지 받았고, 나도 다녀왔다"고 말했다. 거부감이 가득한 언사였다.

원장은 연수의 얼굴에 든 멍을 기억하고 있었다. 단순히 둥근 멍이
아니었다. 원장은 "신발 모양이 나올 정도로 딱 봐도 맞아서 생긴 멍
이었다"고 설명했다. 네 살짜리 아이 얼굴을 신발 자국이 드러날 정
도로 때린 것이다. 거짓말했다는 이유로. 곧바로 신고하지 않은 이유
를 물었다.

"그 정도는 신고할 정도는 아니라고 생각했는데요?"

원장은 자신이 아동 학대 신고 의무자라는 사실도 모르고 있었다. 아동보호전문기관을 비롯한 기관에서 어린이집 등의 교육 시설을 대상으로 아동 학대 신고 교육을 하는 것이 공식화돼 있지만, 이 어린이집은 그런 교육을 받은 바 없다고 했다.

담임교사는 업무를 이유로 취재를 거부했다. 퇴근 시간이 한참 지난 시각, 누군가가 갑자기 어린이집 교실 문을 열고 도망치듯 뛰어나왔다. 그리고 말 붙일 틈도 없이 사라졌다. 담임교사였다. 연수가 그리된 뒤로 마음고생이 심했다는 원장의 말대로 담임교사에게 연수의 죽음은 상처로 남은 듯했다.*

연수의 죽음, 그 후

연수는 자신의 몸에 흔적을 남겨 구조 신호를 보냈으나 이웃도 병원도 어린이집도 그 신호에 응하지 않았다. 결국 연수는 죽었다. 죽음은 사고로 처리됐다. "넘어졌다"는 보호자들의 진술은 의학적 상식과 불일치했다. 하지만 경찰은 그 진술을 진실로 받아들였다. 장례식장을 찾은 경찰은 보호자가 누구냐고 물었고, 새엄마가 나섰다. 그날

---

* 취재를 거부하는 태도는 연수의 동생 연주가 다닌 어린이집도 마찬가지였다. 한 어린이집에서는 "신학기에 얘기를 나누고 싶은 마음이 없다. 여기 다니는 아이들은 그 사건에 대해 잘 모른다. 부모들도 마찬가지"라며 "지난해 너무 힘들었다. 시도 때도 없이 경찰이 오고, 지금 상황도 마찬가지"라며 취재를 거부했다.

의 정황을 그럴듯하게 꾸며냈다. 장례식장 한편에서 이뤄진 약식 조사는 그렇게 마무리됐다. 연수가 거쳐 간 병원이 두 곳이라는 사실만 파악했어도, 그리고 진술자가 당시 함께 있던 새엄마라는 사실만 인지했어도 그것은 사고가 아니었다는 것을 어렵지 않게 알 수 있었을 것이다. 의사와 간호사 들도 침묵했다. 두 번째 병원은 경찰에게 첫 번째 병원에서의 일을 알리지 않았고, 연수의 상처가 사고가 아니라 폭행에 의한 것이라는 전문가 소견을 전달하지 않았다.

어른들은 공모자였다. 병원의 침묵에 아동보호전문기관도 움직일 수 없었다. 경찰도 학대 정황을 파악하지 못했다. 연수가 죽음으로 알린 마지막 신호 또한 누구도 감지하지 못했다.

닿지 못한 구조 신호가 반복되는 사이 동생은 언니의 고통을 물려받았다. 동생 연주도 언니처럼 손톱을 물어뜯었다. 배꼽을 뜯다가 생채기를 냈다. 밥을 편식했다. 남들이 보는 앞에서 많이 먹었다. 모든 게 맞을 이유였다.

연수의 죽음이 아빠의 학대와 폭력에 의한 것이었다는 사실이 드러나는 데에는 새엄마의 딸인 지연이의 진술이 결정적이었다. 중학생인 지연이는 처음에는 아빠의 폭력이 없었다고 진술했다. 엄마와 삼촌이 교도소에 갈 수 있다는 불안감 때문이었다. 하지만 결국 맞는 것을 본 적이 있다고 진술하기 시작했고, 그날도 연수가 아빠한테 혼났다고 진술했다. "연수가 씻고 나와서 옷을 안 입고 계속 욕실 앞에 있길래 제가 옷 입으라고 몇 차례 얘기했어요. 그런데 그 소리를 삼촌(새아빠)이 듣고 화가 나서 어서 옷 입으라며 연수를 밀쳐서 연수가 넘어졌어요. 밀친 게 아니고 때렸죠. 정말 심하게 때릴 때처럼 하지는 않았는데, 성인인 삼촌이 애를 때린 것으로 치면, 세다고 생각했어요."

폭력의 현장에 있었다는 것은 그 폭력을 방조했다는 의미에서는 공범이지만, 다른 의미에서는 피해자이기도 하다. 아빠 쪽 자녀인 연수와 연주 말고도 집에는 새엄마가 데리고 온 지연이와 지혜가 있었는데, 중학생 지연이가 학교에서 돌아오면 지혜는 연수와 연주가 맞았다고 알려줬다. 연수와 연주가 거짓말을 했거나 손톱을 물어뜯고 배꼽을 뜯었다는 게 주된 이유였다.

지연이는 폭행을 말리기도 했다. 지연이는 경찰 진술에서 "한두 대 때릴 때는 문이 열려 있어 보기도 했다. 다른 때는 직접 보지 못해도 짝짝 소리가 나니 어떤 것으로 때리는지 알 수 있을 정도였다"고 말했다. 지연이는 연수와 연주가 "울음소리는 크지 않지만 계속 울었다"며 당시의 상황도 전해주었다. 주눅이 들어 울음소리도 마음대로 못 내는 연수와 연주였다. 지연이에게 새아빠의 모습은 어떻게 비쳤을까? 지연이는 "연수와 연주를 때리는 것을 보면 시간이 지날수록 제정신이 아닌 것처럼 보였다"고 말했다.

아빠는 아이들의 얼굴과 몸에 눈에 띄게 멍이 생겼음에도 학대를 멈추지 않았다. 대신 성실하게 약을 바르고 또 먹였다. 이 상황 또한 지연이의 진술로 미루어 짐작할 수 있다.

"혼나고 나면 거의 맞은 부분에 멍이 들어요. 그래서 저희 집에는 멍을 잘 지우는 바르는 약도 있고, 먹는 약도 있어요."

아빠는 연수와 연주를 병원에 데려가지는 않았고 약국에서 타박상 약만 샀다.

"저는 그 약을 바른 적이 없고, 지혜도 심하게 맞은 적이 없어서 그약은 연수와 연주가 사용했어요."

동네 약국에서는 이들 가족을 기억하지 못했다. 타박상에 바르는 약은 흔하다. 학대는 약이 멍을 지우는 시간보다 잦았다.

연수가 세상을 떠났어도 아빠의 폭력은 계속된 것으로 보인다. 이번에는 연주의 구조 신호가 발신됐다. 병원 기록에 따르면 10월 어느날 연주는 '두피의 열린 상처'를 치료받았다. 연수가 죽고 채 한 달이 지나지 않은, 연수의 죽음이 사고로 결론 난 시기였다. 병원에서는 연주의 상처가 학대의 결과라는 것을 몰랐을까? 새엄마는 급정거하는 차 안에서 다친 상처라고 주장했다. 재판부는 의학적 소견을 참조해 폭행이 원인이라고 판단했다. 폭행이 아니고서야 그런 상처가 났을 리 없다는 것이다. 해당 병원은 어땠을까? 침묵했다. 당시 연주를 진찰했던 의사를 찾아갔지만 어떠한 해명도 들을 수 없었다.

연주는 어떤 아이였을까? 연주가 다닌 어린이집 관찰 기록을 보면 연주가 어떤 아이인지 짐작해볼 수 있다.

언어/인지 존댓말과 반말을 섞어서 얘기함. 자신의 생각을 말로 얘기함. 자주 울음으로 표현함.

배변 습관 변기에 앉아서 소변 보고 스스로 옷을 입을 수 있음.

건강 자신의 양을 다 먹고 더 달라고 함. 다른 영아의 것도 바라보며 먹으려고 함. 음식에 대해 많이 먹어야 한다는 생각이 있는 듯. 체구는 작은데 먹는 것에 관심이 많고, 많이 먹으려 함. 부모님께서 자제시켜 달라 하심.

수면 습관 자고 일어나 우는 모습이 많이 줄어듦. 늦게 잠이 들 때가 많아서 일어날 때도 더 자고 싶어 하는 모습을 보임.

연주의 평범함에서 학대의 흔적을 찾기는 힘들다. 하지만 기록에는 남아 있지 않아도 학대는 일상이었다. 담임교사는 이를 증언했다.

"연주가 사나흘, 일주일 결석하고 오면 그때마다 상처가 있었고 멍이 들어 있었어요."

연주가 다닌 어린이집의 담임교사는 연주의 멍을 기억했다. 12월에는 소변에서 피가 비쳤다. 닷새를 결석한 1월, 열흘을 결석한 2월, 어김없이 몸에는 멍이 들어 있었다. 어린이집 담임교사가 기억하는 횟수만 십여 차례, 어린이집 원장도 대여섯 차례를 기억했다. 얼굴의

긁힌 상처와 볼과 이마 쪽의 멍, 팔다리, 엉덩이 부위의 몽고반점 같은 멍 자국…. 피와 멍을 본 교사들, 이들도 신고 의무자였다. 하지만 신고하지 않았다.

시산이 많이 흘러서일까? 다시 만난 교사들은 그날 본 멍이 '생활' 멍이라고 했다. 특히 원장은 이 일이 다시 알려져 어린이집에 영향을 미칠까 걱정했다.

아빠의 발길질을 목격했던 승미 씨가 다시 그 집을 찾은 것은 연수가 죽고 나서다. 동생 연주의 얼굴이 심상치 않았다. 멍이 오른쪽 얼굴 반을 가릴 정도였다. 승미 씨는 연주 엄마에게 이유를 물었다. "차에서 내리다 넘어져서"라고 답했다. 그런가 보다 했다. 승미 씨는 며칠 뒤 다시 찾아와 연주 얼굴과 어깨의 멍을 확인했다. 이상했다. 그래서 물었더니 연주 엄마는 "연주가 자기 스스로 꼬집었다"고 말했다. 아무리 생각해도 이상했다. 이때부터 승미 씨는 연주가 폭행을 당하고 있는 것 아닌가 하는 강한 의심을 품게 됐다.

돌이켜보면 이상한 점은 이것만이 아니었다. 연수와 연주를 데리고 가족 동반으로 만난 자리에서 아이들은 엄마 아빠의 눈치를 보면서 짜장면을 먹었고, 연수는 짜장면에 밥을 한 공기 비벼 먹는 등 그 나이 또래가 할 수 없는 폭식을 했다. 그 밖에도 아이들은 평소 행동이 부자연스러워 보였다. 오랜 친구가 눈에 밟혔다. 하지만 이미 언니는 죽고, 남아 있는 연주의 불행을 지켜볼 수만은 없었다. 연수의 죽음을 막지 못했다는 자책도 있었다. 뒤늦게나마 동생 연주의 계속되는 불행을 막기 위해 승미 씨가 나섰다.

이웃들이 연주 친엄마를 찾았을 때 친엄마는 큰딸 연수의 죽음을 이미 알고 있었다. 물론 가족들이 통보해준 것은 아니었다. 연수가 죽고 해를 넘긴 봄, 자신의 보험 처리를 위해 서류를 떼던 과정에서 큰딸의 사망 기록을 보게 된 것이다.

죽음을 믿을 수 없었던 친모는 연수가 숨을 거둔 대학병원에 가서 사망진단서와 의료기록지 등을 발급받았고, 변사 처리한 경찰서를 찾아갔다. 경찰은 "큰딸이 집 안에서 넘어져 병원으로 후송되어 수술했는데 회복되지 않고 사망했다. 사망 원인은 뇌출혈이며, 유족을 조사했지만 특이 사항이 없어 내사 종결했다"고 말했다.

친모는 "어차피 사망한 아이인데, 들쑤셔봤자 죽은 연수가 돌아오는 것도 아니어서 가슴속에 묻고 살았다"고 했다. 그런데 동생 연주가 맞고 지낸다니. 남편의 외도로 이혼하면서도 그래도 배운 사람이, 여유 있는 사람이 키워야 한다는 생각에 두 딸을 남편에게 맡겼다. 아이가 없으면 못 살 정도였지만 자신이 경제적 능력이 안 되니 아빠한테 맡겨야 한다고 생각했다. 아이들이 보고 싶지 않았던 것은 아니다. 아이들이 다니는 유치원이라도 가르쳐달라고 했으나 거절당했다. 아이들을 만날 수 있는 권리가 있다는 것도 잘 알지 못했다.

그런데 둘째가 맞고 지낸다는 말을 듣고는 더 이상 참고 있을 수 없었다. 살아남은 연주를 지켜야 했다. 곧바로 아동보호전문기관에 도움을 구했다. 2014년 5월, 연수와 연주를 아빠에게 보낸 지 1년 2개월, 연수가 죽고 연주가 학대를 물려받은 지 8개월 만이었다. 신고 당일 아동보호전문기관은 연주의 집에 찾아가 연주를 발견하고는 곧바로 아동 학대 피해자로 판단해 격리 조치했다. 당시 연주는 발바닥에 패인 자국, 멍 자국, 배꼽 양옆으로 패인 상처, 한쪽 가슴에 이빨로 물린 자국, 볼 부위 전체에 멍 자국이 있었다.

아빠는 집에서 체포됐다. 경찰은 연주의 학대를 수사했다. 아빠는 연주를 때린 사실을 자백했다.

"아침에 깨울 때마다 울기 시작하고, 화장실에 데려가 변기 위에 앉혀 놓으면 손톱을 뜯거나 배꼽을 파고, 밥 먹을 때는 씹지 않고 바로 삼키고, 장난감 가지고 같이 놀려고 하면 따르지 않고 가만히 앉아 있고, 아니면 울고… 애가 다른 아이들에 비해 특이한 행동을 많이 하는데 그때마다 여러 방법으로 달래보다가 어느 순간 답답하고 화가 나서 때리게 되었습니다."

경찰은 연주의 폭행을 수사하는 과정에서 8개월 전 연수의 죽음에서 수상한 점을 발견했다. 연수가 숨지기 이틀 전 찾아간 병원의 응급 진료 기록부를 지나쳤다는 사실을 뒤늦게 안 것이다. 경찰은 이를 바탕으로 최초 진술과의 상이점 등을 추궁하기 시작했다. 새엄마 쪽 딸인 지연이의 진술이 더해졌다. 결국 아빠는 자신의 범행을 자백

했다.

"제가 화장실에서 씻고 나왔을 때 연수가 거짓말을 한 것에 화가 나서 얼굴을 밀쳤는데, 넘어지면서 옆에 있던 쌀독에 머리를 찧었습니다. 연수가 울기 시작하다가 울음을 그치고 경련을 일으키길래 아내를 불렀고, 아내가 얼굴에 찬물을 뿌렸는데도 의식이 사라지길래 응급실로 갔습니다."

아빠는 눈물을 흘렸다.

"연수에게 미안해요. 매일 연수 사진을 보면서 웁니다."

아빠의 말은 진심일까? 아빠는 연수의 죽음을 사고로 가장했다. 보험사에는 "딸이 혼자 바닥에서 미끄러져 숨졌다"고 했다. 그렇게 1,200만 원의 사망보험금을 탔다. 애초 아빠의 행위가 사회적으로 물의를 빚은 부분이 바로 이 대목이다. 아이를 사망에 이르게 해놓고 버젓이 보험사에 사고로 신고해 보험금을 타낸 것이다. 그러기 위해 아빠와 새엄마는 진술을 끼워 맞췄다.

"만약 누가 연수가 어떻게 죽었는지 물어본다면 스스로 미끄러져 넘어졌다고 말하기로 아내와 말을 맞췄어요. 처벌받는 게 두려웠던 것은 아닌데 어떻게 하다 보니 그렇게 흘러가 버렸어요. 한편으로는 제 자식이 죽었다는 것 자체가 두려웠고요."

아빠의 말대로라면 부부는 연수의 죽음을 슬퍼하면서 아이의 죽음을 은폐하고 나아가 보험사기를 저질렀다는 얘기다. 결국 아빠는 재판이 시작되자 경찰에서의 진술을 번복했다. 양육 과정에서 체벌은 있었으나 학대는 없었다고 했다. 연수를 죽음에 이르게 한 그날에 대한 진술도 바뀌었다. 경찰 조사 과정에서 협박이 있었고, 경황이 없어 연수에 대해 사실과 다른 진술을 했다는 것이다.

"연수가 정신과에서 진료받은 기록을 보면 '얼굴에 멍 자국, 아버지에게 체벌'이라고 돼 있는데, 어떤가요?"

"그런 적 없습니다."

"의사가 있지도 않은 사실을 기록한 건가요?"

"모르겠습니다."

"사망 경위는요?"

"연수가 방에서 잔다고 해 방에서 자라고 한 뒤 화장실로 들어갔습니다. 그런데 그때 연수가 앞으로 넘어졌습니다. 제가 화장실에서 나와서 보니 연수가 울다가 몸이 경직됐고, 상태가 이상해 바로 병원에 간 겁니다."

"연수를 혼내다가 밀쳐 넘어뜨린 게 아닌가요?"

"손도 대지 않았습니다."

"경찰 조사 때 연수와 연주를 때린 것도 인정하고, 연수도 혼내는 과정에서 밀쳐 넘어뜨려 사망했다고 인정했는데 지금은 왜 부인하나요?"

"그때는 심리적으로 압박받고 경황도 없어서 그랬습니다. 제가 애들을 때린 것은 한두 대가 전부입니다."

새엄마도 태도를 바꿨다. 막상 재판이 시작되자 "남편은 아이들을 살뜰히 챙기고 예뻐한다. 큰딸이 다친 날도 목욕하고 잠을 자지 않겠다고 보채 남편이 아이를 가볍게 때렸을 뿐이지 밀쳐 넘어뜨리지는 않았다"고 말했다. 아동보호기관에서는 "학대 신고를 받고 집에 방문했을 때 엄마와 함께 아이의 상태를 확인했고 사실을 모두 인정했다. 재판이 시작되자 말을 바꾼 것"이라는 입장을 내놨다.

결국 아빠는 5년형을 선고받고 복역 중이다. 폭행치사, 아동 복지법 위반, 사기 등의 죄에 대한 대가다. 새엄마는 벌금형을 받고, 자신의 두 딸을 키우며 산다. 새엄마는 여전히 "계모들의 아동 학대 사건이 이슈가 되면서 이 사건도 똑같이 몰고 가려고 했다. 언론에 나온 것과 달리 아빠는 아이들을 살뜰히 챙겼다"며 억울하다는 주장을 굽히지 않고 있다. 하지만 재판부는 이들의 주장을 받아들이지 않았다. 그리고 아빠는 상고를 포기했다. 아빠와 새엄마의 이런 태도를 연수가 보고 있다면, 연수의 마음은 어떨까? 연수는 이런 아빠와 새엄마를 이해해줄까?

결국 재판부는 아빠와 새엄마에게 학대의 대가를 치르게 했지만 그것으로 끝이었다. 특히 경찰과 검찰은 신고 의무가 있는 어린이집이나 병원은 아예 수사 범위 밖에 뒀다. 당시 수사를 담당했던 경찰조차 이 부분을 아쉬워했다.

"어린이집에서 부모의 학대 사실을 알고 있었던 것이 분명합니다. 한두 번은 분명히 학대가 있었다고 진술하기도 했습니다."

물론 이 부분에 대한 인지수사는 더 진행하지 않았다. 이는 사회적 관심사가 온통 아이의 죽음에 쏠려 있기 때문이기도 했다. 또 죽은 자보다 살아 있는 자가 우선이라는 일반의 통념이 작용한 탓이기도 했다. 결국 신고 의무와 관련해서는 한 사람도 입건되지 않았다.

연주는 친엄마에게 돌아갔다. 친엄마와 살기 시작했을 때는 많이 불안해하기도 했다. 그러나 이제는 안정을 찾기 시작했다. 친엄마는 미용 기술을 배워 생계를 꾸린다. 낮 시간에는 외할머니가 연주와 함께 지낸다. 연주는 이제 더 이상 식탐을 부리지 않고, 대소변도 의젓하게 스스로 해결한다.

연주의 폭행을 기관에 신고하는 계기가 된 이웃들을 만나기 위해 접촉했으나 그들은 자신들을 드러내기를 굉장히 꺼렸다. 지역 소도시에서 수십 년을 알아온 사이다. 신고 또한 용기가 필요했지만, 그로 인해 수십 년의 관계가 끊어져 그것을 감내하고 있는 중이다. 다만 자신들이 그 사실을 알린 것에 대해서는 후회하지 않았다. 연수는 구하지 못했다. 하지만 연주는 이제 행복하다는 것을 이들도 알고 있었다. 아니, 최소한 폭행을 당하거나 밥을 굶지 않는다는 것은 파악하고 있는 듯했다. 기자를 처음 만났을 때는 당황한 기색이 역력했다. 연주의 근황에 대해 "잘 모른다"라는 말만 반복했다. 다시 이 일이 언론의 조명을 받아 혹시 연주의 일상이 망가질까 두려웠던 것이다. 그래서 더 조심스러운 듯했다. 이제 겨우 가족처럼 살아가는 그들을 보호해야 한다는 의무감이 그들에게서 엿보였다.

연수는 죽었다. 하지만 우리는 물어야 한다. 연수는 어떤 아이였을까? 연수는 어떤 꿈을 꾸고 있었을까? 엄마처럼 미용 기술을 배워 미용사가 되고 싶었을까? 아니면 떠나는 어린이집 버스를 보며 울었던 그때처럼 어린이집에 가고 싶었을까? 어린이집에 남아 무엇을 하고 싶었던 것일까?

우리는 연수를 기억해야 한다. 우리는 어린이집 담임교사가 남긴 일일 보고서나 생활기록지 몇 줄로 연수의 모습을 추측해볼 수 있을 따름이다. 그 안에서 연수는 다섯 살 꼬마 모습 그대로다. 연수는 "바람이 시원하다"고 이야기하고, 웃는 얼굴과 우는 얼굴을 하며 즐거워하고, 그림 그리기를 좋아했다. 아빠의 말대로 거짓말도 종종하고 씻는 것을 좋아하지도 않았다. 하지만 그것은 다섯 살 아이의 평범한 모습이다. 거짓말 횟수가 줄어들고 있다는 대목에서는 숨이 턱 막힌다. 세수를 깨끗이 하겠다고 이야기했다는 대목에서는 웃음을 짓지 않을 수 없다. 오후에 선생님 차량이 가면 눈물을 보이기도 했다. 연수는 어린이집이 더 좋았던 걸까?

일일 보고서(김연수)

7월 2일 바람이 시원하다며 이야기함.

7월 3일 여름철 날씨에 대해 알아봄.

7월 4일 그림 그리기를 좋아함.

7월 5일 오후 시간 선생님 차량 가면 눈물 보임.

7월 8일 거짓말 횟수가 조금씩 줄어들고 있는 것 같음.

7월 11일 웃는 얼굴, 우는 얼굴을 해보면서 즐거워함.

7월 12일 철봉을 안 하려고 함.

7월 15일 얼굴, 눈에 멍들어 옴. 거짓말을 해서 혼났다고 함.

7월 16일 세수 깨끗이 하겠다고 이야기함.

7월 18일 결석

　

모두들 별일 없이 산다. 연수의 멍을 목격한 어린이집 교사와 원장, 발길질을 본 이웃, 응급실 의사, 간호사, 수술을 한 의사, 사고사로 결론 낸 경찰, 모두 무탈하다. 연주의 머리를 꿰맨 의사, 피와 멍을 본 어린이집 교사도 하나같이 사건이 잊히길 원했다. 이들 또한 별일 없이 잘 살고 있다.˙ :: 하어영

• 아빠가 연수와 연주를 학대한 것은 아이들이 울거나 대소변을 가리지 못하고 손톱을 물어뜯는다는 이유에서였다. 그런데 이 시기 연수와 연주의 어린이집 자료를 보면, 두

아이는 특이 행동을 보이지 않았다. 두 자매는 유독 집에서 배변 문제를 일으키거나 손발톱을 뜯었다. 배꼽에 생채기를 내는 것도 자매의 동일 행동이었다. 식탐이 유난했던 것도 닮았다. 왜 그랬을까? 왜 집에서만 문제를 일으켰을까?

2013년 3월 연수와 연주는 새엄마와의 생활에 적응하지 못하고 이유 없이 울거나 옷에 대변과 소변을 싸고 손톱을 물어뜯고 먹을 것에 집착하는 등 특이 행동을 함. 이 행동들이 반복되는 것에 대해 답답하다는 이유로 매를 들어 수회 때리거나 빰을 수회 때림.
5월 새엄마는 연수가 손톱과 발톱을 물어뜯는 것을 보고 화가 나 회초리로 종아리를 수차례 때림.
6월 연주가 이유 없이 보채는 것에 격분해 손바닥으로 빰을 수차례 때림. 연수가 바닥에 오줌을 싸고 손톱을 뜯고 있는 것을 보고 화를 참지 못하고 벌로 베란다에 나가 서 있게 함. 연수가 안으로 들어오자 아빠가 배를 걷어참. 같은 달 아빠는 연수가 거짓말을 했다는 이유로 허벅지를 회초리로 수차례 때림.
7월 아빠는 연수가 거짓말하면서 손톱 절반을 물어뜯자 손바닥으로 빰을 수차례 때림.
9월 아빠는 화장실에서 나온 연수가 물기를 닦지 않고 거실에서 잔다고 하자 손바닥으로 얼굴을 힘껏 밀어서 바닥에 이마를 찧게 함(이틀 만에 만성과 급성이 혼재된 형태의 뇌출혈로 연수 사망).
12월 아빠는 연주가 옷에 오줌을 싸고 손톱을 물어뜯거나 배꼽 주위를 긁어 상처를 냈다는 이유로 손바닥으로 엉덩이를 수차례 때림.
2014년 2월 아빠는 연주가 이유 없이 소리 내 울고 옷에 대변과 소변을 싸고 손톱을 물어뜯는 등 특이한 행동을 한다는 이유로 수차례 빰을 때림.
3월 아빠는 2월과 같은 이유로 수차례 연주의 빰을 때림.
4월 아빠는 연주가 바지에 오줌을 싸고 울자 수차례 빰을 때림.
5월 연주가 바지에 대변과 소변을 보자 손바닥으로 수차례 빰을 때리고 30센티미터 자로 엉덩이와 손바닥, 종아리, 얼굴 등을 수회 때림.

이 모든 사실에 대해 아빠와 새엄마는 말을 바꿨다. 2013년 6월 연수를 발길질한 것에 대해서는 "밀었을 뿐"이라고 했다. 또한 그날 벌을 세운 것은 인정하나 세 시간은 아니라고 했다. 다른 폭행에 대해서는 기억이 나지 않는다고 하거나 톡톡 친 것일 뿐이라고 답하기도 했다.

07
사그라든 25명의 SOS

오늘도 아빠는 텐트용 폴대를 들었다. 네 남매 중 유독 민지를 때렸다. 이유는 없었다. 일곱 살짜리 오빠가 아빠를 막아섰다. 하지만 아빠를 막기란 불가능한 일이었다. 오빠는 바지에 오줌을 지렸다. 외할머니가 목격자다. 이모는 민지 아빠가 평소 아이들을 심하게 때린다는 사실을 눈치 채고 있었다.

"아빠와 함께 있지 않게 해주세요."

민지의 평소 소원이라고 했다. 뒤늦은 증언이 이모로부터 나왔다. 세 살짜리 민지는 자신의 소원에 목숨이 달려 있었다는 걸 알았을까? 민지는 결국 그 소원을 이루지 못했다. 아빠 대신 일을 나간 엄마가 집에 돌아왔을 때 민지는 이미 숨이 넘어가고 있었다. 다섯 살짜리 언니는 한 살짜리 동생을 품에 안고 이불 속에 숨어 있었다. 119

구급대가 와서 민지를 데려갔다. 민지는 아빠한테 맞은 뒤 구토를 했다. 일곱 살 오빠와 다섯 살 언니는 민지의 토사물을 치웠다.

아빠의 폭행은 오래 지속된 것으로 보인다. 민지가 숨을 거두기 이틀 전에도 주먹으로 민지의 얼굴을 때려 얼굴이 심하게 부어올랐고, 텐트용 폴대로 때린 몸도 정상이 아니었다. 이 사실을 엄마뿐만 아니라 외할머니, 이모도 알고 있었다. 하지만 어느 누구도 신고할 엄두를 내지 못했다. 아빠의 폭력은 매일 반복됐고, 항상 칼을 곁에 두고 협박했다. 그런 극한의 폭력에 저항한 건 일곱 살 오빠뿐이었다. 일곱 살 아이의 후유증도 오래갔다. 민지가 숨을 거둔 이후에도 학대 후유증이 남아 자신이 본 학대 상황을 갑자기 주절거리거나 바지에 오줌을 지렸다.

《한겨레신문》이 국회, 보건복지부, 중앙아동보호전문기관, 법원, 법무부 등으로부터 입수한 아동 학대 사례 개요, 판결문, 공소장, 사건 기록 등을 분석해보니 2008~2014년 학대로 사망한 아동 112명 중 학대가 외부로 알려졌지만 구조를 받지 못해 숨진 아이가 25명(22.3퍼센트)이었다. 어른들이 제때 나섰더라면 구할 수도 있었던 목숨들이다.

25명의 구조 신호는 제각각이었다. 민지처럼 다섯 살 지원이도 자신의 처지를 직접 알렸다. 고모에게 "이모가 때린다"고 말했다. 큰엄

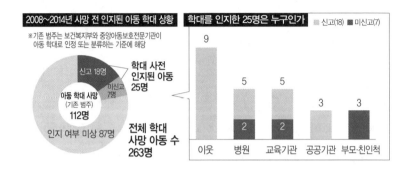

2008~2014년 사망 전 인지된 아동 학대 상황

※기존 범주는 보건복지부와 중앙아동보호전문기관이 아동 학대로 인정 또는 분류하는 기준에 해당

학대 사전 인지된 아동 25명

신고 18명
미신고 7명

아동 학대 사망 (기존 범주) 112명

인지 여부 미상 87명

전체 학대 사망 아동 수 263명

학대를 인지한 25명은 누구인가
신고(18) 미신고(7)

이웃 9 / 병원 5, 2 / 교육기관 5, 2 / 공공기관 3 / 부모·친인척 3

마에게는 "이모가 머리, 얼굴, 가슴을 때리고, 이모 딸이 어른들이 없을 때 자신을 침대에서 떨어뜨리고 괴롭힌다"고 말하기도 했다. 지원이가 이모라고 부른 사람은 친척이 아닌 아빠의 애인이었다. 지원이는 학대를 알린 지 2주 만에 뇌출혈로 사망했다. 이는 급성이 아닌 만성으로 판명됐다. 지속적인 학대였던 것이다. 몸에서는 담뱃불로 지진 듯한 상처와 물집, 꼬집힌 자국이 확인됐다. 전체적으로 깡말라 있었다.

하지만 민지나 지원이와 달리 대부분의 아이들은 자신의 처지를 직접 알리지 못했다. 의사 표현도 제대로 할 수 없을 만큼 어린 탓이다. 열 살 준영이는 체격이 왜소했으며 지저분한 옷차림으로 악취를 풍겼다. 때로 몸에서 멍이 발견되기도 했고, 맨발로 동네를 누비기도 했다. 마을 공동체가 있던 예전 같으면 보기 힘든 풍경이었을 것이다. 최소한 이웃들이 아이의 사정은 파악하고 있었을 것이다. 하지만 이미 강퍅해질 대로 강퍅해진 이웃들은 아이를 돌볼 여력이 없었다.

그나마 준영이는 나은 편이었다. 학대를 받아 숨진 아이들 중에는 준영이처럼 동네를 누비는 모습도 보이지 못한 아이들이 태반이다. 한 살배기 호경이나 돌을 앞둔 승리처럼 아직 걷지도 말하지도 못하는 아이들은 밤낮없이 우는 수밖에 없다.

이렇듯 아이들은 고백으로, 몸으로, 울음으로 구조 신호를 보냈고, 그 신호가 외부에 닿았다. 아이들을 살릴 '골든 타임'이 시작된 것이다. 원래대로라면 어른들은 아동보호전문기관이나 경찰에 신고하고, 신고받은 곳은 즉시 출동해 아이들을 구해내야 한다. 하지만 현실은 그렇지 못했다. 25명 가운데 학대 인지 시점에서부터 죽음에 이르기까지의 기간이 파악된 19명이 구조를 기다린 시간은 평균 216일. 무려 7개월이 넘었다.

아빠가 피운 번개탄 연기에 갑자기 숨진 준영이처럼 22일밖에 버티지 못한 경우도 있었다. 준영이가 세상을 뜨기 한 달 전, 신고를 받은 아동보호전문기관은 준영이를 격리하기 위해 나섰다. 준영이 엄마는 친권 소송을 준비했고, 친권 문제로 고소장을 발송하기도 했다. 하지만 늦었다. 친권 문제를 해결하고 준영이를 데려오기까지는 반년이 넘게 걸렸다. 어른들이 때를 미루는 사이 준영이 아빠는 준영이가 자는 방에 번개탄을 피웠고, 준영이는 그렇게 세상을 등졌다.

90일 동안 구조를 기다린 세인이도 있다. 아동보호전문기관에 접수된 첫 신고 기록을 보면 "세인이 엄마는 정신질환이 의심되며, 한 살짜리 아이를 혼자 두고 장시간 외출하는 것으로 보인다"고 쓰여 있다. 여기서 한 살짜리 아이는 세인이의 동생이었다. 세인이에 대한 폭행 또한 의심할 만한 상황이었다. 하지만 어른들은 더 이상의 조사를 진행하지 못했다. 추후 경찰 조사로 따져 보니 세인이가 산 날은 884일, 그중 학대받은 날이 821일이었다.

서현이처럼 학대가 알려진 뒤로 4년을 견딘 경우도 있었다. 서현이의 경우 어린이집, 유치원 등에서 복수의 교사들이 몸의 상처를 발견했다. 특히 다리에 유난히 상처가 많았다. 한 유치원 교사가 "더 이상 묵과할 수 없는 큰 상처"라고 말할 정도의 큰 멍으로 신고를 한 것은 폭행의 흔적이 발견되기 시작한 지 두 달이 지나서였다. 아동보호전문기관이 개입했고, 부모와의 상담도 이뤄졌다. 하지만 이 또한 두 달 만에 서현이 가족이 이사 가면서 중단됐다. 그리고 10개월 뒤 서현이는 갈비뼈 16개를 부러뜨린 새엄마를 향해 "소풍 가고 싶어요"라는 말을 남기고 숨졌다.

스물다섯 아이의 구조 신호를 받은 곳 중에는 이웃이 아홉 건으로

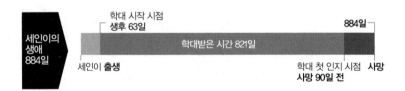

세인이의
생애
884일

학대 시작 시점
생후 63일

학대받은 시간 821일

884일

세인이 출생

학대 첫 인지 시점 사망
사망 90일 전

가장 많았다. 일곱 군데의 병원에서는 아이들의 상처를 통해 학대를 인지했다. 어린이집 등 교육기관 일곱 곳과 공공기관 세 곳도 학대를 목격했다. 친인척에게 알려진 것도 두 건이었다.

사건별로 학대를 눈치 챈 어른들의 수를 세어보면 사회적 방임과 방치가 어느 정도인지 가늠할 수 있다. 민지에게 가해지는 쇠몽둥이질을 본 어른만 해도 둘이다. 지원이가 굶고 맞고 있다는 것은 고모와 큰엄마가 알고 있었다. 연수의 몸에서 멍을 본 어른들만 최소한 다섯이다. 서현이도 마찬가지다. 이웃만 아니라 어린이집 교사, 동네 피아노 학원 선생님, 병원 의사 등 십수 명의 어른들이 서현이의 멍을 보고 지나쳤다. 특히 이들 가운데 의사와 어린이집 교사는 신고 의무자다. 법적으로 처벌이 명시돼 있지만 입건된 사람은 없다.

물론 얼마나 많은 이웃이 옆집의 학대를 인지했는지는 모를 일이다. 울음소리가 학대의 이유로 지목된 11건의 경우 그 소리를 주변의 이웃이 듣지 못했을 리가 없다. 이 밖에도 의사와 간호사가 함께 환자를 돌보는 병원에서, 교사들이 모여 매일처럼 조회와 종례를 반복하는 어린이집 등 교육기관에서 얼마나 많은 사람이 아동 학대를 알고도 지나쳤는지 정확히는 아무도 모른다.

문제는 인지보다 신고다. 25명의 아이에 대한 학대 사실을 알고도 아동보호전문기관에 신고한 건 18명뿐이었다. 학대를 목격한 나머지 7명의 어른들은 '알고도' 묵인한 것이다. 특히 이 가운데 지혜

(1세), 사랑이(1세), 나람이(8세), 연수(5세) 등 네 명이 보낸 구조 신호 는 법에서 신고 의무를 규정하고 있는 어린이집, 병원 등 공공의 영 역에 닿았다.

어덟 살 나람이의 경우 아동 학대로 신고됐을 당시 맹숭이 있어 보일 정도로 불안했다. 신고 내용은 신체·정서·방임 학대가 의심된 다는 내용이었다. 나람이의 담임교사는 "나람이가 1학기 때는 성격 이 맑고 밝으며, 교우관계도 좋고 모범적인 아이였다. 다만 2학기 들 어서는 울적해하면서 무기력한 모습을 보였다. 최근에는 학대 의심 이 드는 멍이 얼굴과 몸에 생기기 시작했다"고 말했다. 나람이는 아 빠와 새엄마로부터 맞고 있다고 말했다가 새엄마의 눈치를 보며 맞 은 적이 없다고 말을 바꿨다. 나람이의 학대는 결국 외부로 알려졌지 만 나람이는 복막염으로 숨졌다. 그동안의 학대를 날수로 계산해보 면 412일에 달한다.

연수도 마찬가지다. 연수를 향한 아빠의 폭행이 처음 병원에 알려 진 뒤로 145일의 시간이 있었다. 처음 방문한 병원에서 신고가 이뤄 졌더라면, 그 사이 어린이집 교사가 조금 더 냉정하게 연수를 위해 신고를 했더라면 연수의 죽음은 막을 수 있었을지도 모른다. 동생에 대한 아빠의 폭행을 신고한 이웃에 의해 연수의 죽음까지 진실을 드 러냈다. 하지만 진실보다 더 중요했던 것은 연수의 목숨이다.

상당수의 어린이집, 병원 등은 학대 사실을 알고도 아동보호전문기관이나 경찰에 신고하지 않았다. 이들은 법대로라면 과태료 처분을 받아야 했다. 하지만 아이들의 죽음에 책임을 진 곳은 단 한 곳도 없다. 연수의 경우처럼 보호자의 학대에 대한 수사가 이뤄진 경우라도 신고 의무를 다하지 않은 의사나 어린이집 교사 등은 추적해 책임을 물어야 한다.

문제는 아동보호전문기관에 신고를 접수한 18명(15.9퍼센트)의 운명도 달라지지 않았다는 점이다. 서현이는 멀리 이사하는 과정에서 각 지역의 아동보호전문기관 사이에 인수인계가 제대로 진행되지 않았다. 서현이의 죽음을 막을 수 있었던 직접적인 계기가 사라진 셈이었다.

준영이는 신고 뒤 기관 조사 과정에서 아빠에 의해 갑작스럽게 죽음을 맞이했다. 기관의 지속적인 모니터링 과정에서 부모의 학대로 숨진 경우도 있고, 기관에서 치료받을 병원을 알아보는 도중에 아이 스스로 목숨을 끊은 사례도 있다.

진현이처럼 기관이 신고를 받고 현장에 출동해 집 안에 각종 취사도구, 쓰레기, 옷가지 등이 무질서하게 널려 있고, 음식들은 유통기한이 지난 채 방치돼 있어 곧바로 방임 사례로 판정한 경우도 있었다. 하지만 100여 일이 지난 뒤 진현이는 이모부의 폭행으로 뇌출혈을 일으켜 숨졌다.

승리도 마찬가지다. 아기가 몇 시간째 울고 있는데 방치된 것 같다는 신고가 접수돼 아동보호기관이 보호에 나섰다. 다만 기관에서 엄마를 상담했으나 심하게 우는 것 말고는 큰 어려움이 없으며, 일이 바쁠 때는 할머니가 육아를 돕고 있다는 설명을 듣는 데 그쳤다. 또한 승리의 오빠와 언니도 현재의 상황에 만족하고 있으며 위생상의 문제나 폭행의 흔적을 발견하지 못해 기관이 개입할 여지를 찾지 못했다. 하지만 결국 승리는 3개월 뒤 응급실로 실려 왔다. 몸에서 멍, 꼬집힌 자국, 찢어진 자국이 발견됐다. 아빠는 "훈육 차원에서 꼬집은 것"이라고 설명했다. 승리는 결국 두개골 골절을 동반한 뇌출혈로 숨졌다. 신고는 아이 누구에게나 명멸하는 마지막 불빛으로 보였다. 신고 뒤 죽음까지의 기간 동안 우리는 언제나 부족했다.

준성이도 마찬가지다. "배변을 제대로 하지 못한다는 이유로 아빠가 혼을 내는 것 같고, 아이의 몸에서 상흔이 발견되었다"는 1차 신고가 있었다. 아빠는 신고가 이뤄진 날로부터 열흘 뒤 재학대 예방을 위한 서약서를 썼다. 배변 훈련 과정에서 체벌이 잘못된 양육 방법이었다는 사실도 인정했다. 하지만 그로부터 514일 뒤 준성이는 영양실조 등으로 사망했다. 아빠가 밥을 굶기고, 매질을 한 것이다. 아빠의 서약만 믿고, 우리는 준성이를 방치했던 게 아닐까?

실제로 가족을 어디까지 믿어야 하는지에 대해서는 견해가 엇갈린다. 학대 피해 아동을 가해자 부모로부터 반드시 분리 보호해야 하느냐 하는 문제에 대해서도 의견이 일치하지 않는다. 1차 격리 뒤 가족의 품으로 돌아가야 아이가 정상적으로 자랄 수 있다는 신념은 우리의 가족주의 이데올로기 안에서만 발견되는 것은 아니다. 실제로 영미에서 시행하는 격리 원칙에서도 그러한 방향성은 발견된다.

안타깝게도 아이들은 골든 타임을 지나 하나둘 죽어갔다. 우리가 할 수 있는 일을 다 하고 있는지, 이들의 죽음을 막을 수는 없었는지, 반드시 돌아봐야 할 것이다. :: **하어영**

08
우리의 묵인과 무관심 속에 빚어지는
가정 내 아동 학대 범죄

신고 의무자들의 외면

'기쁨을 아는 봄'이라 이를 만했다. 2015년 3월 26일 새하얀 대학로 (서울 명륜동). 음지만 찾아다니던 기자들 다섯이 한낮에 거기 모였다. 기자들은 몸을 들썩였지만 잠시 뒤 한 의과대 교수와 약속된 자리에서 이러한 봄도 모른 채 죽은 아이들 이야기로 다시 돌아가야 했다.

그날 대화의 주제 가운데 하나는 '왜 의사들은 아동 학대 징후를 발견해도 신고하지 않느냐'였다.

교수 신고 의무를 지키기 어렵습니다. 소아과는 개원의들이 많거든요. 동네 평판 무서우니까 못 나섭니다. 소아과 의원들이 동네

주부들 온라인 커뮤니티에 부인 아이디로 들어가서 종종 보거든요. 어디 의원 찍히면 가루를 내버려요. 그래서 개원의가 함부로 그런 얘기 하기 어려워요. 실제와 현실이 다릅니다.

기자 신고 의무를 위반하면 받게 되는 처벌이 최근 더 강화됐잖습니까.

교수 분위기 별로 안 좋죠. 그래서 자동으로 신고하도록 하는 게 필요합니다. 아동 학대 징후를 판단하는 선별 도구를 만들어 두 가지만 해당되면 무조건 신고하도록요. 가해자들이 항의해도 규정이 그래서 어쩔 수 없다고 핑계 댈 수 있도록 하는 겁니다.

기자 의대 커리큘럼에도 아동 학대 선별과 신고 의무 등을 넣어야 하지 않을까요?

교수 포함해야죠. 그런데 잘 안 될 겁니다. 의사 국가고시에 몇 년에 한 번씩만 관련 문제를 넣어도 학생들이 공부할 텐데 말이죠. 그런데 과마다 관련되는 건 다 알아요. 예를 들어 영상의학과에서도 흔한 손상인지, 학대인지 다 아는 거죠. 문제는 자기들 것만 아는 거예요. 그래서 각 과의 전문가들이 모여서 상의를 하면 낫겠죠.

방법이 없지 않은데 실현하긴 어렵다. 교수와의 문답은 자주 '가능한 방법'에 고무됐다 '실현되지 않는 현실'로 내려앉았다.

의료인들의 아동 학대 신고율은 지나치게 낮다. 이들은 보호시설·기관의 종사자, 유치원·어린이집 종사자, 교원, 구급대원 등과 함께 대표적인 아동 학대 신고 의무자로 꼽힌다. 하지만 중앙아동보호전문기관이 2013년 한 해 아동 학대 신고자를 조사한 결과 의료인(1.3퍼센트)은 사회복지 공무원(11.9퍼센트), 시설 종사자(11.9퍼센트), 교원(8.9퍼센트) 다음이었다. 사실상 학대 피해 아동과의 접점에 있는 전문가 가운데 꼴찌나 다름없었다. 같은 해 미국에서는 신고자 가운데 의료인이 차지하는 비중이 14.5퍼센트로, 우리의 11배가 넘는 것으로 나타났다.

이유가 뭘까. 문제를 느낀 소아응급학회는 2014년 초 회원 의사들을 상대로 설문 조사를 진행했다. 의사들이 아동 학대로 신고하지 않은 이유로 가장 많이 꼽은 것은 뜻밖에도 '아동 학대 정도가 심하지 않거나 증거가 불확실해서' '신고 절차를 알지 못해서' '신고 뒤 책임이 부담되어서'였다. 쉽게 이해가 되지 않았다. 직접 만난 전문가

2013년 아동 학대 신고자 유형

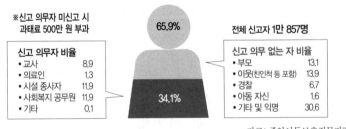

※신고 의무자 미신고 시 과태료 500만 원 부과

신고 의무자 비율	
• 교사	8.9
• 의료인	1.3
• 시설 종사자	11.9
• 사회복지 공무원	11.9
• 기타	0.1

65.9%

34.1%

전체 신고자 1만 857명

신고 의무 없는 자 비율	
• 부모	13.1
• 이웃(친인척 등 포함)	13.9
• 경찰	6.7
• 아동 자신	1.6
• 기타 및 익명	30.6

자료: 중앙아동보호전문기관

들 대다수가 "아동 학대는 소소한 정황의 반복에서 추정된다"고 공식처럼 말했기 때문이다. 따라서 정도가 심하지 않다거나 증거가 불확실해서 신고하지 않았다는 고백은 신고 뒤 책임이 부담된다는 태도와 크게 다르지 않아 보인다. 그 부담 내지 미필적 고의에 의한 방임이 결국 전문가로서의 소극적 판단을 유도했을 가능성이 적지 않은 것이다. 이는 '책임이 부담된다'는 솔직한 태도보다 실은 더 위험할 수 있다. '전문가로서의 판단'에 따른 결정이라며 아동 학대를 신고하지 않은 것을 정당화해버리기 때문이다.

의과대학 교육 과정에 아동 학대 예방·검사 관련 교육이 마련된 곳은 서울대, 아주대, 한양대 등 극히 일부에 불과하다. 중앙아동보호전문기관 누리집엔 아동 학대 대응 협력 병원이 62곳으로 소개되어 있는데, 실제 학대피해아동보호팀을 운영하는 병원은 29곳에 불과했다(2013년 조사 결과). 지금은 더 줄었을 공산이 크다.

학대아동보호팀은 병원에서 아동 학대 사례가 포착될 경우 '의심'부터 평가, 신고까지 체계적으로 전담해 피해 아동을 치료하도록 한 조직이다. 2000년대 초 국가 차원에서 종합병원에 학대피해아동보호팀을 설치하자는 움직임이 있었고, 2003년 11월 전국 병원 학대피해아동보호팀 발대식까지 개최하면서 대폭 늘어났으나 당초부터 병원의 재정·인력 지원이 적었고, 해를 거듭할수록 관심 밖이 되었다.•

• 이 유명무실함은 무서운 속도로 영리화되는 국내 의료 기조와도 맞물려 있다. 돈이 되

2014년 9월 아동 학대 범죄의 처벌 등에 관한 특례법이 시행되면서 아동 학대 신고 의무는 강화되었다. 신고 의무자도 22개 직군에서 24개 직군으로 늘었다. 처음으로 아이 돌보미도 신고 의무자에 포함됐다. 아이들이 제 '죽음'으로 겨우 하나 더 마련한 안전핀 같은 것이었다.

그간 학대 사실을 "알고도" 신고하지 않았을 때 300만 원 이하의 과태료가 부과되었으나 특례법에 따라 "아동 학대 범죄를 알게 된 경우나 그 의심이 있는 경우에는 중앙아동보호전문기관 또는 수사 기관에 신고"해야 하며 어길 시 500만 원 이하의 과태료가 부과된다.

하지만 새 징벌 수준도 미국에 견주면 여전히 낮은 편이다. 미국의 여러 주는 벌금이나 과태료 외에도 신체 자유까지 제한한다. 사우스 캐롤라이나 주와 캘리포니아 주에서는 신고 의무 미이행자에게 최대 6개월의 징역형을 규정하고 있으며, 플로리다 주에선 신고 의무 미이행자뿐 아니라 다른 사람의 신고 의무 이행을 방해하는 자에게까지 최대 5년의 징역형을 규정하고 있다.

우리나라의 경우 더 큰 문제는 실제 처벌이 거의 없다는 점이다. 2013년까지 신고 의무 불이행으로 처벌받은 이들은 전무했다. 특례법 개정을 이끌었다고 해도 과언이 아닌 '이서현 사건' 수사 과정에

지 않는 의료 서비스는 대부분 병원의 관심사가 아니다. 공공의료 가치의 개입 없이 이런 흐름이 바뀌긴 어렵다. 하지만 이 때문에 생명권마저 위협받는 아이들에게는 정작 투표권이 없고, 투표권이 없으니 더 소외된다.

서도 신고 의무 불이행으로 처벌받은 이는 없었다. 2014년 11월 강원도 소재 학교의 한 교사가 아동 학대 사실을 알고도 신고하지 않았다는 이유로 과태료 처분을 받은 것이 특례법 이후 첫 처벌이었다.

물론 형사 처분이나 단속이 능사가 될 순 없다. 영국, 벨기에, 독일, 네덜란드는 아예 아동 학대 신고 의무제 같은 것이 없다. 차이는 이런 것이다. 황준원 강원대 의대 교수(정신건강의학과)는 "가해자가 칼이라도 들고 오지 않을까 겁나는 게 사실이다. 신분 노출 위험도 크다. 의무와 책임은 강조했는데 그만큼 신변 보호가 가능한지 우려가 많다. 한국 사회에서 '고발'은 생각보다 힘들다"고 말했다.

서울 지역의 또 다른 의대 교수도 "아동 학대 가해자한테 신고자가 협박도 많이 당한다. 자신을 보호하려고 가스총을 갖고 다니는 이들도 있다"고 말한다. 아동 학대 사례를 전문으로 조사, 관리하는 기관으로 그나마 입지를 굳힌 중앙아동보호전문기관 직원들도 아동 학대 가해자로부터 위협받기 십상이다. 이는 아동 학대를 가족과 개인의 문제로 간주하고 아이를 소유물로 보는 시각이 여전히 견고한 탓인데, 이런 이유에서 의료인들이 아예 강제적인 신고 매뉴얼을 요구하는 것이다.

《한겨레신문》이 취재한 아동 학대 사례 가운데 기자들끼리 '아동 학대의 백과사전'이라 부르는 이가 있었다. 부산 출신의 안○○ 씨였는데, 그는 2011년 친딸을 성폭행했고 2013년 외조카를 때려죽였다.

그는 처제도 성폭행했다. '팩트'만 건조하게 추려놓은 문장만 봐도 잔혹함이 느껴질 지경이었다. 그중 가장 잔인한 것은 그가 2011년을 지나 2013년 유유히 또 다른 피해자에게 당도했다는 사실 자체였다. 의료인이 모두 책임질 수는 없지만, 의료인도 분명 악마의 진화 과정에 존재했을 터다.

다시 그해 3월 봄의 대학로. 그날 기자들은 교수와의 인터뷰를 마친 뒤 회사로 돌아가지 않았다. 갈 수 없었다. 퇴근 시간은 멀었으나 격무를 핑계로, 아니 봄에 발목 잡혔다 하고 마로니에 공원 한구석에 둘러앉았다. 맥주나 음료 한 캔씩 집어 들었다. 꼬마들과 젊은 엄마들이 소풍 나온 양 건너편에 무리지어 있었다. 바투 걸음을 뗀 듯한 아이 하나도 적의 없이 우리 주변을 아장거렸다. 그러다 한쪽에서 술 취한 남성이 허공을 향해 난데없이 욕을 했지만 사방 아이들 웃음에 금세 묻혔다. 봄은 저 홀로 오는 것도, 웃는 것도 아닌 모양이었다. 아이들이 갓 피워 올린 봄볕 아래 비만한 기자들은 또다시 아이들의 죽음을 얘기해야 했다. :: **임인택**

아동 학대 징후, 몸의 구조 신호 봤다면 신고하세요

우리나라에서 아동 학대 사망 사건은 1~2주에 한 번꼴로 발생한다. 세월호 참사가 국가의 방임으로 커졌듯 아동 학대 사망도 사회의 방임이 조장한다.

2013년 말 온 나라를 흔들었던 '이서현 사건'에서 서현이는 제 몸으로 최소 다섯 차례 사회에 '아프다, 살려 달라' 구조 신호를 보냈다.

등에 멍이 든 여섯 살 서현이를 유치원 교사가 "학대가 의심된다"며 포항아동보호전문기관에 신고했다. 2011년 5월 13일, 최초의 신호였다. 물론 이전부터 서현이는 계모 박○○ 씨로부터 맞고 있었다.

일곱 살 서현이는 대퇴부 골절로 119 구급대로 병원에 이송됐다. 2012년 5월 21일, 두 번째 신호였다. 박 씨는 병원에단 "학원 계단에서 넘어졌다"고 말했고, 학원에는 "우편함에서 굴렀다"고 말했다.

다섯 달 뒤 서현이는 손목, 발목에 2도 화상을 입어 입원했다. 2012년 10월 31일이다. 박 씨는 "샤워 때문"이라며, 아이의 세 번째 신호를 눙쳤다.

2013년 9월 추석 직후 담임교사도, 피아노 학원 원장도 서현이의 얼굴에 난 멍 자국을 발견했다. 네 번째, 다섯 번째 신호였다. 이들은 학대를 의심하지 않았다.

그리고 서현이는 영영 침묵했다. 그해 10월 24일, 박 씨는 서현이가 "반신욕 중 사망했다"며 119에 신고했다. 물론 거짓말이었다. 서현이는 갈비뼈 16개가 골절되었고, 부러진 뼈가 폐에 박혀 있었다.

멍, 화상, 대퇴부 골절 등 서현이의 '신호'는 아동 학대 가능성을 시사하는 가장 전형적인 지표였다. 그런데도 병원, 119, 학교, 학원,

아동보호전문기관 어디서도 서현이를 구출하지 못했다. 그 밖의 시그널은 훨씬 더 많았다. '이서현 보고서' 제작 과정에 참여했던 한 인사는 말했다. "서현이 엄마는 특이했다. 아이가 학교에서 뭘 가져오면 거기에 대해 코멘트를 대여섯 개씩 썼다. 정말 관심도 많았다. 서현이도 그랬다. 엄마를 좋아한다는 듯한 시도 쓰고 그림도 그렸다. 결과적으론 그런 것부터가 이상 신호였다. 가해 사실을 가리기 위해 평소엔 잘해준다는 것이다."

아동 학대는 대개 우발적이지 않다. 사망에 이르기까지의 과정은 더더욱 인과적이고 의도적이다. 선별 징후가 있다는 얘기다. "학대받은 2세 미만 아동의 75퍼센트는 과거에 뇌 손상 또는 뇌 손상의 트라우마를 경험했다"(L. Ricci, A. Giantris 외, 〈메인 주 영유아들의 학대로 인한 뇌 손상〉, 2003)거나 "적정한 발견과 개입이 없다면 아동 학대의 35퍼센트가 재발할 수 있다"(C. Y. Skellern 외, 〈영유아의 비우발적 골절〉, 2000)는 연구 결과가 이를 뒷받침한다.

학대 위험 인자도 추려진다. 정진희 보라매병원 교수(응급의학과)는 모든 연령, 성별, 인종, 사회경제적 요인에 관계없이 신체 학대는 아동이 고연령일수록 증가하고, 심각한 손상은 2세 이하에서 많다고 발표했다. 또 영아 학대 위험 인자로 엄마의 흡연, 둘 이상의 형제자매, 저체중 출생아, 미혼모, 친부모 외의 어른 동거(위험도 50배 증가), 장애아(위험도 2.1배 증가) 등을 꼽았다(〈아동 학대, 놓치지 않으려면〉, 2014년

세미나 발표 자료). 이러한 연구들은 사회가 조기에 개입해 아동 학대의 점증을 예방할 수 있다는 사실을 웅변한다.

가장 명료한 징후는 서현이와 같은 신체 손상이다. 전문가들은 특히 망막·경막하(뇌경질막) 출혈, 대퇴부·상완·흉골·견갑골 골절 등을 아동 학대가 의심되는 요주의 손상으로 본다. 대부분 강력하고 지속적인 외부 충격이 있어야 '겨우' 가능한 신체 손상이란 공통점이 있다. 2세 미만일수록 대부분의 골절에서 학대 혐의는 더 커진다.

곽영호 서울대병원 교수(응급의학과·학대아동보호팀장)는 이렇게 말했다.

"3개월 된 아이가 침대에서 떨어졌다? 어린아이가 놀이터나 침대에서 떨어져 늑골이 부러졌다? 그러면 일단 거짓말이고 아동 학대일 가능성을 의심해야 합니다. 뒤집기도 못하는 아이가 어떻게 침대에서 혼자 떨어질 수 있겠어요. 신체 발달상 아주 유연한 뼈를 가진 아이들은 강하게 심폐소생술을 받아도 늑골이 잘 부러지지 않습니다. 단정하자는 것은 아니지만 망막 출혈 10명 가운데 8명, 상완 골절 10명 가운데 5명, 경막하 출혈 손상 10명 가운데 4명꼴로 아동 학대를 의심해볼 수 있다고 봅니다."

곽 교수가 설명한 '경향성'은 의료진이 일선에서 조금만 관심을 갖는다면 몇 가지 지표로도 아동 학대를 들춰내고, 조기 개입할 수 있다는 점을 강조한 것이다. 나아가 그것이 의료인의 책무여야 한다는 점을 에두른 것이기도 하다. 비교적 선명한 징후 앞에서조차 '아동 학대 정도가 심하지 않거나 증거가 불확실하다'며 회피해선 안 된다는 얘기다. 다만 정진희 교수는 "위험 인자를 아동 학대 지표로 고려하기보다는 예방 전략의 지침으로 제공하고, 관리 및 치료 계획을 세우는 데 사용해야 한다"고 말한다.

물론 특정 손상만으로 아동 학대를 단정하기는 어렵다. 미국소아과학회는 '아동 학대 평가 지침'(2007)을 만들어 피부·머리·흉부·복부·근골격계 손상 등의 신체 검진 외에도 아이의 병력에 대한 보호자(가해자)의 해명이 타당한지, 손상에 대한 목격자의 다른 진술은 없는지 등을 살피도록 하고 있다. 대한소아응급학회도 2015년 '아동 학대 선별 도구'를 마련해 다음의 여덟 가지를 제시하고 있다.

1. 환자의 연령과 발달 단계에 가능하지 않은 손상인가?
2. 보호자, 환자에게 반복 질문했을 때 병력이 불일치하는가?
3. 환자가 손상 후 특별한 이유 없이 (병원) 방문이 지연되었는가?
4. 환자와 부모·보호자와의 관계가 적절해 보이지 않는가?
5. 신체검사에서 학대를 의심할 소견이 있는가?
6. 환자의 손상 병력과 신체검사 소견이 불일치하는가?
7. 환자의 의복, 청결 상태가 눈에 띄게 불결한가?
8. 2세 미만의 머리 손상이나 장골(엉덩이뼈) 골절 환자인가?

이에 기초해 의료인이 보호자와 아동을 문진하고, 두 가지 이상 해당될 경우 무조건 신고하도록 제도화하자는 제안이 나온다. 의료인이 법상 아동 학대 신고 의무자인데도 실제 신고율이 대단히 낮은 현실을 보완하자는 취지다.

보호자의 아동 의료 방임뿐 아니라 거꾸로 병원을 자주 옮기는 것도 아동 학대를 의심해볼 만한 단서다. 이는 아이의 특정 손상을 감추기 위한 행동일 수 있다. 진료 이력은 중요한 개인정보라 병원 간에도 공유가 되지 않아 가능한 일이다.

김민선 서울대병원 공공보건의료사업단 진료교수는 "외국의 가이드라인은 대표적 손상들뿐만 아니라 병력으로 아동 학대 여부를 살피도록 하고 있다"며 "가령 몸무게 미달, 영양 결핍 등이 발견되면 대단히 심각하다고 할 수 있다"고 말했다.

네덜란드는 응급실에 온 아이들의 아동 학대 여부를 의료진이 매뉴얼에 의거해 진단하도록 2009년 법제화했다. 정진희 교수는 "네덜란드는 이를 위해 큰 국가적 지원이 있었다"며 "그 밖에 지침까진 아니더라도 여러 종류의 선별 도구를 국가나 기관마다 사용하고 있다"고 말했다.

• 국내 현실에선 맹랑한 상상이지만, 아동 주치의가 의무화된다면 한 아이의 병력을 연이어 관찰할 수 있어서 학대 여부를 더 쉽게 포착할 수 있다. 2016년 현재 서울시는 아동 주치의 제도를 제한적이나마 시범 추진하고자 준비 중이지만 개원의들의 비협조로 어려움을 겪고 있다.

앞서 살펴봤듯이 한국은 이제야 선별 도구가 고안된 상태다. 일부 전문가들은 생후 4개월에서 71개월까지 국가가 개입해 건강 발달을 살피는 영유아 건강검진에 아동 학대 진단이 의무적으로 포함되어야 한다고 요구한다. 정익중 이화여대 교수(사회복지학)는 "영유아 검진의 건강 교육, 발달 검사 항목에 아동 학대 의심 지표를 추가하고 영유아 검진을 필수화하면 아동 학대의 보편적 예방·조기 발견 시스템으로 효과적으로 기능할 것"(〈아동 학대 사망 관련 지원 서비스 체계화 방안 연구〉, 2012)이라고 말한다.

아동 학대 예방을 위한 가장 원시적이면서도 강력한 방안은 '우리의 신고'다. 이서현 사건을 담당한 1심 재판부는 이렇게 판시했다.

"이 사건은 훈육이라는 이름의 체벌과 가정 내 폭력에 관대한 기존 정서와 주변의 무관심, 외면, 허술한 아동보호 체계 및 예산과 인력의 부족 등 우리 사회 전반의 아동보호에 대한 인식과 제도의 문제도 복합적으로 작용하여 발생한 것인바 이러한 사회적 문제를 도외시한 채 피고인을 극형에 처하는 것만으로 이러한 비극의 재발을 막을 수 없음은 자명하다."

2014년 9월 시행된 아동 학대 범죄의 처벌 등에 관한 특례법에서 신고 의무와 절차를 규정한 제10조의 2항("(신고 의무자의 경우) 직무를 수행하면서 아동 학대 범죄를 알게 된 경우나 그 의심이 있는 경우에는 아동보호전문기관 또는 수사기관에 신고하여야 한다")에 앞서는 제10조의 1항의 내용은 "누구든지 아동 학대 범죄를 알게 된 경우나 그 의심이 있는 경우에는 아동보호전문기관 또는 수사기관에 신고할 수 있다"이다.

주범은 아닐지언정 종범으로 서현이에게 무관심하고, 서현이를 외면했던 '주변인'들에게 저마다의 책임이 있다는 얘기다. 또 다른 서현이들이 몸으로 보내는 신호를 온 마을이 이해하지 못하면 학대의 비극은 계속될 수밖에 없다는 얘기이기도 하다. :: **임인택**

하인리히 법칙
영유아 건강검진 그 꿈같은 말

2014년 여름 어느 날 오후 서울 서대문의 한 병원에서 나이지리아인 부부를 만났다. 갓 태어난 세쌍둥이의 무료 건강 진료를 받겠다며 내원했던 차다. 의사는 아이를 여기저기 검진하고 영어로 부모에게 문진했다. 30대 엄마 아빠는 안도했고, 가지만 한 세쌍둥이를 보겠다며 모여든 이방인들이 또 안부를 물었다. 말도 안 통하는데 다들 웃었다.

그때 나는 사실상의 '무국적' 아이들이 이곳 대한민국에서 태어난 시점부터 발육할 때까지 겪게 될 생애 첫 1년의 여정이 궁금해 장기 관찰 취재를 기획 중이었다. 이 나이지리아 가족은 내가 찾던 여러 조건을 갖췄고, 한 바구니에 담긴 세쌍둥이는 위태롭게 그러나 천

사처럼 뭇시선을 사로잡았다. 경기도 동부의 주거지까지 1년을 오갈 생각에 지레 막연했으나 세 아이의 '안녕'을 세밀하게 추적하고 싶은 욕심과 확신이 교차하던 때 엄마는 결국 '노No'라고 답해줬다.

진료 뒤 한 시간가량 부부를 설득했으나 난민 신분의 노동자라는 불안이 극복되지 않았던 모양이다. "당장 뭘 도와줄 수 있냐"는 아이 엄마의 질문에 나는 왜 주춤했을까, 오는 길 내내 곱씹었다.

하나는 다행이었다. 부모가 부모 노릇만 하자면 나이지리아의 세 아이도 (부족하지만) 죽지 않을 만큼 제 안녕을 이 나라에서 확인받을 수 있다는 사실을 목도한 점. 이들도 사실상의 영유아 건강검진(모두에게 제공되는 보편적 권리는 아니다. 하지만 특정 병원에서 예방 접종을 겸해 덤으로 검진, 관리하는 경우가 있다)과 어린이 국가 예방 접종(이들에게도 의무이자 권리다. 국가 기록에도 남는다. 국내 아이와 전혀 차이가 없단 얘기다)을 받고 있었다. 불법 체류 노동자의 자녀라도 가능한 일이다.

그때 만난 의사는 이런 말도 했다. "아이들 병원 치료는 큰 문제가 아닙니다. 건강보험이 없어도 (내국인 아이와 큰 차이 없이) 기본적인 의료 서비스를 받을 순 있거든요. 진짜 문제는 약값입니다. 건강보험이 없으면 약값이 너무 비싸져요. 그래서 가급적 약을 처방하지 않는 쪽으로 조치를 합니다."

나이지리아 세쌍둥이도 받았던 사실상의 '영유아 건강검진'(출생신고 된 한국 국적 아이들이 적용받는 영유아 건강검진 일정표에 따른 것은 아니지만, 미숙아인 세쌍둥이는 그보다 더 세세한 건강검진 진료를 무료로 받았다)에 대해 얘기해보려고 한다. 말하자면 국적과 상관없이 한국에서 태어난 아이가 한국에서 태어난 '덕택에' 처음 맞는 의료 복지다. 아이들의 생존권에 국가가 개입하는 가장 원초적 복지이자 국가와 사회가 '널 돌보고 있어'라고 건네는 첫 메시지이기도 하다.

우리는 아동 학대로 사망한 아이들이 영유아 건강검진을 얼마나, 어떻게 받았는지 정량 분석을 해보기로 했다. 학계나 미디어 어디에서도 시도하지 않은 분석이었다. 더불어 보편 의료 복지 서비스인 어린이 국가 예방 접종 양태도 추적해보기로 했다. 당연히 아동 학대로 사망한 아이들은 이 제도들로부터 소외되는 정도가 전체 아이들의 경우보다 클 것이라는 가설을 세웠다.

하지만 이 둘에 대한 정보는 언론사가 접근하거나 손에 쥘 수 있는 데이터가 아니었다. 곡절이 적지 않았다. 결국 김용익 새정치민주연합(현 더불어민주당) 의원실을 통해 학대 사망 아이들을 간접적으로 특정하면서 영유아 건강검진 내역부터 추적할 수 있었다.

가설은 오래가지 않았다. 1차 자료를 받자마자 급한 마음으로 초벌 분석한 뒤 의원실에 바로 회신한 메일의 요지는 "일단 아동 학대 사망자들 대상의 영유아 건강검진 결과는 참혹할 정도로 느껴집니다"였다. 실제 두 달가량 자료를 추적하고 확보해 분석해보니 영유아 건강검진 자격(2002년 10월 15일 이후 출생 등)을 갖춘 채 2002~2014

년 학대로 숨진 아이들 75명 가운데 영유아 건강검진을 단 한 차례라도 받은 아이들은 15명에 불과했다. 다섯 명에 한 명(20퍼센트)꼴이다.

75명에는 1차 영유아 건강검진 기간(생후 4~6월) 이전에 숨진 24명, 출생신고도 되지 않은 3명이 포함되어 있다. 나머지 48명은 각기 생애에 따라 최소 189차례(구강 검진 포함)의 영유아 건강검진을 받을 '권리'가 있었다. 이 가운데 15명의 아이들만 모두 35차례(18.5퍼센트) 건강검진을 받았다. 이들만을 대상으로 한 차례 이상 영유아 건강검진을 받은 비율을 따져도 31.3퍼센트(15/48명)다. 사실상 학대 사망 아이들에게는 유명무실한 의료 복지라 할 수밖에 없었다.

일반 아동의 수검 실태와 비교가 될 리 없었다. 2014년 건강보험 가입 아동 292만 2,696명 가운데 199만 5,877명(68.3퍼센트)이, 기초생활수급자 등 의료급여 수급권자 아이들 3만 4,452명 가운데서도 2만 6,425명(76.7퍼센트)이 한 차례 이상 영유아 건강검진을 받았다.

20퍼센트라는 학대 사망 아이들의 영유아 건강검진 수검률조차 부풀려진 결과일 가능성이 높다. 2008~2014년 영아(신생아) 살해 피해 아동(59명), 살해 후 자살 피해 아동(92명, 추정치), 2010~2014년 0~2세 무연고 사망 아이(34명)는 영유아 건강검진 자격을 추적할 수조차 없어 애초 조사 대상에서 제외했기 때문이다. 대부분 만 0세에 숨졌다는 점을 고려하면, 최악의 경우 260명 가운데 15명만 영유아 건강검진을 받았을 것이라는 추정도 무리는 아니다. 100명 중 6명(5.8퍼센트)만 검진받은 꼴이다.

특히 학대 사망 아이들은 생후 42~53개월을 대상으로 하는 구강 2차 검진과 66~71개월을 대상으로 하는 7차 건강검진 수검률이 0퍼센트였다. 반면 2차(9~12개월), 3차(18~24개월) 수검률은 각각 33퍼센트, 37퍼센트로 그나마 최고였다. 지난해 의료급여 수급권자 아이들의 75~76퍼센트가 3·4차 검진을, 64퍼센트가 7차 검진을 받았다. 최소한 2, 3, 7차 검진이라도 보호자에게 의무화해 아동 학대 여부를 검사하게 한다면 아동 학대의 '징후'를 포착할 여지가 커질 것으로 보인다.

전체 아이들의 수검률과도 비교해볼 필요가 있다. 구강 검진을 제외한 7개차 건강검진 수검 비율 데이터를 확보했는데, 7차 건강검진의 수검률은 51퍼센트로 일반 그룹에서도 수검률이 뚝 떨어졌다. 효용성에 문제가 있는 셈이다. 따라서 이런 결락에 대한 보완부터 시도되어야 할 것으로 보인다. 반면 일반 그룹에서는 1, 3, 4차 건강검진의 수검률이 유독 높았다. 그렇다면 1, 2, 3차는 필수 수검, 즉 받지 않

영유아 건강검진을 한 차례 이상 이용   (단위: 명)

구분	시점	건강보험 가입자		의료급여 수급권자	
		대상자	수검자	대상자	수검자
일반 아동	2014년	2,922,696	1,995,877	34,452	26,425
학대 사망 아동	2002 ~2014년	104	15		

을 경우 처벌하는 의무 제도로 하고, 차츰 4~7차로 넓혀가는 단계적 접근도 가능하겠다.

2011년 2월에 태어난 정○○(경북 구미)은 지난해 3월 세 살 삶을 마감했다. 숨진 뒤에야 아버지(23세)에 의한 학대 사실이 경찰 조사에서 드러났다. 20대 부모는 게임방에서 만나 결혼했고, 2014년 초 사실상 별거했다. 2014년 3월 7일 밤 게임방에 가려던 아버지 정 씨는 아들이 잠들지 않자 코와 입을 막아 숨을 앗았다. 그리고 그달 말 집에 돌아와 아이를 쓰레기봉투에 담아 버렸다. 아이의 엄마(22세)는 4월 5일 경찰에 실종 신고를 했다.

○○은 2012년 6월과 10월에 이어 2014년 1월 17일 영유아 건강검진을 받았다. 이미 가정이 위태로운 시점이었다. 영유아 검진에서 면밀한 문진이 이뤄졌다면, 아동 학대 조짐이 적발됐을지도 모른다.

2014년 11월 숨진 이△△(당시 2세)도 그해 8월에만 두 차례(3차 검진, 1차 구강 검진) 검진을 받았다. 의료진과 조우한 지 석 달여 만에 숨진 것이다. △△을 목 졸라 죽인 엄마(39세)는 산후우울증을 오래 앓고 있었다.

학대 사망 아동의 필수 예방 접종 이용(2002~2014년)

대상	전체 예방 접종 예정 건수	실제 접종 건수
85명	1,383건	532건

분석: 김용익 의원실, 임인택 · 서규석 기자
자료: 건강보험공단, 질병관리본부

어떤 아이는 부모가 이별하면서 잘 받던 영유아 건강검진이 중단된다. 부부의 위기는 필시 아이의 위기를 동반했다. 어떤 아이는 태어나 단 한 차례 검진을 받은 뒤 다신 병원에 가지 못했다. 그리고 1~2년 새 사라졌다.

사실 현재의 영유아 건강검진과 어린이 국가 예방 접종에서는 아

2014년 영유아 건강검진 수검률 (단위: 명)

구분	건강보험 가입자 전체			학대 사망 아동		
	대상자	수검자	비율	대상자	수검자	비율
1차 검진 (생후 4~6개월)	430,159	325,377	75.6%	30	5	16.6%
2차 검진 (생후 9~12개월)	435,720	309,454	71.0%	24	8	33.3%
3차 검진 (생후 18~24개월)	480,359	371,541	77.3%	27	10	37.0%
4차 검진 (생후 30~36개월)	466,723	357,180	76.5%	20	2	10.0%
5차 검진 (생후 42~48개월)	460,498	327,055	71.0%	11	2	18.2%
6차 검진 (생후 54~60개월)	437,929	276,013	63.0%	16	3	18.8%
7차 검진 (생후 66~71개월)	456,138	240,478	52.7%	7	0	0%

※ 영유아 건강검진: 생후 4~71개월의 영유아 대상으로 10차(구강검진 3개차 포함)에 걸쳐 건강 문진·진찰, 신체계측, 발달평가, 건강교육 등을 국가가 무료 제공한다. 2007년 11월 시행되어 2002년 10월 15일 이전 출생한 이들은 대상이 아니었다. 개인별 생년월일에 맞춰 검진시기가 정해지기에, 주민등록번호가 없는 이들도 대상이 아니다.

※어린이 국가 예방 접종: 만 12세가 될 때까지 시기별로 결핵, B형 간염, 뇌수막염, 소아마비, 폐렴구균, 디프테리아, 파상풍, 백일해, 수두, 홍역, 일본뇌염, 인플루엔자, 장티푸스 등의 전염병을 예방하기 위한 14종의 백신 비용을 국가가 전액 지원한다. 2002년생부터 대상이었다.

동 학대 여부를 직접적으로 검사하거나 문진하진 않는다. 의료 전문가가 아이의 '안녕'을 확인할 수 있는 첫 번째 접점이란 점에서 일부 의료계와 학계에서는 영유아 건강검진을 아동 학대 진단의 전초지로 삼아야 한다고 제언한다. 아동 학대 여부를 확인하는 항목을 간단히 추가해 의무화하면 된다는 것이다. 그러나 학대로 숨진 이들이 얼마나, 어떻게 이 제도를 활용해왔는지, 즉 얼마나 이 레이더망에 포착될 수 있는지 실태 분석조차 되어 있지 않은 게 작금의 현실이다.

필수 예방 접종 실태도 유사했다. 2002~2014년 학대로 사망한 아이들 가운데 '예방 접종 등록 관리 정보 시스템'을 통해 예방 접종 내역이 추적되는 이들은 85명에 불과했다. 나머지는 출생 내지 사망일자가 부정확하거나 주민번호가 일치하지 않고, 애초에 정보 시스템에 등록되지 않았다는 이유 등으로 태어나 숨지기까지 필수 예방 접종을 단 한 차례라도 받았는지조차 알 수 없었다.

85명의 아이들이 저마다의 생애 동안 표준 예방 접종 일정에 따라 제공받아야 할 필수 예방 접종 건수는 모두 1,383건이었다. 이 가운데 실제 접종은 532건(38.5퍼센트)으로 4할을 넘지 못했다. 85명 가운데 52명(61.2퍼센트)이 전체 필수 접종 건수의 절반도 제공받지 못했기 때문이다.

85명에게는 평균 16건의 접종 권리가 있었다. 하지만 55명(64.7퍼센트)이 7건 이하, 그중 46명(54.1퍼센트)은 5건 이하였다. 태어나 단 한 번도 예방 접종을 받지 못한 아이들은 다섯 명이었다. 조은지(16세), 강지훈(15세), 곽준곤(12세), 이주한(5세), 나선영(4세)이다. 예정된 예방 접종을 모두 소화했는데도 숨진 이들 역시 다섯 명이었다. 이지은(4세), 박현호(3세), 노진현(3세), 최연두(2세), 서아인(1세)이다.

이들의 사연을 추적해야 예방 접종의 효용성도 확대할 수 있다. 그러나《한겨레신문》은 학대로 숨진 아이들의 예방 접종률이 높은 건지, 낮은 건지조차 따져보기 어려웠다. 전체 아이들의 예방 접종률을 수차례 요구했지만 정부로부터 자료를 받지 못했기 때문이다.

정부도 알고 있을 것이다. 학대받는 아이들에게 119는 충분치 않다. 일상적인 의료 방임, 허술한 영유아 건강검진 따위로 학대는 가려지고 때로 더 자란다. :: **임인택**

09
취약한 토양

‸

‸

부족한 쉼터, 부족한 예산

재석이는 영락없는 매미다. 한번 달라붙으면 좀체 떨어지지 않는다. 조심스런 탐색도 없다. 이 사람이다 싶으면 금세 엉겨 붙는다. 엄마, 아빠 아니면 낯을 가리는 여느 다섯 살 또래들과는 조금 달라 보인다.

세라는 힘센 사람인 척한다. "조용히 해." "가만히 있어." "기다려." 일곱 살 꼬마 여자아이가 누구한테 배웠을까? 권위자 흉내를 잘도 낸다.

2003년 6월 9일과 10일, 오누이를 상담했던 어느 선생님이 남긴 놀이 일지다. 선생님의 눈에 비친 재석이는 "그저 안전하게 딱 붙어 있을 상징적 존재를 찾는" 아이였다. 세라에 대해서는 이렇게 기록했다. "아마도 양육자의 행동을 그대로 모방한 것으로 추측된다."

오누이가 머물던 쉼터엔 나이가 제각각인 아이 대여섯이 더 있었다. 아이들은 같은 해 7월 17일 한낮에는 편을 나눠 물총 싸움을 했다. 누군가의 욕설로 물총 싸움이 중단됐지만, 곧 다른 놀이가 이어졌다. 세라와 재석이도 그 틈에 섞여 있었다.

그날 이후로 놀이 일지에는 오누이가 함께 등장하지 않는다. 세라가 선생님의 나이(28세)를 듣고서 떠올렸던 '그 사람'이 있는 곳으로 돌아간 탓이다. 세라 아빠는 스물아홉이었다. 세라는 상담 선생님의 나이를 알게 된 날, 종일 입을 닫았다.

그리곤 얼마 지나지 않아 세라와 재석이는 쉼터를 떠나 집으로 왔다. 한 달여 만에 돌아온 두 아이를 새엄마가 맞았다. 1년 전 가을부터 두 아이를 학대해왔던 그다. 2002년 겨울 오누이는 몸에 시퍼런 멍이 들었다. 막대기로 맞았다. 다짜고짜 집에 늦게 들어왔다는 이유를 들이댔다. 폭력은 계속됐지만 세라와 재석이의 아빠는 침묵했다. 실직한 그는 생활비를 버는 아내에게 미안한 마음이 앞섰다. 오누이가 다니는 교회의 전도사가 아이 몸에 난 멍 자국을 보지 못했다면 경찰도 나서지 못했을 것이다. 새엄마는 체포됐다.

그제야 아이들은 안전해졌다. 2003년 초여름, 둘은 쉼터로 보내졌다. 새엄마는 경찰에 "더는 학대하지 않겠다"고 약속했다. 그 한마디로 처벌도 면했다. 그해 8월 말 검찰은 기소유예 처분을 내렸다. 법정에 서지도 않았다. 사건은 깔끔히 마무리되는 듯했다.

하지만 헛된 약속이었다. 그는 쉼터에서 돌아온 아이들의 몸에 다시 손을 대기 시작했다. 매번 "집에 늦게 들어온다"는 이유에서였다. 빗자루, 파리채, 나무 막대기… 벽에 부딪히고 발로 차인 세라는 병원 이송 중 늑골 골절과 간 파열로 숨졌다. 2004년 2월 2일 저녁 8시였다. 동생 재석이는 살아남아 4주간 치료를 받았다.

재석이는 다시 쉼터에 보내졌다. 이번엔 혼자였다. 상담 선생님의 기억과 사진에는 세라 없이 재석이만 재등장한다. 2005년 9월 청계천에 놀러간 재석이는 쉼터 누나들 그리고 형들과 사진을 찍었다. 그즈음 남한산성, 경기도 수원의 광교산으로도 소풍을 갔다. 재석이는 속상한 일이 있으면 책상 아래로 들어가서 서럽게 울곤 했다. "모든 아이들이 울긴 하지만, 재석이의 울음은 더욱 슬픔의 농도가 짙고 오래갔다." 상담 선생님이 남긴 또 다른 기록이다. 2015년 재석이는 열일곱 살이다. 쉼터에서 11년 넘게 지냈다. 살아남았다면 세라는 꽃다운 열아홉 살이다.

2003년, 우리 사회는 세라와 재석이를 새엄마와 아빠에게 너무 쉽게 내줬다. 그 뒤 '안녕한지' 제대로 살피지 못했다. 다시 격리했지만 때는 너무 늦었다. 세라를 이미 잃은 때였다. 아동보호전문기관은 아이를 보호하지 못했고, 경찰과 검찰은 가해자에게 교정 없이 관대한 처분을 내렸다.

2009년, 다섯 살 성준이도 제대로 격리 보호를 받지 못했다. 처음엔 성준이와 두 살 터울인 형 준수가 당했다. 두 해 전부터였다. 친아빠의 거친 손과 매가 준수의 몸을 할퀴었다. 똥오줌을 못 가린다는 이유였다. 눈두덩과 얼굴에 시퍼런 멍이 들어서야 누군가가 신고했다. 조사가 이뤄졌지만 아이들은 격리되지 못했다. "다시는 학대하지 않겠다"는 아빠의 서약서로 상황은 마무리되는 듯했다. 그리고 2년 뒤, 형이 아닌 동생이 아빠의 손에 짧은 생을 마쳤다. 학대 이유와 방식은 형에게 하던 그대로였다. 성준이가 다섯 살이 되던 해다. 살아남은 형은 그제야 할머니 집에 맡겨졌다. 동생을 잃은 뒤였다.

2014년, 아동 학대 사건 10건 가운데 대략 3건에 분리 보호 조치가 취해졌다. 분리 보호란 학대한 부모 등으로부터 아이를 떼어놓는 것을 말한다. 중앙아동보호전문기관과 보건복지부가 공동 발표한 〈2014년 전국 아동 학대 현황 보고서〉를 보면 분리 보호는 전체 1만 27건의 26퍼센트를 차지한다. 이는 2014년에 아동 학대로 판단된 사례를 바탕으로 종결 여부와 관계없이 그해 취해진 최종 조치 결과를 뜻한다. 예를 들어서 어느 해 아동 학대로 판단돼 11월 초 아동이 분리 보호됐다가 다음 달 중순께 원가정에 복귀했다면, 그해 통계엔 원가정 복귀로 잡히는 식이다.

분리 보호 조치는 점점 늘어나는 추세다. 분리 보호는 10년 전 학대 피해 아동에게 취해진 조치 결과 가운데 16.9퍼센트였으나 최근에는 26퍼센트로 증가했다. 이는 가정 내 문제 해결을 중시하는 경향에서 사회적 개입을 확대하는 쪽으로 움직여온 흐름을 보여준다.

하지만 여전히 열에 일곱은 격리되지 않은 채 가해자와 피해자가 한 집에 그대로 머문다. 6년 전 성준이와 그 형이 그랬다. 사실 분리 보호되더라도 상당수는 이내 원가정에 복귀한다. 세라와 재석이처럼 초기에 격리됐다가 한 달여 만에 집으로 돌아가는 경우가 많다. 2014년 학대를 당해 쉼터에 들어왔다가 퇴소한 아동 중 1개월 미만 거주가 517명으로 전체의 61.6퍼센트를 차지했다.

피해자와 가해자를 무조건 분리시키자는 말이 아니다. 결코 분리가 능사는 아니다. 쉼터에서 피해 아동을 가능하면 오랫동안 보호하자는 것도 아니다. 학대의 재발 가능성이 낮고 아이 또한 원한다면 가정으로 돌려보내는 게 맞다. 하지만 잘못된 판단으로 준비되지 않은 가정에 아이를 성급히 돌려보내는 것이 얼마나 끔찍한 결과를 초래할 수 있는지를 절대 과소평가해선 안 된다는 얘기를 하고 싶은 것이다. 그 무엇과도 바꿀 수 없는 생명을 자칫 잃을 수 있기 때문이다. 이는 성준이와 세라의 죽음이 우리 사회에 보내는 당부이기도 하다.

두 아이의 죽음 이후 꽤 긴 시간이 흘렀다. 이제 많은 것이 달라졌다고 한다. 분명 아동보호전문기관의 수나 관련 종사자 수도 늘었다.

법률도 정비됐다. 학대를 받는 아동을 보호하는 양적·질적 시스템이 전보다 나아진 게 틀림없어 보인다. 하지만 과연 충분하다고 말할 수 있을까? 망설임 없이 아니라고 답할 수 있다. 적어도 이 분야 전문가들 가운데 '충분하다'고 답할 사람은, 장담하건대 하나도 없을 것이다.

여전히 아동을 보호할 쉼터도 인력도 아동보호전문기관도 인력의 전문성도 부족하다. 가해자로부터 아이를 떼어낸다 해도 우리 사회는 아직까지 아이를 받아낼 준비가 덜 되어 있다. 피해 아동을 보호할 시설과 인력이 충분하지 않다. 대표적 보호처라 할 쉼터는 턱없이 부족하다. 아동 학대 문제의 최고 전문가라 할 수 있는 정익중 이화여대 교수(사회복지학)는 "아이들을 맡길 데가 없다. 대안이 없으니 제대로 분리할 수 없다. 분리하더라도 가정에 빨리 복귀시키는 것도 이 때문"이라고 말한다.

2014년 전국적으로 36개였던 쉼터는 이듬해 22개가 늘어날 예정이었다. 쉼터란 학대 피해 아동을 보호하고 숙식 등을 제공하는 곳이다. 쉼터는 중앙정부(국고)와 지방자치단체(지방비)의 보조를 받아서 운영된다. 주로 중증 학대 피해 아동이 아파트와 단독주택 등에서 7명가량씩 공동생활을 한다. 쉼터의 증설은 아동 학대의 심각성을 인지한 정부의 환영할 만한 정책이지만, 한 해에만 61퍼센트가 늘어난 수치는 이제껏 쉼터가 얼마나 부족했는지를 역설적으로 보여준다. 쉼터 관리 및 상담 인력도 최근에서야 증원됐다. 증설 예정인 22개 쉼터마저도 신청자가 적더니 2015년 12월 말 기준 1개 증설에 그쳤다. 장화정 중앙아동보호전문기관 관장은 "다른 시설에 견줘 쉼터 신생님의 업무가 힘든 데다 책정된 임금은 75퍼센트 수준으로 낮다. 국가에서 내려 보낸 예산에 지자체가 보태면 좋을 텐데, 관심 있는 곳이 적다"고 말한다.

쉼터는 우리 사회가 학대 피해 아동을 보호할 준비가 되어 있는지를 보여주는 여러 지표 가운데 하나다. 피해 아동을 가해자로부터 분리하지 않거나 분리 뒤 다시 가정으로 돌려보낼 경우 아동을 꾸준히 모니터링 할 인력과 전문성이 충분한지는 또 다른 지표라고 할 수 있다. 이런 측면에서도 우리 사회는 인력과 전문성이 부족하다. 한 명의 사회복지사가 수백 가구를 모니터링 하는 경우가 태반이다. 열악한 처우로 사회복지사의 이직이 잦은 탓에 전문성 축적도 어렵다. 아동보호기관에서 일하는 활동가들과 전문가들이 공통적으로 지적하는 문제다. 결국 이 지표로 봤을 때도 쉼터만큼이나 우리 사회는 아동을 보호할 준비가 덜 되어 있다.

사실 아동 학대를 예방하고, 피해 아동을 보호하고 치료하며, 가해자가 아동을 다시 학대하지 않도록 교육하고 모니터링 하는 사회 전체 시스템이 얼마나 잘 작동하고 있는지를 보여주는 총체적인 지표는 정부 예산이다. 쉼터나 아동전문보호기관, 인력의 수나 전문성의 부족도 대개 나라 예산의 부족과 맞닿아 있는 문제들이다.

솔직히 나는 2016년 예산안에 아동 학대 관련 예산이 늘 것으로 예상했다. 통계로 잡히는 아동 학대의 증가와 더불어 아동 학대에 대한 우리 사회의 점점 높아지는 인식 수준이 자연스럽게 예산의 증액으로 이어질 것으로 봤다. 하지만 예상은 빗나갔다. 오히려 2016년 예산은 전년도보다 67억 원이 줄어든 185억 원으로 책정됐다.

그의 불길한 예감은 틀리지 않았다. 중앙아동보호전문기관에서 일하는 홍창표 팀장은 내가 한국을 떠나기 전 다급하게 전화를 걸어왔다. "이러다간 내년도 예산을 제대로 확보하지 못할 수 있다." 정부 예산안이 국회로 넘어가기도 전이어서 나는 그에게 "아직 이르니 좀 더 기다려보자"라고 했다. 앞으로 예산안이 최종 확정되기까지 정부의 예산안 국회 제출, 국회 해당 상임위인 보건복지위원회 심의, 예산안을 최종 정리하는 국회 예산결산특별위원회 심의, 그리고 연말에 이뤄지는 국회 본회의 표결 등 많은 과정이 남아 있다고 봤기 때문이다. 내가 기사로 다룰 뜻이 없다는 걸 확인한 그의 목소리에는 실망이 잔뜩 묻어났다.

그의 실망은 기우가 아니었다. 그사이 2016년도 아동 학대 관련 예산이 올해보다 되레 적게 편성됐다는 소식이 미국으로 날아왔다. 남인순 의원은 2015년 9월 8일 보도 자료를 내 이런 사실을 공개했다. "정부의 2016년도 예산안에 따르면, 아동 학대 예방 관련 예산은 185억 6,200만 원으로, 2015년도의 252억 4,700만 원보다 증액 편성은커녕 무려 26.5퍼센트나 감액돼 편성됐다. 정부가 확정한 185억 6,200만 원은 당초 보건복지부가 아동보호전문기관과 학대 아동 피해 쉼터를 확충하고 아동 학대 대응 전문 인력의 열악한 처우를 개선하기 위해 예산 부처에 요구한 503억 8,800만 원의 36.8퍼센트에 불과한 수준으로 과연 박근혜 정부가 아동 학대를 효과적으로 예방하고 학대 피해 아동을 적극적으로 보호할 의지가 있는지조차 의구심이 든다."

선거를 앞두고 정치권의 약속이 다시 난무한다. 몇 달 전까지 예산 삭감을 주도한 여당은 2016년 총선을 앞두고서 아동 학대 예방을 위해 관련 예산을 1,000억 원으로 확대하겠다고 약속했다. 약속대로 이뤄지길 바라지만, 아이들한테 "믿고 기다려달라"고 말할 용기가 나지 않는다.

성준이와 세라가 그랬던 것처럼 우리 사회는 어른들의 실수로 매년 수십 명의 아이를 학대로 잃는다. 얼마나 더 많은 아이들이 목숨을 내놔야 움직일는지 끔찍하기만 하다. :: **류이근**

* 이 글에 나오는 아이들의 이름은 익명이다. 정확히 밝힐 수 없는 한 상담사의 일지 등이 사건의 재구성에 큰 도움이 됐다. 또한 사건 관련 판결문, 중앙아동보호전문기관이 제공한 사건의 '사례 개요' 등의 도움도 컸음을 밝혀둔다.

아동 복지 늘려야 학대 준다

한 사람의 죽음에도 사회적 의미와 맥락이 숨어 있다. 하물며 수백, 수천 아이들의 죽음은 어떠하겠는가? 다른 사회에 비해 한 사회의 아이들이 더 많이 죽어나간다면, 분명 그 사회에 어떤 문제가 있는 것이다. 아이들의 영양 상태가 좋지 않거나, 질병에 대한 예방 및 치료를 못 하거나, 전쟁 또는 내전이 있을 수 있다. 자연 환경에서 비롯된 원인일 수도 있다. 그럴 때조차도 사회적 의미와 맥락이 어떤 식으로든 작용할 수 있다.

안타깝게도 우리나라 아이들은 북유럽에 사는 아이들보다 상해를 입어 죽을 확률이 훨씬 높다. 스웨덴, 노르웨이, 핀란드에 사는 만 0~14세 아동 10만 명당 0.4명 안팎이 매년 아동 학대와 살인 등을 포함한 '고의 상해'로 숨을 거둔다. 우리나라는 그보다 세 배 많은 10만 명당 1.2명에 이른다. 흔히 선진국 클럽으로 불리는 OECD 34개 회원국 안에서 미국, 멕시코, 에스토니아 다음으로 많은 수준이다. 이는 세계보건기구WHO의 2005~2010년 '아동 사망률과 사망 원인' 통계를 OECD가 2013년 재가공해 발표한 수치다. 고의 상해란 아동 학대로 인한 사망과 아동 살해로 인한 사망을 포함한다.

고의 상해와 달리 부모의 방임과 사고사 등을 포함하는 '우발적 상해'를 봐도 우리나라의 아동 사망률은 높은 편이다. 이 역시 북유럽 선진국들에 비해 세 배가량 높다. 영어로 neglect라고 부르는 방임은 아이를 방치한 채 제대로 돌보지 않는 것을 뜻한다. 예를 들어서 아이가 기찻길 옆에서 노는데도 책임 있는 부모가 주의를 기울이지 않아 아이가 기차에 치여 숨졌다면 이는 부모의 방임에 의한 아동 사망이라고 할 수 있다.

고의적 상해든 우발적 상해든 우리나라는 아이들을 거세게 죽음으로 내모는 사회다. 그렇다면 왜 우리나라 아이들이 이러한 고의 및 우발적 상해로 인해 다른 나라 아이들보다 더 많이 숨지는 것일까? 왜 북유럽 국가에서는 숨지는 아이들이 상대적으로 적은 것일까? 여기에 어떤 사회적 맥락이 깔려 있는 것일까? 우리나라 사람들은 부모가 되면 북유럽 사람들보다 아이를 돌보길 더 소홀히 하거나 아동을 더 많이 학대하는 기질을 타고난 것일까? 설마 그렇지는 않을 것이다. 김선숙 한국교통대 교수(사회복지학)는 이렇게 답한다.

"불평등 정도와 아동 빈곤율이 낮고, 사회적인 가족 지원 노력도 풍부한 국가들에서 학대나 방임으로 사망하는 아동이 적다."

이는 아동 복지가 학대나 방임으로 인한 아동의 사망을 줄인다는 뜻이다. 사실 언뜻 봐도 아동과 그 부모가 처한 사회·경제적 환경이 아동 학대에 상당한 영향을 미친다고 짐작할 수 있다. 아동은 사회·경제적으로 부모에 절대적으로 의존한다. 따라서 아동 복지 확대는 다른 말로 하면, 아동이 의지하는 부모에 대한 지원을 뜻한다. 부모에 대한 지원, 즉 아동 복지가 적다면 부모 스스로 경제적 문제를 해결해야 한다. 다른 조건이 동일하다면 이들이 사회·경제적 지원을 받는 부모들보다 양육에 더 큰 물질적·정신적 부담을 질 수밖에 없다. 그로 인한 부모의 스트레스 또한 더 커질 개연성이 높다. 종국에는 부모의 부담이 아이에게 더 자주, 더 강하게 폭력적으로 투사될 수 있다.

실제 고의 및 우발적 상해로 인한 아동의 사망률이 높은 우리나라는 위에서 예시한 북유럽 국가들에 비해 불평등 수준과 아동 빈곤율은 높고 사회적인 가족 지원 노력은 부족한 편이다. 2013년 OECD 발표 자료 기준, 우리나라의 아동 복지 관련 공공 지출은 국내총생산 GDP과 비교했을 때 1.2퍼센트 수준이다. OECD 회원국 가운데 터키, 미국, 멕시코 다음으로 낮다. 반면 스웨덴 등 북유럽 3국은 그 비중이 모두 국내총생산의 3퍼센트를 넘는다. 우리보다 세 배 많다.

나라 간 비교를 통해 아동 복지가 학대 등 상해로 인한 아동의 사망에 중요한 영향을 미치는 것을 확인할 수 있듯이, 우리나라에서 발생한 아동 학대 사망 사건을 분석할 때도 비슷한 시사점을 얻을 수 있다. 《한겨레신문》이 2008년 이후 2014년까지 아동 학대 사망 110건을 분석한 결과를 보면 흥미롭다. 주로 가정 안에서 벌어지는 아동 학대는 그 특성상 가해자이자 보호자인 부모가 처한 경제적 환경에 큰 영향을 받는 것으로 확인됐다. 분석 결과, 경제적 형편이 확인된

39건 중 30건(77퍼센트)에서 사건 발생 전 가해자가 경제적 어려움을 겪은 것으로 나타났다. 경제적 어려움이 없는 것으로 확인된 경우는 9건에 불과했다. 열악한 경제 사정이 부모의 양육 스트레스를 높이고, 아이에 대한 폭력으로 표출될 가능성을 높였다고 말할 수 있다.

직업을 봐도 비슷한 추론이 가능하다. 2008~2014년 학대로 아동을 숨지게 한 가해자의 직업이 확인된 76건 중 무직(23건)과 일용직(10건)이 전체의 43퍼센트에 이른다. 부모의 일자리가 없거나 소득이 낮은 가정에서 아동 학대 사망 사건이 발생할 가능성이 높은 것으로 나타났다. 보다 면밀한 분석이 필요하겠지만, 가정의 경제적 궁핍은 아동 학대를 배양하는 좋은 환경을 제공하고 있다고 봐도 큰 무리는 없을 듯하다.

2005년 이봉주, 김세원이 쓴 〈아동 학대와 방임의 사회구조적 요인: 빈곤과의 상관관계를 중심으로〉란 논문도 이를 뒷받침한다. 논문은 2002년 1월부터 2004년 3월까지 7개 광역시 1,233개 동의 아동 학대 사례 발생율과 해당 지역사회의 경제적 특성, 가구 특성, 교육 수준 그리고 주거 특성들 간 상관관계를 실증 분석했다. 논문은 "다른 변수들의 영향을 통제한 후에도 지역사회의 빈곤 정도를 나타내는 경제적 특성 변수와 가구 특성 변수, 특히 이혼율이 아동 학대 사례 발생률에 영향을 미치는 주요 변수로 밝혀졌다"고 주장한다. 논문의 결론 또한 빈곤에 대한 적극적인 대책을 주문한다.

아동 복지를 포함해 전체적인 복지 후진국인 우리나라는 아이를 키우는 부모의 경제적 어려움을 완충해줄 국가의 지원이 턱없이 부족하다. 부모의 경제적 곤란은 양육에 대한 곤란으로 고스란히 이어진다.

이런 사실을 뒷받침하는 또 다른 통계가 있다. 《한겨레신문》은 김용익 의원실의 도움을 받아 2002~2014년 학대 사망 아동의 보호자 겸 가해자 가운데 건강보험 가입이 파악된 119명을 분석해봤다. 그중 의료급여 수급권자가 41명(2014년 12월 기준)이나 됐다. 이들은 주로 소득이 적어 생계비 등을 지원받는 기초생활수급자다. 이를 종합해보면, 아동 학대 사망 사건이 발생한 세 가정 가운데 한 가정꼴로 (34.5퍼센트) 빈곤층일 가능성이 높다고 추론할 수 있다.

또한 의료급여 수급권자를 포함해 보험료 납부자 전체 10분위 가운데 5분위 아래가 103명으로 86.6퍼센트에 이른다. 분위가 낮을수록 소득과 자산에 비례하는 건강보험 보험료가 적다. 이는 중앙아동보호전문기관이 2012~2014년 학대로 숨진 아동이 속한 가정의 보호자 가운데 소득 수준이 파악된 27명 중 24명이 자신의 소득을 "월 200만 원 미만"이라고 답한 것과도 일맥상통한다.

다만 주의할 대목이 있다. 경제 결정론은 피해야 한다. 경제적 토대가 아동 학대를 설명하는 중요한 요인일 수는 있으나 유일한 결정인자는 아니다. 개인적 성향이나 기질, 사회적 규범과 가치관 등 다양한 변수가 작용한다. 가난한 사람들만의 문제로만 봐서는 안 된다. 어느 가정에서나 빚어질 수 있는 문제다. 그래서 김기현 성균관대 교수(사회복지학)의 말은 새겨들을 필요가 있다.

"빈곤과 아동 학대 발생의 상관관계가 있는 건 맞지만, 저소득층에서만 일어난다고 보는 건 오류다. 저소득층은 아무래도 아동보호 관련 사회 서비스를 받기 때문에 사회복지사 등을 통해 더 많이 신고되는 특징이 있다." 즉, 담장이 높은 집에 사는 아이들은 설령 학대를 당했더라도 주위의 시선이 닿기 어렵다. 반면 담장이 낮은 집에 사는 가난한 가정은 눈에 더 잘 띄기 마련이다.

이런 점을 고려하더라도 아동 학대를 줄이려는 노력은 궁극적으로 아동 복지적 접근을 강하게 요구한다. 김선숙 교수는 "아동 학대에 대한 대응은 단지 문제가 있는 개인을 교정하거나 교화하는 것으로 끝날 수 없으며, 아동과 가족을 둘러싼 사회·경제적 환경을 개선해야 한다는 사고의 전환을 요구한다"고 말한다. 아동 학대를 예방하려면 육아에 대한 경제적 부담을 덜어주는 지원뿐만 아니라 육아 방법의 교육과 아이에 대한 공동체의 돌봄 등 다양한 접근이 필요하다. 김기현 교수는 "아이를 적절한 환경에서 키울 수 있도록 육아 부담 경감 등 가족 단위에 대한 지원이 필요하다. 그러면 예방 차원에서 큰 효과를 볼 수 있을 것"이라고 말한다. 가족 단위에 대한 지원은 이웃이 십시일반해서 할 수 있는 게 아니다. 공동체, 더 나아가 지방과 중앙 정부의 몫이다. 나랏돈이 들어가는 일이다.

하지만 아동 복지 관련 공공 지출이 적은 데서 알 수 있듯이 우리나라는 아직 학대 예방 및 사후 관련 가족 지원이 미약하다. 왜 이런 걸까?

기본적으로 아동은 스스로 정치적 의사 표현을 할 수 없다. 투표권도 없다. 이는 아동이 지닌 근본적인 정치적 한계이자 제약이다. 아동 복지의 수준을 결정하는 이들 또한 아동이 아닌 어른들이다. 결국 아동 복지 수준은 어른들이 아동을 어떻게 바라보는지 함축적으로 보여준다.

아동의 정치적 제약은 우리나라만의 문제는 아니다. 북유럽 선진국에 사는 아동도 겪는 제약이다. 세계 어느 나라나 마찬가지다. 그런데도 우리나라가 다른 나라보다 아동 관련 예산이 적은 이유는 우리나라 어른들이 이를 덜 중요하게 보기 때문이다. 이는 곧 우리 사회가 아동의 인권, 안전, 복지, 생명을 대하는 태도이기도 하다. 김선숙 교수는 "예산이 결국 국가의 책임감을 드러내는 가늠자라고 할 때 지금 우리나라는 회피 수준이다. 아동의 삶에 가장 큰 영향을 끼치는 건 주양육자의 행복과 삶의 질이다. 사회적 지원 없이 개별 부모에게 책임을 돌려서는 문제의 근본을 해결할 수 없다"고 말했다.

사실 아동 학대를 줄이기 위해서 아동 복지 수준을 높여야 한다고 말하는 것도 이상하다. 그런 논리를 펴기에 앞서 아동은 조건 없이 존중받고 행복을 누려야 하기 때문이다. 이는 가정에 있는 부모의 의무이기도 하지만, 국가의 의무이기도 하다. :: **류이근**

10

사회복지사의 시선으로 본
아동 학대 현주소

현장에서 모든 것이 흔들렸다. 아동 학대 사건의 판결문이나 사례 조사서를 뒤지며 사건의 개요를 따져볼 때 마음속에 들었던 원망과 확신. 내가 한다면 더 잘할 수 있을 것이란 환상. 개인의 노력과 의지로 지금 현실 속에서도 얼마든지 더 아이들을 구해낼 수 있을 것이란 착각. 폭력적인 어른들과 표현 못 하는 아이들 사이에는 혼란만이 가득했다.

작정하고 한 지역 아동보호전문기관 상담원과 동행한 하루는 그런 시간이었다. 부모가 아이를 학대하면 곧바로 떼어놓아야 하고, 치료와 지원을 통해 아동 학대 문제를 현명하게 해결해야 한다는 원칙과 환상 따윈 순식간에 사라졌다. 아이의 부족한 표현력과 부모의 하소연 앞에 헷갈리기 일쑤였고 언제, 누구를, 어떻게 떼어놓아야 하는

지 결정하기 어려웠다. 크고 작은 결정을 내리고 발길을 돌릴 때면 이 결정 때문에 누군가 불행해지지 않을까 불안에 떨어야 했다.

"아기 돌려주세요. 안 때렸어요. 제 배 아파 낳은 애를 제가 왜 때려요. 잘 키울게요. 아기 주세요, 제발." 20대 초반의 여성은 자신을 심문하는 경찰 앞에서 손을 비볐다. "지금 이 시간부터는 아이를 볼 수 없습니다. 마지막으로 물을게요. 진짜 안 때렸어요?" 경찰은 단호했다. 조사를 함께 하던 아동보호전문기관 상담원들은 난처한 표정을 지었다.

저녁 8시, 사방이 깜깜했다. 4월이었지만 바람이 차가웠다. 아직 돌도 안 된 솔지의 엄마는 집에서 막 나온 듯 허술한 트레이닝복 차림이었다. 화장기 없는 얼굴은 앳돼 보였다. 파출소에 와서야 자신이 아동 학대 가해자로 신고됐고, 자신과 아이가 분리될 거란 사실을 알게 된 엄마는 계속 울었다. 그는 아이 아빠와 헤어진 뒤 홀로 아이를 키우며 "밤마다 아이에게 미안해서 운다"고 했다.

가해자 면담만으로 아동 학대 진위 여부를 판단하기란 너무도 어려운 일이었다. 아이 엄마와 30분 가까이 대화를 나눈 뒤 상담원들과 따로 조사실을 나와 "아이 엄마가 측은하다"는 이야기까지 했다. 하지만 잠시 뒤, 경찰이 확보한 증거 자료 속 아이 엄마의 모습은 반전이었다. 증거 자료 속에서 조금 전 흐느끼던 바로 그 목소리가 사납게 흘러나왔다. "울지 마라, 이 새끼야. 자다가 왜 울고 지랄이야. 너는 그냥 처맞아야 돼." 아이의 뺨과 맨살을 짝짝 때리는 소리가 수십 차례 반복됐다.

"돌도 안 된 아이가 이 정도의 학대를 받는다면 죽는 것도 시간 문제일 수 있어요. 경찰의 말대로 지금 당장 아이와 엄마를 분리해야 합니다. 증거가 없이 가해자 면담만으로 조사를 벌였다면 곧바로 엄마와 아이를 분리하지 못해 극단적인 결과를 낳을 수도 있었겠네요." 상담원들은 가슴을 쓸어내렸다. 아, 방금 전 "때린 적 없다"던 엄마의 눈물은 무엇이었단 말인가.

엄마는 힘들었다 했다. 제대로 돌봄을 받지 못한 채 자라나 거리를 떠돌던 어린 여성이 무책임한 남자를 만나 임신을 하고 버림받았다. 남자와 남자의 집안에서 무시와 모욕을 당했고 가난한 동네 어둡고 비좁은 방에 아이와 단둘이 남았다. 아이가 울 때마다 여자는 "아이가 변했다, 아이까지 날 힘들게 한다"며 때렸다. 아이는 더 울었고 엄마는 더 때렸다.

지독한 고립의 문제가 존재하지 않는 학대 가정은 없다. 벽을 쌓아 스스로를 고립시킨 도시에는 방마다 외로운 부모들이 들어차 아이를 학대한다. 하지만 외로운 부모의 눈물만을 닦아주기엔 아이는 너무도 연약한 존재다. 눈을 들어 울고 있는 여린 여자의 두툼한 손바닥을 바라봐야 한다. 그의 행동을 범죄로 봐야 한다. 그는 범죄자다. 그의 범죄는 폭력이고 살인미수다. 그 손아귀에서 아직 걷지도 못하는 아이를 구해내야 한다.

밤 9시, 솔지를 찾아 어린이집으로 갔다. 대부분의 아이들이 집으로 돌아간 시각, 11개월 아기는 혼자 기어 다니며 놀고 있었다. 어린이집 선생님들은 "애가 먹을 것만 주면 울진 않는데 통 웃지를 않는다"고 했다. 아이가 어린이집에 입학한 지 얼마 되지 않았는데 그동안 통 안 오다가 오늘에서야 등원한 것이라고 했다. 그 길었을 하루하루, 아이는 얼마나 맞은 것일까.

아이를 품에 안았다. 아이는 울지도 않고 뻗대지도 않는다. 가만히 있다. '까꿍'을 해봐도 전혀 웃지 않는다. 11개월 아이에게 어디 아픈데 없냐고 물을 순 없다. 아마 아이 엄마는 멍 자국도 다 지워져 학대 사실을 들킬 염려가 없기에 아이를 어린이집에 보냈을 테다. 어릴수록 멍 자국은 빨리 지워진다. 아이를 데리고 아동보호전문기관이 운영하는 학대 아동 쉼터로 향했다. 아이는 낯선 이의 품 안에서 금세 잠이 들었다.

아동 학대의 최전선, 상담원과의 동행 취재에 나선 것은 답답함 때문이었다. 아동 학대 피해자를 직접 만나는 그들만큼 매 맞는 아이를 위해 더 적극적인 조치를 취하고 싶은 사람이 또 있을까? 그런데도 학대 신고가 들어왔던 아이가 사망에 이르기까지 왜 그들은 한 발 더 나가는 조치를 취하지 못할까? 모든 지역에서 비슷한 문제가 반복된다면 그건 상담원 개인의 문제가 아니라 구조의 문제가 아닐까?

동행 취재 전 162쪽짜리 '이서현 보고서'를 읽고는 그런 의문이 커졌다. 이 보고서는 사회복지학 교수, 아동보호 전문가, 변호사, 국회와 비영리단체 등 여러 분야의 전문가들이 처음으로 아동 학대 사망 사건의 진상 조사를 위해 나섰다는 점에서 의미가 깊다. 그런데 보고서를 읽고 있자면 자꾸만 한 사람을 탓하고 싶어지는 마음은 어쩔 수 없다.

2005년 12월 9일에 태어난 서현이가 2013년 10월 24일에 죽기 전까지 그 작은 아이가 학대당하고 있다는 사실을 안 어른은 꽤 많았다. 아이의 학대 신고가 포항 지역 아동보호전문기관에 접수된 때가 2011년 5월 13일 오후 1시 50분이다. 당시 아이를 돌보던 유치원 교사는 자꾸만 멍들고 다치는 아이를 보다 못해 우선 아이의 아버지에게 이 사실을 알렸고, 얼마 뒤 아동보호전문기관에 신고했다.

아동보호전문기관 상담원은 즉시 유치원으로 출동해 아이와 복도에 서서 7분 동안 면담을 했다. 신뢰관계가 형성되지 않은 상태에서 아이는 "넘어져서 다쳤다"는 등 엄마가 시킨 대로만 말했다. 이후 상담원은 가해자인 서현이 새엄마를 만나 한 시간 동안 면담했다. 엄마는 내내 자신의 처지에 대한 하소연과 변명을 했다. 내려진 결정은 '원가정 보호 및 지속 관찰'이었다.

아버지가 일주일에 한 번만 집에 오는 상황에서 서현이는 유치원이 끝나면 내내 긴장한 채 새엄마와 단둘이 집에 있어야 했다. 그런 지옥을 아이는 절대 혼자 힘으로 벗어날 수 없다. 수없이 멍 자국을 관찰한 뒤, 엄마 앞에서 긴장하는 아이를 지켜본 뒤 23년차 유치원 교사가 '신고'라는 결정을 내렸는데도 당일 아무런 변화도 일어나지 않았다. 따지고 보면 새엄마의 스트레스 지수만 더 높아진 셈이다.

이후 상담원은 서현이 가족이 인천으로 이주할 때까지 두 달 동안 새엄마와의 전화 상담 열한 번, 새엄마와 만난 가정 방문 두 번, 아버지가 직접 걸어온 항의 전화 때문에 이뤄진 전화 상담 한 번, 유치원 교사와의 전화통화 여섯 번을 했다. 아이를 데리고 소아과도 찾았지만 이미 멍이 지워진 상태에서 특별한 상처를 찾기 힘들었다.

그 사이 서현이 부모는 "기관의 개입으로 상황이 더 나빠진다"며 자신들이 알아서 하겠다고 주장했다. 잘못이 있는 부모일수록 학대 문제에 개입하려는 외부 시선을 철저히 차단하려 든다. 인천으로 이사 간 뒤 그 지역 아동보호전문기관으로 서현이 사례가 통보됐지만 부모의 이러한 차단에 가로막혀 전혀 관리가 되지 않았다. 서현이가 인천으로 이사를 간 2011년에 해당 기관에 접수된 학대 아동 사례만 189건이었다. 포항과 인천의 상담원들 사이의 7분의 통화와 건조한 필체의 공문이 이관 절차의 전부였다. 포항은 인천으로 사례가 이관 됐다고 판단다고 학대 아동을 관리하는 시스템에 '사례 종결' 처리를 하였다.

울주로 이사를 가 초등학교에 들어간 뒤로는 해당 지역의 아동보호전문기관이 서현이의 존재를 전혀 알지 못했다. 인천 아동보호전문기관에서는 서현이와 관련한 업무 처리를 무엇 하나 전산 시스템에 남기지 않았다. 새엄마의 상담 거부 뒤 더 이상 서현이를 들여다보지 않기로 한 결정은 모두 구두로 내려진 것이었다. 공식 기록상으로 서현이의 사례는 종결되었고, 인천에서 울주로 이사갈 때 관련 업무가 이관되지 않았다.

분노가 치밀 것이다. 왜 그렇게 일을 처리하는지 이해가 되지 않을 것이다. 그렇기 때문에 늘 이런 사건에서 분노는 가장 말단, 최전선의 사회복지사, 아동보호전문기관 상담원에게 쏠리기 쉽다. 하지만 그들에게 쉽게 분노하는 사이 우리가 놓치고 있는 사실은 없을까? 아동 학대로 사망하는 아이가 1~2주에 한 명꼴인데도 모든 어른들이 그 책임을 아동보호전문기관 상담원들에게만 돌리는 구조의 문제가 무엇인지 제대로 파악하기 위해 바로 그 현장에 가기로 결정했다.

그리하여 2015년 4월, 한 지역 아동보호전문기관 상담원들을 하루 동안 동행 취재했다. 학대 가해자나 피해자는 물론 상담원들조차 원하지 않는 취재였다. 아동보호전문기관 상담원들 중에는 이미 언론 때문에 피해를 봤다고 생각하는 이들이 많았다. 괜히 언론에 노출되어봤자 아동 학대를 왜 미리 막지 못했느냐는 사회적 비난만 받기 일쑤였기 때문이다. 설득 끝에 아동보호전문기관을 찾아간 날도 한

곳 정도만 같이 가보자며 시작된 동행 취재였다. 하지만 정신없이 이어지는 신고 속에 어느새 나는 상담원들과 같이 뛰고 있었다.

하루 종일 충분한 조사 없이는 섣불리 판단하기 어려운 사건들이 이어졌고, 출동을 마치고 바로 다시 출동했으며, 문전박대를 당한 뒤 더 이상의 권한이 없어 발길을 돌리기도 했다. 상담원들은 우리 사회가 학대받는 아동들을 위해 배치해놓은 최전선에 있었고, 모든 책임은 그들에게 쏠려 있었다.

그날 신고를 받고 낮 시간에 경찰과 함께 출동한 곳은 한 초등학교였다. 초등학교 6학년인 아이는 "어려서부터 아빠에게 맞아왔다. 무섭다"고 했다. 특히 몇 달 전 중학생인 누나가 아빠에게 심하게 맞아 경찰이 출동했다고 했다. 함께 사는 할아버지까지 "자식이 잘못하면 부모에게 맞아야 한다"고 아빠 편을 들었다고 한다.

이날 아이는 애써 자신의 상황을 어른들에게 알렸지만 아빠가 있는 집으로 돌아가야 했다. 상담원은 학대 사실을 확인하기 위해 아이의 부모, 누나, 할아버지 등을 따로 만나기로 했다. 시간이 걸릴 일이다. 아이는 기다려야 한다. 그 사이 집 안에서는 누구도 때리는 어른을 말리지 않을 것이다. 상담원은 "아이를 때려도 된다는 생각이 만연하다 보니 맞는 아이는 많고 말리는 어른은 적다"고 말했다.

그러니 '말리는 어른'의 역할은 오로지 상담원의 몫이다. 상담원은 신고가 접수되면 현장 조사, 사례 판정, 사후 관리 순으로 업무를 진행해야 한다. 가해자의 잘못을 캐내 피해자를 구조하는 조사 업무와 가해자와 피해자의 치료를 돕는 관리 업무가 모두 상담원들의 몫이다. 미국의 경우 사후 관리는 아동보호기관이 아닌 지역사회의 여러 기관이 담당한다.

아동 학대 신고가 들어온 지 7년이 넘도록 사후 관리를 하고 있는 가정을 상담원과 함께 방문했다. 이제 중학생, 고등학생이 된 아이 둘이 엄마와 살고 있었다. 40대 중반인 엄마는 우울증을 오래 앓고 있었다. 전화를 받지 않아 무작정 가서 문을 두드렸다. 오후 5시인데도 자다 일어난 엄마는 눈을 제대로 뜨지 못했다.

집 안에 들어서니 똥 냄새와 쓰레기 냄새가 진동했다. 전형적인 방임 사례였다. 무기력한 엄마는 집 정리도 하지 않고, 아이들을 돌보지도 않았다. 아이들은 모두 학교에 가지 않고 집 안에서 자고 있었다. 현관부터 거실까지 오래된 쓰레기가 널브러져 썩어가고 있었다. 화장실 문을 여니 문 앞에 똥을 싸두었다. 변기는 고장 난 지 오래였다.

아기 때부터 방임에 시달려온 아이들은 지능이 제대로 발달하지 않았다. IQ 40 수준이었다. 냄새가 난다고 학교에서도 놀림을 당했다. 그런데도 아이들과 엄마를 분리하지 못했다. "1년 전쯤에 아이를 차에 태워 심리 검사를 받게 하려고 했더니 아이가 문을 잡고 버티며 완강하게 거부했다"고 상담팀장이 말했다. 이날 거둔 수확은 엄마를 설득해 청소 서비스를 받도록 한 것이었다.

　다음 집의 상황은 더 심각했다. 부모가 피해망상, 우울증 등 정신 질환을 앓고 있었다. 엄마는 "국가가 나를 음해한다"고 하며 딸을 돌보지 않았다. 2012년부터 부모의 학대 사실을 알고 관리해온 집이다. 당시 초등학교 4학년이었던 아이도 부모에게서 떨어지지 않으려고 했다. 가해자와 피해자의 완강한 거부 앞에서 상담원들은 방법을 찾지 못했다.

　작년 여름부터 좀처럼 연락이 닿지 않는 집이라 방문 전부터 상담원들의 걱정이 컸다. 부모가 소유하고 있다는 주택 앞에 도착했다. 은색 대문을 두드렸다. 잠시 뒤 비쩍 마른 중년 남자가 대문 안쪽의 현관문을 열고 나왔다. "누구요?" "네, 아동보호전문기관에서 나왔습니다. 잠시…" "필요 없어요!" 남자는 쾅 소리가 나도록 문을 세차게 닫았다.

　그때였다. "살아 있다, 살아 있어요!" 한 상담원이 외쳤다. 집 안쪽, 온갖 잡동사니가 어지럽게 쌓여 있는 창문 너머에서 아이가 눈을 빼꼼히 내밀고 상담원을 바라봤다. 잠시 밖을 보던 아이는 곧 안으로 사라졌다. "아이를 잠깐이라도 봤다는 게 큰 수확이네요." 상담원은 작은 사실에 기뻐했다.

　하지만 이대로 갈 순 없었다. 동네 탐문을 시작했다. 바로 앞집 2층에서 아래를 내려다보고 있던 아주머니의 집을 찾아가 문을 두드렸다. 그는 문을 열어주지 않았다. 아이의 집과 담도 없이 붙어 있는 옆집도 찾아갔다. 세입자들이 사는 층은 아무도 문을 열지 않았다. 꼭대기에 사는 집주인은 "옆집을 전혀 모른다"고 했다. 문을 두드리고 외면받을 때마다 골목길이 너무도 황량하게 느껴졌다.

우연히 마주친 앞집 남성은 "난 전혀 모른다"고 손사래를 치다가 불쑥 "애가 있는 것 같던데 거의 나오질 않는다"고 말했다. 그 동네의 통장에게 전화했더니 그 역시 "외부와 단절된 집 같아 보였다"고 할 뿐이었다. 기초생활수급자가 아니니 구청이나 주민센터의 손길도 미치지 않는다. 철저하게 고립된 집. 아이에게 가닿을 방법이 없었다.

"이러고 있는 사이에 아이가 죽으면 어쩌나, 상담원들은 늘 공포에 짓눌려 살아요. 지역사회 안에서의 관리 체계가 거의 없는 상태에서 위험에 처한 아이들은 전부 아동보호전문기관 상담원의 책임이죠." 한 상담원은 "샤워할 때마다 내가 관리하다 죽은 아이 얼굴이 떠올라 괴롭다"고 했다. 무지막지한 책임감과 불안감이 상담원들을 하루도 빠짐없이 짓누른다.

2015년 5월 현재 전국에 있는 51개 아동보호전문기관은 대부분 정부가 굿네이버스, 세이브더칠드런, 초록우산 어린이재단 등 비영리 민간법인에 위탁한 기관들이다. 아이를 보호해야 할 국가의 책임은 모두 이 업무를 위탁받은 민간의 어깨 위에 얹혀 있다. 중앙 기관이 있기는 하지만 그곳도 '컨트롤 타워'는 아니다. 학대 아동 지원 업무, 경찰이나 구청 등과의 협력 수준도 제각각이다. 상담원 한 명이 받는 연봉은 2400만 원 수준이다. 야근 수당, 휴일 근무 수당은 따로 없다.

인구 230만 명 정도가 사는 지역을 관할하고 있는 이곳 아동보호전문기관의 상담원 수는 10명에 불과했다. 그나마도 2014년 9월 아동 학대 범죄의 처벌 등에 관한 특례법이 시행되면서 늘어난 숫자다. 사회복지사로서 의지를 갖고 입사했다가도 못 견디고 그만두는 경우가 많아 절반이 넘는 상담원이 경력이 1년 남짓이었다. 폭력범이나 살인자로 분류할 수 있는 학대 가해자를 만나러 어두컴컴한 집 안으로 들어서는 일도 2인 1조로 할 수 있게 된 지가 얼마 되지 않았다.

'업무량'이라 할 수 있는 신고 건수는 늘고 있었다. 지난 1~3월에 이 지역에서 접수된 아동 학대 신고만 130건이 넘었다. 세 달 사이 1인당 13건 이상의 가정이 관리 대상에 추가된 셈이다. 해당 아동보호전문기관에서 비교적 경력이 긴 3년차 여성 상담원의 경우 현재 담당하고 있는 학대 가정 수만 140곳이 넘었다. 하루에 한 집씩만 방문하려 해도 넉 달이 넘게 걸린다.

상담원 한 명이 담당해야 하는 가정 수가 늘어나면 기존에 관리하던 가정 중 '어느 정도 해결이 된 가정'을 내려놓아야 한다. 아동보호전문기관은 이를 '사례 종결'이라 부른다. 하지만 학대 가해자와 피해자가 여전히 한집에 사는 상태에서 관찰을 종결할 '적당한 선'을 찾는 일은 어렵다. 사례 종결 뒤에도 재학대는 빈번히 발생한다.

아동 학대 가해자는 가정불화와 경제 문제, 정신질환 등의 영향을 받는다. 특히 아동 학대 사망 가해자 네 명 중 한 명(23.9퍼센트)은 우울증이나 대인기피증 등 정신질환에 시달린다. 알코올 남용이나 중독을 경험했을 가능성도 높게 나타났다. 이런 경향을 치료하고 개선하지 않은 채 아동과 재결합한다면 아동 학대는 다시 반복될 가능성이 높다.

전국 아동보호전문기관 상담원 중 아이가 사망한 사건을 경험해본 이들을 수소문했다. 그 경험에 대해 이야기해달라 요청했다. 너무 힘든 일이라며 손사래를 친 이들이 적지 않았다. 일곱 명의 전·현직 상담원들이 설문에 참여했다.

2~10년 경력의 상담원들은 각자 1~5건의 아동 학대 사망 사례를 경험했다. 일을 하면서 죄책감에 시달린다는 이들이 일곱 명 중 여섯 명이었다. "아동 학대 신고를 받고 개입하던 중 아이가 사망해 죄책감이 컸다" "가해자인 부모에게 심리 검사, 치료 등을 받도록 한 뒤 아이를 가정에 돌려보냈지만 재학대가 발생했다" "담당했던 거의 모든 사례에서 조금 더 시간을 들이지 못했다는 죄책감을 갖고 있다" 등 고백이 이어졌다.

이들이 상담원으로 일하는 동안 맡은 학대 가정은 1인당 평균 200

곳이 넘었다. 새로운 신고가 밀려드니 기존에 관리해오던 가정을 끊어내는 '사례 종결'을 해야 업무가 가능하다. 일곱 명 중 여섯 명이 학대 의심이 완전히 해소되지 않았는데도 사례 종결을 해야 했던 경험이 있다고 밝혔다. 상담원들은 예산과 인력의 부족, 더욱 적극적으로 개입할 권한의 부재 등을 그 원인으로 꼽았다.

조사와 상담을 강하게 거부하는 가해자를 대하는 어려움도 컸다. 일곱 명 모두 가해자로 지목된 부모, 동거인 등에게 욕설과 협박, 신체적 위협을 당한 경험이 있었다. 또 우울증, 불면증, 과민성 대장 증후군, 편두통, 위경련, 역류성 식도염, 스트레스성 피부염 등에 시달리고 있다고 밝혔다.

생각해보면 업무 내용 자체가 불가능한 범위를 모두 끌어안고 있다. 아동보호전문기관 상담원은 이름대로라면 누구보다 '학대 피해 아동'만을 생각하며 업무를 해나가야 한다. 하지만 현실에서 상담원들이 가장 많이 만나고 소통하게 되는 대상은 학대 가해자인 부모들이다. 아동 학대 가해자라는 말로 포장됐지만, 그들은 가장 약한 아이들을 무자비하게 폭행하고 심지어 죽이는 폭력범이고 살인자다. 상담원들은 범죄자들과 범죄 피해자들을 동시에 돌보며 공감해줘야 하는 분열적 업무를 감수해야 한다.

엄마의 하소연을 듣자면 가정이 제자리를 잡을 수 있게 지원만 해줘야 할 것 같다. 매일같이 맞는 아이를 생각하면 하루빨리 부모에게서 떼어놓아야 할 것 같다. 현실적으로 아이가 갈 시설을 생각해보면 집이나 친척집이 낫지 않을까 싶기도 하다. 학대가 심한 부모일수록 아동보호전문기관 상담원들에게도 막 대하며 "가정 일에 간섭하지 말라"고 악다구니를 쓰는데, 그런 부모일수록 회피하고 하루빨리 사례를 종결하고 싶은 것도 인간의 마음이다.

이 모든 곤란한 입장을 한 명의 상담원에게 감수하도록 강요한다. 상담원이 결정을 내리기 어려운 경우 10여 명 규모의 아동보호전문기관 안에서 팀장이나 관장 등이 함께 회의를 통해 결정하곤 하지만 그뿐이다. 그래서 그 결정에 대한 비난이, 아동이 사망하고 난 뒤에는 상담원들에게만 몰려온다. 아이의 학대 사실을 아는 사람이 상담원들뿐이었고 그들을 지켜줄 사람도 상담원들뿐이었으니 그들을 죽도록 방치한 것도 상담원들뿐이라는 결론이다.

하지만 그들은 경찰과 같은 조사권도 없고, 프로파일러나 신경정신과 의사처럼 범죄 심리를 파고들 수도 없다. 온 마음을 다해 시간을 쪼개 가정을 방문하고 가해자를 다독여 상담을 이끌어가지만 늘 상처받고 지칠 수밖에 없는 구조다. 지역 공동체가 약한 한국 사회에서 학대 가정이 기초생활수급자가 아닌 이상 구청이나 주민센터, 지역 병원이나 사회복지기관과 협력할 방법도 거의 없다.

"지금 당장 뭔가를 더 해야 할 것 같아 답답하죠? 그런데 너무 애쓰지 말아요. 그럼 금방 지쳐요. 오래 버티려면 오늘은 여기까지밖에

할 수 없다는 걸 인정해야 해요."

아동보호전문기관의 팀장이 담담한 얼굴로 하는 말에 한 대 맞은 기분이 들었다. 지독한 우울과 무기력에 시달리는 엄마가 중학생, 고등학생 두 아이를 방임하고 있는 집에 들어가 방 안에 있다는 아이들은 만나지 못한 채 엄마와만 얘기하고 돌아서는 길이었다. 나는 억지로라도 아이들의 안전을 확인하고 가야 하지 않겠느냐고, 엄마와만 이야기하고 돌아서는 상담원들에게 따졌다.

하지만 가족을 돕고 싶은 마음은 오늘 단 한 차례 이 집을 방문한 나보다 지난 몇 년 동안 이 냄새나는 집에 드나들며 가족의 손을 잡아준 상담원들이 훨씬 컸다. 산전수전 다 겪은 상담원들은 오늘은 청소 서비스를 받도록 설득한 것만으로도 큰 수확이라 했다. 억지로 문을 열고 들어가 아이들이 건강검진을 받도록 그들의 손목을 잡아끌었던 날 어떤 사달이 났는지 상담원들은 기억하고 있었다.

"아이들이 지독한 방임 속에서 자란 탓에 무기력합니다. 하지만 학대받은 아이들일수록 자신을 학대한 부모에게 사랑받고 싶은 욕구, 애착이 커요. 내가 잘하면, 내가 조용히 하면 엄마 아빠가 내게 잘해주지 않을까…. 마음속에 불안이 많다 보니 절대 부모와 떨어지지 않으려는 아이도 있고요. 학대 가해자에게서 떨어지지 않으려 하는 아이들을 대할 때마다 가슴이 아픕니다. 방법이 없어요. 꾸준히 가정을 방문해 더 이상의 심각한 방임이 일어나지 않도록 하고, 엄마와 대화를 나누고 치료를 지원해 우울증이 조금 나아질 수 있도록 하고…."

그렇게 노력하는 하루하루가 쌓여 아이가 학대받지 않는 가정이 될 수 있도록 돕는 것이지, 어느 하루 한 번의 노력으로 혁명을 꾀하는 작업이 아니란 이야기였다. 무리한 시도는 후유증만 더 크기 때문이다. 동시에 너무 애쓰면 버틸 수 없기 때문이다. 하루하루 눈물짓는 상담원은 1년도 버티기가 힘들다는 것을 그들은 경험으로 잘 알고 있었다.

길고 긴 하루를 지나, 어떤 아이는 부모에게서 떼어내고 어떤 아이는 부모에게 막혀 만나지도 못하고서는 상담원들은 사무실로 돌아와 길고 긴 '입력 작업'을 해야 했다. 아동보호전문기관 상담원들이 쓰는 정보 시스템은 2015년에 사용하는 것이라고는 믿기 어려울 정도로 조잡하고 복잡했다.

아이의 이름과 가해자의 이름에 따라 삼형제가 엄마, 아빠에게 동시에 학대를 당하고 있다고 한다면 각각의 아이에 대한 문서를 생성해 따로 관리해야 했다. 조각조각 입력된 정보들은 통합 관리되지 않아 한 아이의 정보만 파악하려 해도 긴 시간이 걸렸다. 지역 아동보호전문기관 사이에 학대 아동과 학대 가해자에 대한 정보 공유도 잘 되지 않고, 검색도 잘 되지 않았다. 업무의 전문성 결여는 결코 개인의 문제에서 비롯된 것이 아니었다. 우리 사회가 아동 학대 문제를 처리하는 기본 시스템부터 지원 구조까지 모든 것이 상담원 개개인을 바쁘고 힘들게 만들었다.

우리 사회는 학대당하는 아이들을 돌보는 일을, 엄청난 헌신의 마음가짐으로 투신하는 비영리기관 소속 사회복지사들에게 내맡겼다. 터무니없는 예산을 배당하고, 제대로 된 국책 연구도 하지 않으면서 (사망 아동 숫자도, 살아남은 형제들에 대한 연구도 없다) 오로지 그 마음가짐만으로 버텨내라고 말한다. 헌신하던 이들은 범죄자와 너무도 약한 아이들 사이에서 울며 뛰어다니다 지쳐 그만두고, 그 자리는 그저 젊은 사회복지사들의 몫으로 남는다.

장화정 중앙아동보호전문기관 관장도 학대 아동 보호 시스템의 전문성 확보를 가장 중요한 과제로 꼽았다. "아동보호 관련 시설들이 전문성을 갖춰야 합니다. 어떤 기관이든 아이와 관련된 곳이라면 학대받은 아이들을 위해 자리를 비워두고 그런 아이들을 위한 전문 인력을 확보해야 합니다. 학대 피해 아동이 시설에 가서 후유증을 겪지 않도록 문제 행동까지 이해하는 돌봄 인력이 필요합니다. 전문성을 갖춘 소규모 시설에서 아이들이 지원을 받으면서 독립까지 할 수 있도록 해야 합니다. 한국은 아직 그런 부분은 엄두도 안 나는 수준이죠."

한 상담원은 자신이 관리하던 아이가 죽은 날, 슈퍼에서 소주를 사다가 길에서 혼자 마시고는 하늘에 대고 소리를 질렀다고 했다. 그의 후배 상담원은 학대하는 엄마에게서 아이를 분리한 뒤 오랜만에 아이를 엄마에게 보여주려고 집을 찾았다가 목을 매 숨져 있는 엄마를 발견하고 일을 그만뒀다고 했다.

"아이를 때리는 문제, 폭력에 너그러운 사회다 보니 학대 신고를 받고 가보면 '재수 없게 걸렸다'고 생각하는 부모들이 많습니다. 왜 남의 집 일에 간섭하느냐는 태도가 일반적이죠. 아이를 학대한 것에 전혀 죄책감을 느끼지 않고 오히려 아이의 허물을 목소리 높여 말하는 부모들에게조차 저희는 '당신을 돕고 싶어서 왔다'고 말해야 합니다. 그런 분들은 늘 원망의 화살을 상담원에게 돌리고 저희는 그걸 다 감수해야 하죠."

고작 하루를 동행하고도 가해자와 피해자, 양극단으로 분열된 감정을 경험한 뒤 괴로웠다. "아이를 돌려 달라"며 울던 앳된 엄마가, "할 얘기 없다"며 문을 쾅 닫고 들어간 매몰찬 아빠가 자꾸 생각났다. 품 안에서 순식간에 잠들었던 표정 없는 아기가, 아빠가 계속 때리고 할아버지는 맞아야 한다는데 어떻게 살아야 하느냐고 묻던 초등학생이 걱정됐다. 그리고 그 걱정을 하고 있는 이 순간에도, 아동보호전문기관 상담원들은 계속해서 그들을 만나고 있다. :: **임지선**

아이들을 잊지 않기 위해

여승은 합장하고 절을 했다

가지취의 내음새가 났다

쓸쓸한 낯이 옛날같이 늙었다

나는 불경佛經처럼 서러워졌다

평안도의 어느 산 깊은 금덤판

나는 파리한 여인에게서 옥수수를 샀다

여인은 나어린 딸아이를 따리며 가을밤같이 차게 울었다

섶벌같이 나아간 지아비 기다려 십년이 갔다

지아비는 돌아오지 않고

어린 딸은 도라지꽃이 좋아 돌무덤으로 갔다

산꿩도 설게 울은 슬픈 날이 있었다

산절의 마당귀에 여인의 머리오리가 눈물방울과 같이 떨어진 날이 있었다

백석의 시 〈여승〉. 아이는 맞아 죽었고 어미는 속세와 연을 끊었습니다. 아비는 종적이 없습니다. 산꿩이 웁니다. 어미는 목을 늘어뜨린 채 웁니다. 1936년 발표됐으니 80년이 흐른 낡은 시절, 그러나 올해라 하더라도 이상할 게 없는 풍경. '갔다, 갔다, 있었다, 있었다' 비가역의 과거형이 도무지 완료되질 않습니다.

책 잘 보셨습니까. 눈물이 나셨나요. 분하지요. 자책을 하시게 되던가요. 원망을 하셨습니까. 다시 눈물이 나셨나요.

아동 학대로 인한 사망. 듣기만 해도 '찬비 내치는 벌판'이 떠오르는 말입니다.《한겨레신문》탐사기획팀은 아프게 내리는 그 비를 모두 감당할 자신이 없었습니다. 저희가 가진 펜 하나로 '우리'가 저 비를 감히 함께 맞길 바랐습니다.

《아동 학대에 관한 뒤늦은 기록》의 본격적인 취재는 2014년 10월에 시작되었습니다. 공교롭다고들 합니다. 책을 만든 기자 다섯 가운데 하나만 싱글인데, 아동 학대 사망은 그 총각이 발제하고 초기 기획을 했습니다. 아이는 꿈도 꿔본 적 없을 총각 기자가 "왜 기사가 되는지 청문회처럼 따져 묻겠다"는 팀장에게 '왜 우리가 써야 하는지'를 우물쭈물 설명했던 게 그해 겨울입니다. 두 딸의 아버지인 팀장은 그 뒤로 온갖 논문을 앞서 수집했고, 전문가들을 다섯 기자 앞에 모셔왔습니다.

결혼 5년째 아직 아이를 점지받지 못한, 그러니까 아이의 부모라는 사실만도 부러웠을 한 남자, 제 아들을 낳은 지 일곱 달 만에 어떤 아이의 죽음을 얘기해야 했던 한 아빠, 어떤 죽음 앞에 새벽잠을 설치고 곁에서 쌔근쌔근 잠자는 네 살 아들을 보고 겨우 안도했다던 한 엄마, 그리고 두 딸의 아빠, 그리고 덤으로 총각 기자까지 '아동 학대 사망' 탐사기획을 위해 기자 다섯이 팀을 이루고 기사의 마침표를 찍기까지 들인 기간은 100일이 조금 되지 않습니다.

취재를 거듭하며 충격이 쌓였고, 피해자와 가해자를 찾아 나선 기자들은 감전되고 방전되어 돌아왔습니다. 가시권에 있는, 취재가 용이한 '정보'만 뉴스로 다루는 한국의 언론 환경에서 어쩌면 시도되지 말았어야 할 기획이었는지도 모릅니다.

실제 시도조차 못했을 수 있습니다. 2014년 4월 눈앞 바닷길에서 세월호가 사라지지 않았다면 말입니다. 감당하기 쉽지 않던 시절이었습니다. 출근해 뉴스룸에 집적되는 새 소식들을 소화하는 일만으로도 버거운데, 퇴근길 위로나 받겠다며 튼 라디오에서는 디제이들이 다퉈 울었으니 말입니다. 한 주가 다 되도록 울고 또 울었고, 모두가 밤늦게까지 울었던 것 같습니다.

사방의 눈물은 피할 수 없는 의무이겠거니 생각했습니다. 전체 304명, 그 가운데서도 250명이 넘는 아이들이 평생 살아가며 울어야 할 눈물, 사랑한다고 헤어진다고 아프다고 기쁘다고 달이 떴다고 아니 달도 해도 없는 컴컴한 밤이라면서 터뜨렸을 눈물, 그러나 다신 흐르지 않을 눈물을 남은 자들이 대신 흘려야 하는 것이라 생각했습니다.

차가운 바닷물이 발바닥에 무릎에 옆구리에 턱에 뺨에 코끝에 닿았을 때 어른의 언어는 현란하되 기어코 공허한 줄을 알았습니다.

"국가는 모든 아동이 생명에 관한 고유의 권리를 가지고 있음을 인정한다."

"국가는 가능한 한 최대 한도로 아동의 생존과 발전을 보장하여야 한다."

"국가는 아동 복지를 침해하는 모든 형태의 착취로부터 아동을 보호해야 한다."(UN 아동의 권리에 관한 협약 제6조, 제36조)

대한민국도 비준한 협약이어서가 아니라 (아마) 당위고 본능이라 2014년 4월부터 한동안 이 나라 어른들은 "내 아이가 살아 있는 것만으로도 고맙다"고들 얘기했을 것입니다. 이제 모두 잊었지만요.

아동 권리의 으뜸은 생존권과 보호권입니다. 놀고 배우며 성장할 권리인 발달권이나 자신을 위한 사회를 요구할 권리인 참여권은 아득하여 논외로 합니다(참고로 한국은 '아동의 학업 스트레스'가 세계 최고입니다). 2014년 4월 가장 궁금했던 점은 '세월호 참사'가 한국 사회에서 과연 우발적 사고, 이례적 사고인가 하는 것이었습니다. 이것이 아동 학대 사망 탐사기획의 1부격이라 할 수 있는 〈아이들 죽음 내모는 나라〉(《한겨레신문》 2014년 5월 2일, 6월 10일 보도)가 앞서 기획된 배경입니다.

《한겨레신문》 탐사기획팀은 국제기구들이 보유한 한국의 연령별 사망 내역을 추적해 가장 최근치인 2009년을 기준으로 OECD 회원국 전체와 20세 미만의 사고사 내역 등을 비교 분석했습니다. 그 결과 앞에서 '스무 살까지만이라도 살고 싶었을 이들'을 위무하자는 취지는 무색하고 무기력했습니다. 한국은 한 해 세월호 4~5척에 버금가는 아이들을 사고로 잃고 있었기 때문입니다.

외국과 비교 가능한 2009년 수치를 보면, 한국에서는 20세 미만 어린이·청소년 1,337명이 사고로 목숨을 잃었습니다. 이는 또래 전체 사망자 3,718명의 36퍼센트에 해당합니다. 그해 20세 미만 사망자의 외인사 external causes(아동 학대 사망 포함) 비율이 한국보다 높은 국가는 OECD 회원국 중 룩셈부르크(46.7퍼센트)밖에 없었습니다. 하지만 룩셈부르크는 2009년 숨진 어린이·청소년이 총 30명에 불과했습니다. 대한민국이 "사실상 1위"인 셈입니다. 에스토니아(35.7퍼센트), 체코(29.7퍼센트), 슬로베니아(28.6퍼센트) 등이 한국 뒤에 섰습니다. 총기 사고 같은 강력 범죄도 왕왕 발생하는 러시아(OECD 비회원국)도 어린이·청소년 외인사 비율이 35퍼센트를 겨우 넘었고, 치안으로 골머리를 앓는 멕시코도 20.3퍼센트밖에 되지 않았습니다. 한국과 인구나 경제 규모가 비슷한 스페인은 그해 520명의 어린이·청소년을 외인사(전체 사망의 17퍼센트)로 잃었습니다. 같은 해 한국의 5분의 2 수준입니다.

무엇이 이런 막대한 차이를 낳는지 《한겨레신문》 탐사기획팀은 추적하지 못한 채 당시 기획을 마감했습니다. 보호자의 경제 수준이 낮을수록 아이들이 타살 피해에 최대 5.7배 더 노출된다는 국내 외인사의 끔찍한 특성 몇 개를 겨우 확인해 후속 보도했을 뿐입니다.

아동·청소년 외인사의 극단인 '학대 사망'으로 시선을 옮긴 것은 당연한 수순이었지만 자신 있는 선택은 아니었습니다. 한 해 얼마나 많은 아이들이 아동 학대로 사라지는지조차 대한민국은 알지 못했기 때문입니다. 아동 학대 사망은 외인사에 포함되지만 우리나라에서는 타살, 자살, 교통사고사처럼 하나의 독립된 범주로 분류되지 못합니다. 맞아 죽었다면 타살이고, 학대에 내몰려 투신했다면 자살인지라 아동 학대 사망은 아예 다른 사인에 묻혀버립니다. 중앙아동보호전문기관에 아동 학대로 신고되어 파악된 사망 사례 수치가 전부입니다. 한국 사회는 해마다 이 기관의 집계로 아동 학대 사망의 총량을 가늠하지만, 애초에 과소추정치밖에 되지 않는다는 얘기입니다.

그래서 《한겨레신문》 탐사기획팀은 중앙아동보호전문기관의 데이터 외에도 10년치 형사 처분 사건을 일일이 파악해 그중 아동 학대 사망을 추려내고, 영유아 살해 후 자살 사건 등까지 전수조사에 가까운 수준으로 추적해 숨거나 지워진 아동 학대 사망을 탐찰하는 것부터 시작했습니다.

1880년대부터 아동보호 의무를 법으로 규정했던 영국은 2000년 초 아홉 살 소녀 빅토리아 클림비Victoria Climbié가 아동 학대로 숨지자 충격에 빠졌습니다. 영국 정부는 2년에 걸쳐 클림비의 삶, 학대 경위, 보호·복지 체제의 허점, 대안 등을 조사해 400쪽이 넘는 보고서를 발간했습니다. 아동 학대 사망 보고서의 전범으로 평가받는 〈클림비 보고서〉입니다.

보고서의 목차 바로 앞쪽에는 노란색 머리끈으로 검은 머리를 단정하게 땋아 올린 채 웃고 있는 빅토리아 클림비의 사진이 있습니다. 사진 아래 글귀가 시선을 사로잡습니다.

"아픈 기억을 기록하는 일만으로 큰 슬픔에 괴로웠다. 그를 (여기에) 묘사하려고 한다면, 그건 내가 그를 잊지 않기 위함이다(I have suffered too much grief in setting down these heartrending memories. If I try to describe him, it is to make sure that I shall not forget him)."

다름 아닌 생텍쥐페리의 《어린 왕자》의 일부입니다(일본인 작가의 번역 버전). 어른들은 클림비에게 이 경구를 헌사하면서 클림비의 짧은 생애를 복기하고 위무하며 망각에 저항하기 위한 보고서를 시작한 것입니다.

《어린 왕자》의 그다음 글귀가 새삼 궁금해 찾아보았습니다.

"친구를 잊는다는 것은 슬픈 일이다. 내가 그를 잊는다면, 나 역시 숫자 빼고는 관심이 없는 어른들처럼 될지도 모른다(To forget a friend is sad. And if I forget him, I may become like the grown-ups who are no longer interested in anything but figures)."

아동 학대를 다루는 한국 언론의 태도가 떠올랐습니다. 언론은 숫자 외엔 무관심하여 저마다의 끔찍하고 슬픈 사연을 숫자로만 이뤄진 '정보'로 전락시키고 '계모' 같은 일부 사실만 부각하며 선정성을 키웠습니다. 저널이든 보고서든 어른의 언어에는 사라진 아이의 꿈도, 좋아하던 색도 없습니다. 그래서 당도한 결론은 20년 동안 되풀이되어온 '사회 안전망 부재'일 뿐입니다.

《아동 학대에 관한 뒤늦은 기록》은 클림비 보고서이고 싶었고, 생택쥐페리의 노래이고 싶었습니다. 그렇지만 이 기획은 우리보다 유서 깊은 해외 언론의 어떤 전례도 참고할 수 없었습니다. 세월호는 한국에서만 가라앉았으며 '어제'는 방관하고 '내일'엔 필시 잊는 현실 또한 지극히 한국적인 것이기 때문입니다.

2005년에 태어난 나○○가 숨을 거뒀습니다. 아버지가 생모와 이별하고 중국 국적 여성과 동거하면서 갈등이 커졌습니다. ○○는 가출하겠다고 말썽을 부렸고, 그런 ○○를 통제하지 못한 새엄마는 아이를 죽이겠다고 협박했고 아버지는 때렸습니다. 그리고 아이는 숨졌습니다. 새엄마는 충격에 자살을 시도했습니다.

사건을 맡은 재판부는 이렇게 판시했습니다. "이 사건에 관계되어 있는 피고인, 부친, 생모, 피해자 아동 상호 간에 전개되어온 심적 교류와 반목, 애증으로 복잡하게 얽힌 갈등관계, 인간의 오성과 감성이 교차하는 지점에서 마주치게 되는 나약한 인간 군상들이 행복과 성공을 열망하면서도 스스로 파멸의 길을 자초하고 있는 불합리한 선택들을 해온 과정"인 탓에 "어느 한 일방을 사악한 인간의 표상으로 매도하여 질타를 집중시키기에 앞서, 왜 이런 불행한 일이 그들 사이에서 벌어지게 된 것인지 그 사안에 특유한 진면목을 차분하게 구성해내어 바라볼 수 있는 다소간의 냉정함이 필요하다고 느낀다."

여기에는 두 가지가 표명되어 있습니다. 첫째, 아동 학대의 인과는 간단치 않고 진실 또한 일목요연하지 않다. 둘째, 아동 학대는 한 아이뿐 아니라 가해자의 삶도 파괴한다. 이는 곧 영문도 모른 채 아동 학대가 아이와 가족, 나아가 이웃을, 사회를 파괴할 수 있다는 얘기이기도 합니다.

　재판부는 아등바등 폭력의 가공할 확산을 막고자 "어차피 형사 재판이란 사건마다 같을 수 없다. 개개 사건에 잠재해 있는 고유한 특성을 발굴하고 그 사안에 비례하는 죄의 값을 개별화시키는 작업이기 때문이다. 그것이야말로 공동체의 룰을 유지하는 바탕하에서도 구체적 사건에서 개인의 기본권을 개개로 하여 지켜줄 것이 기대되는 형사 사법 제도의 기능에 부합되기도 하는 것이다. 이런 시각에서 이 사건이 발생하기까지 피고인이 보여준 행위를 초래한 의도나 기질적 특성, 환경, 사람들 사이의 상호 작용의 정도를 예민하게 감지하여 양형의 사유에 총합시키는 작업도 필요한 것"이라고 말합니다.

　은율, 지후, 하랑, 승리, 건국, 사랑…. 아이들의 이름에는 온 우주의 섭리가 담겼습니다. 그리고 아이는 결결이 이름 준 자에 의해 지워졌습니다. 이 모든 '우주'가 사라진 의도, 환경, 상호 작용의 정도를 우리 사회는 얼마나 섬세하게 탐지하고 성찰하고자 했는지 알 수 없습니다.

　《한겨레신문》은 스무 살도 아니 되어 사라진 '우주' 하나하나를 복원하여 호명하고자 했습니다. 위무하고자 했습니다. 그리하여 찬비 내리는 벌판에 우리 모두를 세우고, 아프게 내리는 그 비를 우리 모두가 함께 맞고자 바랐습니다. 오직 잊지 않기 위함이고, 사후라도 지상에 그리워할 무언가가 있음을 증명해보이기 위함이었습니다.

2008~2014년 263개의 우주가 사라졌습니다. 이 추세면 올해 또한 척의 세월호가 가라앉습니다. 백석의 시 이후로 아동 학대에 어떤 서정도 자리할 여지가 없습니다.

지은이를 대표하여, 임인택 씀

아동 학대는 접근하기 어려운 주제입니다. 가해자도 피해자도 감추려 하기 때문입니다.《한겨레신문》탐사기획팀은 다음 네 가지 사안에 주력했습니다.

1. 아동 학대 사망 사건을 전수 조사했습니다. 정부와 기관의 부정확한 통계를 교정했습니다. 동 기간 인과성이 적은 사건을 정부 데이터에서 제외하고 사건, 판결 기록 등을 추적해 감춰진 다수의 사건을 더하는 식이었습니다. 신생아 살해와 살해 후 자살을 아동 학대 사망 범주에 새로 포함했습니다. 학계나 정부에서도 시도하지 못한 작업입니다.

2. 감춰진 죽음을 복원해 개인이 아닌 사회의 책임을 물었습니다. 처음으로 짚어낸 '장기 미취학 아동의 학대 사망'이 대표적입니다. 영유아 건강검진, 필수 예방 접종 등에서 배제된 아이들의 학대 가능성을 데이터 분석과 함께 처음으로 제시했습니다. 과거 아동 학대 사망 사건 가해자의 '오늘'을 살피고자 추적 인터뷰를 하고, 학대 피해

를 경험한 아이의 17년에 걸친 치료 및 회복 과정을 탐찰하기도 했습니다. 이러한 보도를 통해 숱한 아동 학대가 사망으로 이어지기까지 사회적 개입과 구조가 가능했음을 객관적으로 짚고자 했습니다.

3. 단순 고발이 아니라 실효적 대안과 예방책을 제시하고자 했습니다. 논문, 국내외 전문가, 정책 담당자를 섭렵하여 기사에 농축했습니다. 희생, 방관, 생존, 가해, 미제, 희망이란 주제어와 함께 아동 학대 사망의 개별성, 보편성을 관통하고자 했습니다.

4. 기사의 완결성에 집착했습니다. 부모와 이웃이 이 기사를 '아프게' 읽도록 하는 것이 가장 실효적인 아동 학대 예방책이라고 판단했기 때문입니다. '단 한 번도 위로받지 못했을 이름, 그렇게 스러진 생애'라는 다분히 정서적일 수 있는 문제의식을 팀원들끼리 많이 공유했습니다. 하지만 2차 피해 등이 우려돼 결국 적잖은 익명화가 있었습니다. 신문 지면에 사진 대신 삽화를 사용한 이유도 마찬가지입니다.

《한겨레신문》보도 이후 장기 미취학 아동의 학대 피해, 사망 사건들이 줄을 이었습니다. 정부는 그제야 영유아 건강검진과 필수 예방접종에서 소외되어온 아이들을 전수 조사하기로 했고, 장기 미취학 아동도 전수 조사했습니다.《한겨레신문》보도가 좀 더 훌륭했더라면 진즉 보도와 함께 이뤄졌어야 할 조치였다는 점에서 아쉬움과 자책이 들었습니다. 그런 점에서《한겨레신문》의 기획은 실패입니다. 아동 학대는 더 끔찍해지고, 우리는 더 무감해지고 있으니까요.

그럼에도 최일선에서 이에 맞서고, 보도가 가능하도록 도와주신 분들이 계셔서 일부나마 기록하고자 합니다. 특별히 감사드립니다.

중앙아동보호전문기관 장화정 관장·홍창표 홍보팀장, 제19대 국회 새정치민주연합 김용익 의원실 여준성 보좌관, 남인순 의원실 김봉겸 보좌관, 진선미 의원실 박영선 보좌관, 도종환 의원실 김재삼 비서관, 양승조 의원실 홍춘택 보좌관, 이춘석 의원실 이규연 보좌관, 정익중 이화여자대학교 사회복지학 교수, 곽영호 서울대학교 의과대학 교수, 황준원 강원대학교 의과대학 교수, 안동현 한양대학교 의과대학 교수, 김민선 서울대학교 의과대학 공공보건의료사업단 진료교수, 김지혜 남서울대학교 사회복지학 교수, 배화옥 경상대학교 사회복지학 교수, 채종민 경북대학교 의과대학 교수, 김정미 굿네이버스 아동권리사업본부장, 김희경 세이브더칠드런 아동권리옹호부장, 형사정책연구원 윤정숙·박형민 박사, 정은우 아동학대피해가족협의회 대표, 김성준 임상심리 전문가, 홍종희 법무부 여성아동인권과장

2015년 이후 아동 학대 주요 사건 및 사회 변화

2015년 12월   인천에서 집 안에 감금돼 생활하던 11세 소녀가 맨발로 탈
출해 인근 슈퍼마켓에서 발견됨. 발견 당시 몸무게는 16킬
로그램.

교육부, 전국 초등학교 장기 결석 아동 전수 조사. 5,900개
초등학교에서 220명의 장기 결석 아동 파악.

2016년 1월   4년째 장기 결석 중이던 경기도 부천의 초등학생(장기 결석
시작 당시 7세)이 인천에서 시신이 훼손된 채 발견됨. 부모
체포.

교육부, 미취학 아동 및 중학교 장기 결석자까지 전수 조
사 확대.

2016년 2월   충청남도 홍성에서 생후 10개월 된 딸을 던져 숨지게 한
엄마 구속 기소.

경기도 부천에서 13세 딸을 때려 숨지게 하고 시신을 방치
한 40대 목사 부부 체포.

경상남도 고성에서 5년 전 7세 딸을 때려죽인 뒤 암매장한
엄마와 지인들 체포.

경찰서별로 아동 학대 전담 수사팀 구성 시작.

서울중앙지법, 전국 최초로 아동 학대 전담 재판부 신설.

정부, 아동 학대로 벌금형 이상 처벌 시 아이돌보미 자격

취소하기로 결정.

2016년 3월 경기도 평택에서 초등학교 입학 대상이나 학교에 출석하지 않은 7세 신원영 군을 학대 끝에 죽인 38세 친부와 새엄마 체포.

경기도 부천에서 생후 3개월 된 딸을 바닥에 떨어뜨리고 방치해 숨지게 한 22세 동갑 부모 체포.

서울지방경찰청, 서울 시내 31개 경찰서에 아동 학대 전담 경찰관 배치.

한국건강가정진흥원, 아이돌봄 안전 관리 매뉴얼 제작.

보건복지부, 양육수당·보육료 지원 대상자 중 미신청자 찾아 아동 학대 감시하기로 결정.

보건복지부, 영유아 건강검진이나 예방 접종 기록이 없는 4~6세 영유아 809명에 대한 조사 착수.

정부, '주민센터에 아동 학대 창구 개설' '신고 의무 직군 확대' '예방 교육 강화' '전담 기관 강화' 등의 내용이 담긴 아동 학대 방지 대책 발표.

2017년 3월 교육부, 시·도교육청, 행정자치부, 경찰청 등과 초등학교 예비소집 미참석자 소재 파악 착수.

2017년 4월 교육부 '2017 무단결석 초·중학생 조사 결과' 전국 초·

	중학생 410만여 명 가운데 무단결석하고 있는 초·중학생 76명 파악. 안전이 확인되지 않은 초등학생 2명, 중학생 11명 소재 파악 착수.
2017년 7월	대구에서 3세 아들 애완견 목줄 채워 학대하다 사망에 이르게 한 20대 부부 구속.
2018년 1월	다섯 살 딸을 죽여 전북 군산의 한 야산에 암매장한 친부와 내연녀 구속기소.
2018년 11월	돌보던 아이 3명을 학대해 1명을 사망하게 한 '무허가 베이비시터' 구속.
2019년 1월	경기도 의정부에서 4살 딸 밤새 화장실에 가둬 숨지게 한 친모 구속.
	보건복지부, 아동학대 전담부서인 아동학대대응과 신설.